金融システム批判・序説

脅かされる市民投資家の年金とオーナーシップの復活

ステファン・デイビス
ジョン・ルコムニク
デイビッド・ピットワトソン
［著］

奥野一成
杉山修司
花岡　博
［訳］

一般社団法人金融財政事情研究会

WHAT THEY DO WITH YOUR MONEY
by Stephen Davis, Jon Lukomnik, and David Pitt-Watson

Japanese translation published by arrangement with
Stephen Davis, Jon Lukomnik, and David Pitt-Watson c/o
The Ross Yoon Agency LLC. through The English Agency (Japan) Ltd.

日本語版に寄せて

原書はアメリカで２０１６年に出版された。本書が提起した問題点はシンプルである。われわれが貯蓄、年金、保険のため拠出したお金が、われわれが期待する本来の使われ方をしていないことが多い、という点である。それは、われわれの蓄えの価値を目減りさせ、経済や社会の繁栄を妨げている。

出版から3年が経過した頃、日産のカルロス・ゴーン前会長の不祥事をめぐってガバナンス改善特別委員会の報告書が公表された。同委員会の使命、分析、そして結論は、本書が論じた資本市場の機能不全およびその解決策を端的に例示するものとなった（注）。たとえば、ゴーン前会長のもとで、取締役会の開催時間は平均わずか19分間だったことを明らかにした。取締役たちが経営戦略に意味のある関与をし、経営監視を効果的に遂行するには、とうてい不十分な時間であった。生命保険や年金を通じて何百万人の人々の投資対象となっているこの優良企業は、そうした投資家のために経営されていなかった。そのかわり、調査報告書は、この企業は実権を掌握した一握りの者たちに奉仕していたようにみえると結論づけた。

よい知らせもある。日産の特別調査委員会が、ゴーン前会長時代の失敗の応急的な是正策を提示するだけではなく、長期的な視点で包括的かつ健全なガバナンス体制を構築するための勧告をしたことは、日本の機関投資家にとっても朗報であろう。機関投資家とは、市民が貯蓄の運用を任せる生命保険会社や年金基金である。これら機関投資家たちは日産の株式を保有するオーナーとして特別な影響力を行使し、調査報告書の勧告は高い目標を目指すべきだと主張した。

本書もまた同様に、どのような努力をすれば、われわれの貯蓄が長期的なリターンを高めるような方法で運用されることを確実にすることができるかに焦点を当てている。こうした賢い運用アプローチによって恩恵を受けるのは、退職その他に備えて長期にわたる貯蓄に頼る必要のある、著者たちが「投資家である市民（citizen investors）」と呼ぶ、何百万人もの日本その他の世界各地の人々である。

われわれが本書を執筆したのは、資産運用会社各社が大企業のオーナーとして特有の力を発揮できると気づき始めた頃である。しかし、多くの機関投資家はまだスチュワードシップという比較的新しい規律を、自らの投資戦略に導入するメリットの大きさに気づいていなかった。しかも、世界各地で金融セクターは、隠れた利益相反によってゆがめられ、時代遅れの慣行に甘んじ、金融規制もちぐはぐなままだった。そのため、投資家である市民は、必要な情報をほとんど与えられないまま、受託者が自分の利益のために行動していると信じ高い手数料を手数料とはみえないようなかたちで負担させられていた。われわれは本書を通じて、こうした有害な特徴を白日のもとにさらし、企業の取締役会と運用を受託した金融仲介業者の両方について、透明性をより高め、説明責任を果たさせ、長期にわたって持続可能とするための改革を促したかった。

振り返ってみると、日本はこうした問題点の多くが実際に発生した場所であることがわかる。長年、改革の動きは遅かった。海外の機関投資家が情報を与えられ、日本の機関投資家とともに日本企業の株主総会で議決権を行使できる制度が整ったのは、ようやく１９９０年になってからだった。それ以降も何年間にもわたって、総会屋による恐喝の脅威のため、株主が企業のガバナンスに参加することはほとんど不可能だった。

いくつかの要因が流れを変えた。第一に、日産、東芝、タカタ、神戸製鋼、オリンパス、その他の企業で不祥事が積み重なった結果、企業のガバナンスを監視することに注目が集まり、監視をサポートし、強化すべきだという声が高まった。第二に、長引く経済の低成長を受けて、安倍政権は取締役会の行動や情報開示について、より厳格な基準を適用するようになった。それには環境（Environment）、社会（Social）、企業統治（Governance）というＥＳＧ課題への取組みの強化も含まれる。そのおかげもあって、日本は、ＥＳＧリスクへの企業の対応方針を開示する統合報告書を公表する企業の割合が他の主要国よりも高い。第三に、金融庁がオーナーの期待に関する行動原則を策定することを求め、株主としてスチュワードシップをより強く発揮するよう促した。第四に、１兆５０００万米ドル相当もの年金資産を運用するＧＰＩＦ（年金積立金管理運用独立行政法人）が新たなＣＩＯ（最高投資責任者）である水野弘道氏のもとで、運用の再委託先として世界中から集まった運用会社各社に対し、ＥＳＧ課題への取組みやより高次のスチュワードシップを求める一連の新機軸を打ち出し始めた。水野氏のねらいは、老後に備える貯蓄者の利益を守るために、リターン向上とリスク低減を図ることにあった。

こうした新たな流れは、本書の核心となっている分析と整合的である。金融庁によるスチュワードシップ推進やＧＰＩＦによる運用会社各社へのプレッシャーといった先駆的な日本でのアプローチのいくつかは、たしかに世界中の規制当局や市場に影響を与えている。もちろん、すべてが進歩ではない。経済産業省の２０１９年の提言は、企業の戦略や経営に対する投資家の影響力を制限しようとしている。しかし、進歩は「一歩下がって二歩進む」というかたちをとるものだ。日本の読者は本書により、金融システムがわれわれのお金をきちんと管理・運用するために取り組まなければいけない多くの課題について、より深い洞察を得ることができるだろう。また、本書の各章における分析と具体例を通じ、貯蓄の価値を増やし、日本の経済と社会の力を強くするという金融システムの目的を確実に実現するために、現在の政策が適切なのか、あるいはさらなる行動が必要なのかについて、読者自身が判断できるようになるだろう。そうした行動は政策当局だけではなく、本当はわれわれ一人ひとりに求められているのである。

（注）著者たちの1人、ステファン・デイビスは、日産のガバナンス改善特別委員会のインターナショナル・アドバイザー（3名）のうちの1人である。www.nissan-global.com/PDF/190327-01_179.pdfを参照。

ステファン・デイビス
ジョン・ルコムニク
デイビッド・ピットワトソン

日本語版への推薦の言葉

「上場企業の究極のオーナーはわれわれである」

本書では究極の資本家である「投資家である市民」の利益をどう向上させるか、という点からあらためて現在の金融システムのあり方を問うている。金融システムのあり方、将来方向についての著書は多くあるが、本書はその本来の受益者たる最終的な顧客（「投資家である市民」）の観点から金融システムの問題点・将来の方向を示したもので、大変意義深いものだと感じている。

驚いたのは、ここ１００年金融システムは、その仲間うちのメンバーのために機能し、その付加価値を自分たちだけで分け合ってきた。それに対してその究極の利用者（「投資家である市民」も含めて）に対しては利益を与えてこなかったという指摘である。本来であればうまくいっている金融システムは、その「外」にいる顧客に利益をもたらすはずであるものが、そうなっていないことになる。金融システムの目的は、雇用を増やし、貯蓄を守り、経済的繁栄をもたらすものである。現代のプレーヤーはそこから遠く離れたところにいる。さらに彼らがあまりに自己中心的になって短期の利益を追い求め、企業行動に過度に短期的利益を優先させる結果になるショートターミズムのリスクも指摘している。「投資家である市民」は究極的に上場企業のオーナーであり、その利益を受けるとともに責任も果たす必要がある。まさに投資家と企業の建設的な対話が求められ、双方が短期志向に固執すると長期的企業価値を毀損するおそれがある。

こうした金融システムの機能不全、各国における制度の違い等から、本書の例では、アメリカ、イギリス、オランダで同じだけ働いて、同じだけ年金のために支払っても、受け取る年金額に大きな差が生じることを示している。したがってそれぞれのシステムが、より本来の利用者である「投資家である市民」の利益に貢献することが大切だということになろう。

本書では、具体的な解決策を考察し、プレーヤー、政府、オーナーのそれぞれの役割について提言を行っている。特に「常識」にのっとった行動をすべきという指摘には考えさせられることが多い。「競争」「市場原理」だけを唱えてうまくいくのは非常に限られた局面だけであること、また、金融サービスの基本は「信頼」であり、時には金融専門家に過度に依存するより、オープンで公正な情報に基づいた対論のほうが役に立つという提言も鋭いものがある。

長期的リターンの向上に日々悩んでいる立場の私としては、まさに「わが意を得たり」という思いを強くするものであった。広くみなさんに一読をお薦めする。また、長期的に貢献できる金融システムはどうあるべきかについての国民的議論が高まることを願うものである。

年金積立金管理運用独立行政法人（ＧＰＩＦ）理事長

高橋　則広

【原著者プロフィール】

ステファン・デイビス（Stephen Davis）

１９５５年、ニューヨークで生まれる。ハーバード大学ロースクールのシニア・フェローで、企業統治論の講座担当アソシエート・ディレクター。エクス＝マルセイユ大学ＩＡＥビジネススクールの客員教授を兼任。ブルッキングス研究所の非常勤シニア・フェローと、イェール大学ビジネススクール（ミルスタイン・センター・フォー・コーポレートガバナンス・アンド・パフォーマンス）のエグゼクティブ・ディレクターを務めた。現代コーポレートガバナンスの世界的な枠組みの構築者の１人である。日本において初めて海外投資家の議決権行使を可能にした制度の整備に参画した経験もある。ＩＣＧＮ（国際コーポレートガバナンス・ネットワーク）の共同創設者であり、国連ＰＲＩ（責任投資原則）を共同で起草した。アメリカのＳＥＣ（証券取引委員会）では投資家諮問委員会に参画した。金融サービス大手ＭＳＣＩ社にＥＳＧ部門として統合された調査会社（GovernanceMetrics）の共同創業者であり、分析レポート配信会社（Global Proxy Watch）の共同創業者である。アラブ首長国連邦のコーポレートガバナンス推進機構（世界銀行等により創設されたHawkamah Institute for Corporate Governance）でアドバイザリー・ボード委員を、イギリスではＥＳＧ投資を推進する非営利団体（ShareAction）のトラスティを、日本では日産のガバナンス改善特別委員会の国際顧問をそれぞれ務めている。イギリス大手運用会社ハーミーズ（Hermes）ではＥＯＳ（Equity Ownership Services）部門の会長やボードメンバーを9年間にわたり務めた。コーポレートガバナンス推進に貢献した功労者として２０１１年にＩＣＧＮから表彰された（ICGN Governance Award）。ジョン・ルコムニク、デイビッド・ピットワトソンと共同執筆した著書は、本書（原題“What They Do With Your Money”イェール大学出版会、２０１６年）と、『新たなる資本主義の正体：ニューキャピタリストが社会を変える』（原題“The New Capitalists”ハーバード大学ビジネススクール出版会、2006年。鈴木泰雄訳、ランダムハウス講談社、2008年）の2冊がある。著書“Shareholder Rights Abroad: a Handbook for the Global Investor”（1989年）は、コーポレートガバナンスの国際比較研究の先駆けとなった。タフツ大学フレッチャースクール（法律外交大学院）にて博士号（Ph.D.）取得。

ジョン・ルコムニク（Jon Lukomnik）

1956年、ニューヨークで生まれる。機関投資家を長年経験し、「現代コーポレートガバナンスの先駆者たちの1人」（米フォーブス誌）と評される。年金基金などアセット・オーナーや運用会社に戦略的助言をするコンサルティング会社（Sinclair Capital LLC）のマネージング・パートナー。持続可能な社会の構築に向け企業を支援するシンクタンク（High Meadows Institute）のシニア・フェローでもある。イギリスのケンブリッジ大学ジャッジ・ビジネススクールの客員教授（国際金融論）に2020年、就任予定。運用資産1000億ドル超のアセット・オーナーのトラスティを務め、助言している機関投資家の運用資産を合計すると1兆ドルに達する。学術研究への資金援助や資本市場の分析調査を手がける投資家責任調査センター機構（IRRC Institute）のエグゼクティブ・ディレクターを10年以上にわたり務めた。ICGNの共同創設者であり、金融サービス大手MSCI社に統合された調査会社（GovernanceMetrics）の共同創業者である。アメリカでは監査法人デロイト（Deloitte）の監査クオリティ諮問委員会や上場企業会計監視委員会（Public Company Accounting Oversight Board）の諮問部会、カナダでは公認会計士協会の価値創造作業部会にそれぞれ参画した。アメリカの大手運用会社ヴァンエック（Van Eck）では、国内の投資信託（mutual funds）や保険信託（insurance trusts）、ヨーロッパの投資信託（UCITs）の各部門に従事した。数社の上場企業、非上場企業、非営利団体において社外取締役を務めている。論文や寄稿の執筆は２００本を超える。前著『新たなる資本主義の正体』は、発刊した年に英フィナンシャルタイムズ紙の年間最優秀図書（Pick of the Year）に選ばれた。ＮＡＣＤ（全米取締役協会）から「アメリカで最も影響力ある１００人のコーポレートガバナンス専門家」に3回にわたり選ばれる。ＩＣＧＮからは「コーポレートガバナンス最優秀賞」を授与される。そのほか、企業倫理推進団体エシスフィアの機関誌（Ethisphere Magazine）やコーポレートガバナンスに関する定期配信レポート（Global Proxy Watch）で表彰され、取締役・最高リスク管理責任者協会ＤＣＲＯ（Directors and Chief Risk Officers Group）から模範認定（Exemplar Award）を受けている。

デイビッド・ピットワトソン（David Pitt-Watson）

１９５６年、スコットランドで生まれる。ケンブリッジ大学のフェロー。長年にわたりヨーロッパにおける社会的責任投資の先駆者となってきた。イギリスの大手運用会社ハーミーズの責任投資部門の共同創設者。責任投資の運用残高を世界最大規模に拡大させ、日本生命とのファンド共同設定などを通じて日本やアメリカでも責任投資運用を展開。パリ協定（気候変動抑制の多国間協定）につながった国連環境計画（United Nations Environment Program）における金融イニシアティブの議長を務めた。気候変動抑制のために、より厳格な対応を要請した機関投資家たちは運用残高でみると総計23兆ドルに達した。ハーミーズ在籍時に、国連ＰＲＩの制定に深くかかわった。いまや国連ＰＲＩはこの分野を代表する組織となっている。イギリスのトニー・ブレア首相やゴードン・ブラウン首相をはじめ、政治家や政策当局者への助言も行ってきた。監査法人ＫＰＭＧや貧困撲滅に取り組む非営利団体オックスファム（Oxfam）など多数の先で独立社外取締役を務めた。オックスフォード大学（学士）、スタンフォード大学（修士）卒。ケンブリッジ大学およびクランフィールド大学で客員教授を、ロンドン・ビジネススクールでエグゼクティブ・フェローをそれぞれ務めている。デイビスおよびルコムニクとともに『新たなる資本主義の正体』の著者である。

原著への推薦の言葉

金融業界の実態を知るインサイダーとして、デイビス、ルコムニク、ピットワトソンの3人の著者たちは、われわれが苦労して稼いだ貯蓄を、いまもなお危険にさらしている金融システムのさまざまな欠陥にスポットライトをあて、白日のもとにさらした。われわれ最終受益者すべてに便益をもたらすように、どうしたら金融セクターを仕向けられるか。この問いに答えをみつけようとする読者に、本書は欠かせない。

アメリカ元上院議員
クリストファー・ドッド
Christopher Dodd

本書は、金融の存在目的とは何かを明確に示し、最終的なオーナーであるわれわれ国民が、金融システムをわれわれの長期的なニーズを満たすものとするために何ができるかを論じている。

ケンブリッジ大学マレー・エドワーズ・カレッジ長
デーム・バーバラ・ストッキング

Dame Barbara Stocking

デイビス、ルコムニク、ピットワトソンは、普通の人々のニーズに奉仕できない、制御不能に陥った金融システムの姿を描き出した。著者たちは問題の所在を明らかにしただけでなく、創意豊かな（プリンシプルベースの）是正策を提示している。今日の経済において金融が果たす役割に関心をもつなら、知的な刺激に満ち、巻を措くあたわざるこの本を読んでほしい。

イェール大学最高投資責任者
デイビッド・スウェンセン
David Swensen

批判においては妥協しないが、未来を展望するにあたっては楽観的。本書は、金融セクターが抱える諸問題を明らかにするだけではなく、現実的な是正策をも提示し、世の中をよりよく変えていこうとしている。

イギリス元首相
ゴードン・ブラウン
Gordon Brown

本書は、貯蓄者や年金生活者と投資先企業の間に介在するさまざまな金融仲介業者に富が流出している実態と、金融セクター全体が集団として陥っている誤りをうまく描き出している。個人投資家だけではなく、資産運用プロセスをより公正かつ責任をもったものにしたいと考えている業界人に対しても、本書は深い洞察を与えてくれるだろう。

ロイヤル・ダッチ・シェル元会長

マーク・ムーディー・スチュアート卿

Sir Mark Moody-Stuart

金融システムについて、何が正しいことであって、どうして間違えるのか、その間違いの何がいけなくて、どうすれば直すことができるのか。こうした疑問をもつ読者にとって、本書は最適である。複雑で不透明だと指摘されることが多い金融の世界において、常識と基本に立ち返って考察する本書は新鮮である。その論旨は明快、簡潔、合理的であり、反論はむずかしいだろう。

インベストメント・インテグレーション・プロジェクト創設者兼ＣＥＯ

スティーブ・ライデンバーグ

Steve Lydenberg

現代の金融機関や金融市場は、どこで間違ってしまったのか。この疑問に、卓越した洞察を与えてくれる良書である。本書は、アメリカを代表する大企業を共同で所有するオーナーであるわれわれに対し、行動を起こすように求める。著者たちは、産業界をウォールストリートの利益ではなく、われわれの利益に奉仕させるために、実行可能な方策を明快に示している。

バンガード・グループ創業者兼元会長
ジョン・C・ボーグル
John C. Bogle

金融システムのどこが間違っているかを、説得力ある分析で明快に示したのが本書である。幸いなことに、ほとんどの問題は是正可能だ。この優れた書物に示された、そのための方策には、だれもが納得せざるをえない。

ウィントン・キャピタル会長兼バークレーズ元会長
デビッド・ウォーカー
David Walker

目次

序章 われわれは資本の提供者である …… 1

第1章 金融システムはなんのために存在するのか …… 27

まとめ …… 40

第2章 狂ったインセンティブ …… 43

専門家という名の暴君たち …… 50

金融取引のからくり …… 60

平均のトリック …… 62

予測は完璧という狂った数理モデル …… 69

でためめの分散投資……78
だれのための運用成績か……85
スピードが殺す……90
不透明さ……95
次のよいアイデアも悪い結果を生むかもしれない……97
水面下の改革は一筋の光明……100
(1) アルファが割高なら安価なベータを……101
(2) 集団的な協調行動の活用……102
(3) 介在する業者の数を減らす……104
(4) 運用コストを理解する……106
常識を働かせよう……107
ま と め……108

第3章 オーナーシップの復活……111
どのようにしてオーナーシップが失われたのか……114

(1) 経済的な注意欠如・多動性障害（ＡＤＨＤ）……114
(2) 企業経営における経済的なＡＤＨＤ……120
(3) 経営者報酬：ショートターミズムの感染拡大……123
銀行をあてにしてはいけない……129
受託者資本主義（エージェンシー・キャピタリズム）……133
「金融の大量破壊兵器」……143
解決策：資本主義にオーナーシップを再び吹き込む……149
(1) ＣＥＯ報酬を現金で払おう……150
(2) 報酬を決めるのに同業他社と比較するのをやめよう……153
(3) 正しい方法を使おう……155
(4) 短期売買や投機に重点を置くのではなく、長期投資を奨励しよう……156
(5) 高頻度取引の優遇をやめよう……157
(6) 投資家を守る新しい取引プラットフォームを支援しよう……159
(7) 高頻度取引を適切に規制しよう……159
(8) 集団行動を利用して運用会社を全体の利益にフォーカスさせよう……160
(9) 今日の技術進歩を活用しよう……162

(10) 税制を活用しよう。ただし、マイルドに …… 165
(11) 金融派生商品を闇から引きずり出そう …… 166
将来へ向けて …… 167
ま と め …… 168

第4章 私のお金ではやめてくれ …… 171

情報の空白 …… 173
データ収集者たち …… 179
ファンドのガバナンス …… 186
解決策の探究 …… 190
(1) 政　府 …… 191
(2) 機関投資家 …… 196
(3) ソーシャルメディア …… 204
(4) 市民社会 …… 212
ま と め …… 220

第5章　新たな規制の配置

第5章　新たな規制の配置……221
規制はなんのためにあるのか……224
今日、規制はどのように行われているか……229
よりよいアプローチ：「全体的な規制」……234
三つの重要な規律……238
(1)　受託者をめぐる法の修正……239
(2)　うまく設計された制度……250
(3)　行動経済学……252
よりよい規制……257
(1)　最終受益者への責任……258
(2)　アカウンタビリティ（説明責任）……260
(3)　適切なバイアスのない情報……263
(4)　用心深く監視すること……265
全体的な規制を実現する……267
ま　と　め……272

第6章　女王陛下の質問

第6章　女王陛下の質問……273
伝統的な経済理論の歴史……277
(1)　アダム・スミスと経済学……278
(2)　ガウスとモデル化のリスク……283
目的をもった経済学……291
何が不足しているのか……292
リスク管理におけるギャップ……301
みえないゴリラ……305
新たな金融論のカリキュラム……311
人間のモチベーションと行動……317
経済的な制度……320
なぜ経済学を再考することが大切なのか……324
実現させよう……328
ま と め……334

第7章 国民のための年金、常識にのっとった銀行 …… 337

退職に向けた貯蓄 …… 338
(1) 常識にのっとった年金ファンド …… 339
(2) なぜ間違った方向に進んでしまうのか …… 344
常識にのっとった年金の小史 …… 348
国民の年金 …… 352
常識にのっとった銀行 …… 368
フードの下をのぞいてみる …… 369
なぜ間違った方向に進んでしまうのか …… 372
まとめ …… 379

第8章 資本主義——われわれ資本の提供者のためのマニュアル …… 381

トラブル・シューティング …… 383
ステップ1 まず金融システムの目的を明確にする——「よい」システムとはどのよ

うなものなのか……383
ステップ2　資産運用業界にアカウンタビリティ（説明責任）を取り戻す……385
ステップ3　資産運用においてオーナーシップの文化を広める……387
ステップ4　機関投資家にもガバナンス改革を求める……389
ステップ5　目的に基づいて規制を見直す……391
ステップ6　金融機関を再起動させる……392
投資家である市民のための「マグナ・カルタ」……394
(1)　金融機関は、自らの目的にかなうよう誠実に行動すべきである……398
(2)　金融機関は、外部に開かれた組織として高い透明性を保つべきである……398
(3)　金融機関は、われわれの受託者の立場で、よいオーナーとして行動すべきである……399
(4)　受託者はわれわれに対して説明責任を果たすべきである……400

訳者あとがき……402
訳者略歴……408
人名索引……413
事項索引……417

序章

われわれは資本の提供者である

長期にわたって貯蓄に努めることで、安心を手に入れることができると宣伝されている。安心して退職できるし、家を手に入れることもできるし、健康を損ねたときの支出もカバーすることができるというわけだ。しかし、こうした宣伝の陰で、金融システムはわれわれが苦労して稼いだお金を犯罪的なやり方で収奪するかもしれない。そこで行われている日常的な取引慣行は、見つからないようにして市民から虎の子の財産を搾り取っているかもしれない。本書は、「彼ら」、つまり、資産運用会社、銀行、年金プランが、彼らの世界に入ってきたあなたのお金をどのように取り扱っているかを明らかにする。それは金融機関あるいは国によって非常に異なり、その結果、われわれの富と福祉に及ぼす影響も大きく異なったものになる。

三つ子の物語を例としてあげよう。3人とも25歳になった時にフルタイムで仕事を始め、ベスはジョージア州のアトランタへ、キャシーはロンドンへ行ったが、サラはオランダのアムステルダムに移った。オランダの金融機関は、ウォールストリートやロンドンの金融機関とは異なる。3人とも年に6万ドルを得て、家族を養い、日々必要なことにお金を使いながら、退職後のことなども考えて将来のために貯蓄をしている。3人とも同じ年に退職し、退職後には同じ額の給付を得たいと思っている。そうだとすると、あなたは3人が毎年貯蓄に回さなければいけないお金は同じ金額になると思うかもしれない。それは誤りである。アトランタのベスとロンドンのキャシーは、アムステルダムのサラと同じ金額の退職給付を、サラと同じ年齢になった時までに確保するためには、サラより50パーセント以上大きな金額を貯蓄に回さなければならない。ベスもキャシーも、自分たちが望む退職後の給付を得るためには、何年も節約に努めなければならない。そうでなければ、彼女たちの退職後の給付はサラよりもずっと少ないものとなってしまう（注1）。

こうした大きな差は、毎年徴収される手数料のほんの小さな差が何年も累積することによって生じる。その仕組みを説明しよう。アトランタのベスは25歳から、彼女の雇用主が選んだ民間の退職貯蓄年金プランに毎年６０００ドルを拠出する。そのプランが毎年5パーセントのリターンを生むとしたら、理論的には彼女が65歳になった時には72万５０００ドルのお金が貯まっているはずである。しかし、彼女はここで手数料を考慮する必要がある。毎年１・５パーセントの手数料がかかるため、彼女の最終的な貯蓄額は20万ドル減って50万７０００ドルになってしまうのだ（注2）。

65歳で退職した時、彼女はむずかしい決断に迫られる。彼女は長生きしてもお金が足りなくな

（注1） David Pitt-Watson, *Tomorrow's Investor: Building the Consensus for a People's Pension in Britain*, Royal Society for the Arts（2010）, www.thersa.org/_data/assets/pdf_file/0009/366948/RSA-TI-report-Pensions.pdf.

（注2） こうした手数料には、毎年の管理手数料や総経費率と呼ばれる「明示された手数料」だけではなく、彼女が自分の貯蓄から控除されていることを知らされていない「隠れた手数料」も含まれる。

らないようにしたい。平均的には、彼女はあと20年間、85歳まで生きると予想される。しかし、ベスは95歳まで生きたとしても所得がなくならないようにしたいと考えている。これまでと同じく年1・5パーセントの手数料を支払わなければならないとすると、毎年使えるお金は2万7600ドルしかない（注3）。

海の向こうのロンドンでは、キャシーもベスと同じく50万7000ドルの貯蓄しかない。イギリスでは、どんなに長生きしても給付が続く終身年金保険を購入することが多い。しかし、終身年金保険は高価であり、リターンが低い。したがって、キャシーは年3万1000ドルの支払しか受けられないかもしれない（注4）。

一方、アムステルダムでサラは、低コストで巨大な非営利の年金ファンドに加入し、彼女が死

（注3） ベスは終身年金保険を購入しなかったため、貯蓄は彼女のものであり続ける。彼女が95歳になる前に死んだとしたら、彼女は遺言で残った積立金をだれかに承継させることができる。

（注4） この計算は、キャシーがインフレ連動の終身年金保険を購入したと仮定している。この年金保険の「現金換算価値（money's worth）」（言い換えると、年金給付をまかなうために必要とされる債券投資の額と生み出された収入の比率）は80パーセントであり、それで生涯にわたる保障が得られる。運用は債券によって行われるため、リターンは2パーセントに下落した。キャシーはベスと違って、残った貯蓄を遺言でだれかに残すことはできない。イギリスにおける終身年金保険のコストの詳細については、次の文献を参照されたい。Edmund Cannon and Ian Tonks, *Money's Worth of Pension Annuities*, Department of Work and Pensions Research Report no. 563（2009）.

ぬまで保障を受けることができる。手数料は年０・５パーセントしかかからないので、彼女の65歳になった時の貯蓄額は64万２０００ドルに達している。これにより、年間の受給額は彼女の姉妹たちよりずっと大きい４万９４００ドルになる（注５）。

なぜこうした違いが生じるのだろうか。アメリカやイギリスの金融機関と政策立案者は、オランダのように単純で常識にのっとった、退職後に備える集団的な貯蓄のための低コストの仕組みではなく、勤労者の貯蓄を、いわば金融業界が自由に引き出せるＡＴＭ（現金自動預払機）のように機能させるシステムをつくりあげてしまったからである。そこでは複雑さが支配している。ある研究によれば、市民が株式に投資するのに16以上の仲介業者が介在するという（注６）。各業者は、各自がそのなかで働く複雑なシステムを前提にして、自分たちのサービスの必要性を正当化することができる。そして、各業者とも手数料の一部を自らのものとしている。ある金融仲

（注５）手数料は年金プランによって異なるから、本書で述べた年金のための貯蓄にかかる手数料は一つの例にすぎない。われわれがコストに含める隠れた手数料については、信頼できるデータがない。しかし、われわれは、三つ子についての見積りは、この10年間で購入された年金プランにかかる総手数料の中央値を公平に見積もったものになっていると信じる。このトピックについてのより完全な議論は、次の文献を参照されたい。David Pitt-Watson, Christopher Sier, Shyam Moorjani, and Hari Mann, *Investment Costs- An Unknown Quantity*, Financial Services Consumer Panel（November 2014）, https://www.fscp.org.uk/sites/default/files/investment_david_pitt_watson_et_al_final_paper.pdf.

（注６）著者が入手した、イギリス財務省のために作成された非公式の研究（２０１１年11月）による。

介業者はわれわれがどの有価証券（株式、債券等）あるいは投資信託に投資すべきかを助言するために、ほかの金融仲介業者に手数料を支払う。しかし、どの有価証券あるいは投資信託に投資すべきかについて、ある人がほかの人より優れた知識をもっていることを示す証拠はほとんどない。通常、われわれはどんな金融仲介業者が雇われ、どれくらいのコストがかかるのかを知らされることはない。われわれは専門家を雇っていると思っているが、実際には高価な対価を支払って、運のよさを期待しているにすぎない。本書で紹介する厳密な研究によれば、金融システムはこの１００年間、生産性向上の果実をわれわれに還元するのではなく、自分たちの利益のために使ってきた（注7）。

しかし、状況はもっと悪い。各社が複雑に入り乱れる資産運用業界はわれわれに法外な手数料を課すだけではない。われわれのお金を上場企業に投資する際に適切にオーナーとしての権利を行使することを怠っているために、企業活動全体がシステミックなショックに定期的に見舞われるようになっている。われわれが年金基金、資産運用会社、保険会社といった機関投資家に預けたお金は、世界の大企業の73パーセントの株式を購入するために使われている（注8）。した

（注7） Thomas Philippon, "Has the US Finance Industry Become Less Efficient? On the Theory and Measurement of Financial Intermediation," National Bureau of Economic Research Working Paper no. 18077 (May 2012), http://www.nber.org/papers/w18077.

がって、こうした多くの人々の資金をまとめて運用する機関は世界中の企業の行動に対して支配的な影響力を行使できる立場にある。ところが、われわれの老後のための貯蓄を何千もの企業の株式の購入に充てているため、運用機関はオーナーとして期待される企業経営の監視を行うことができず、聞いたことがない企業に投資することもあるのが実情なのだ。

　われわれは資本の提供者として当然、自らの貯蓄を長期にわたって増やすことに関心をもっている。しかし、運用機関はすぐに得られる利益に飛びついてしまう。なぜなら、彼らはそれによって報酬を得るからだ。株式の保有期間が実際に短くなっているかについて、確定的なデータはない。投資家の企業に対する「オーナーシップ」が１０００分の1秒単位で測られるようになった証拠として、高頻度取引に言及する論者もいる。そうしたアプローチは証券取引所を合理的な資本の配分の場ではなく、賭博場に変えてしまう。一方で、投資期間はまだ年単位で測られていると指摘する研究者もいる（注9）。いずれにしても、多くのファンドマネージャーが、投資対象とする企業がきちんと経営されているか、気候変動や汚職の原因になっていないか、本当

（注8）Ronald Gilson and Jeffrey Gordon, “Capital Markets, Efficient Risk Bearing and Corporate Governance: The Agency Costs of Agency Capitalism,” Columbia Law School Coursewebs (2012), http://coursewebs.law.columbia.edu/coursewebs/cw_12S_L9519_001.nsf/0f66a77852c3921f852571c100169cb9/C52A6786C57B3B52852579830053479F/$FILE/GilGor+Oxford+Prelim+Draft.Conf+Final.011012.pdf?OpenElement.

は市場崩壊の引き金を引こうとしているのではないかといったことにあまり関心をもたず、株式を売ったり買ったりしていることに議論の余地はほとんどない。

間違ってはいけない。われわれの金融システムは現代社会が達成した偉大な進歩の一つである。それがあることによって、企業や個人はわれわれが貯めたお金を使って、事業、工場、家、その他の商品など経済に新たなものをもたらすことができる。そのプロセスがあることによって、経済は発展し、社会は豊かになる。金融システムは社会の流動性を高め、才能と勤勉さに対して報いることに役立つ。才能をもつ者がお金を調達して会社をつくれば、顧客や仕入先や従業員のためになるし、自分も豊かになることができる。長期にわたる貯蓄が可能であるということ自体が非常に大きな進歩なのだ。われわれが年金基金にお金を拠出すると、年金基金はそのお金を運用会社に預け、運用会社はそのお金を企業に投資する。企業は投資家や従業員や仕入先をだまそうという誘惑に駆られたとしても、通常そうすることはない。そのような状況をつくりだす法律、制度、行動、倫理と、実際に行われるほかの多くの金融取引は、現代の最も偉大な社会的イノベーションの一つである。

（注9） たとえば、次の文献を参照されたい。Martijn Cremers and Antti Ptajisto, “How Active Is Your Fund Manager? A New Measure That Predicts Performance” (2009), http://papers.ssrn.com/sol3/papers.cfm?abstract_id=891719.

しかし、本書では、少なくともわれわれの利益を効率的に増やすことを成功と定義するならば、現在アメリカ、イギリス、その他の国にみられる金融システムは失敗する構造になっているということを示したい。今日の資本がどこから来ているかを考えると、金融システムの現状はほとんど理解できないことのように思われる。冷戦が終わって以降、世界のほとんどすべての国が国有財産制より私有財産制のほうが優れているという考えを受け入れ、私有財産制を擁護するようになった。いまの時代以上に「資本の提供者」が民間の経済を牛耳っていた時代はない。資本の提供者とはだれか。かつては強欲な、葉巻をくわえた暴君というステレオタイプ、アメリカの19世紀終わりの「金ぴか時代（Gilded Age）」における泥棒男爵を思い浮かべたかもしれない。しかし、今日、ほとんどの先進国において、そして、ますます多くの発展途上国においても、資本の提供者とは、われわれなのである。銀行や年金基金にほんの少しの蓄えを残した市民、あるいは家を買うために貯蓄にはげむ市民は、辞書にある「資本を蓄積した者」という資本の提供者の定義に合致する。現在では何百万人、何千万人という市民の貯蓄を合計すると、約85兆ドルという金額に達する（注10）。われわれは自分を大資本家であるとは思えないかもしれないが、集合的にはそうなのである。金融システムは、われわれのために機能するべきなのである。

（注10） Serdar Çelik and Mats Isaksson, "Institutional Investors as Owners: Who are They and What Do They Do?" OECD Corporate Governance Working Papers no. 11 (OECD Publishing, 2013), 8.

しかし、この新しい資本主義には欠陥がある。われわれは通常、自分自身のお金を管理することはない。ファイナンシャルアドバイザー、証券会社、投資信託、銀行のような「専門家」に頼り、虎の子のお金が注意深く運用され時間がたてば相応のリターンが得られることを期待する。しかし、現実はそうなっていないことを示す証拠がある。われわれが貯めたお金は、しばしば、もっぱらわれわれの最善の利益のために運用されていない。金融仲介業者に利益をもたらす構造的な利益相反が存在する。その慢性的な疾患は次々とゆがみを生じさせ、そのゆがみはわれわれのリターンを大きくむしばむとともに、実体経済の富を減少させている。もっというと、搾取は犯罪的なレベルに達している。40年間の勤労のあとで、貯蓄が21万８０００ドルも減ってしまったベスの例を振り返ってみよう。多くの老後に向けた貯蓄者と同じように、ベスも自分のお金が盗まれているとは知らないだろう。そのかわり、彼女は26万７０００ドル（彼女の口座の残高50万７０００ドルから彼女が拠出した24万ドルを引いた金額）も「トクをした」と思うだろう。ある権威のある調査が結論づけたように、「資産運用業界は不透明で、説明責任を果たさないような構造になっている。その状況は貯蓄者以外のすべての業界関係者の利益になっている」（注11）。

いくつかの影響力のある研究から、われわれが資本のコントロールを任せたとき、ほかにどの

（注11） Jeremy Cooper, *Super System Review* (November 12, 2009).

ようなな慢性的な疾患がわれわれの老後のための貯蓄をむしばむかを列挙することができる。いくつかの投資信託はビジネス上、貯蓄者に対するフィデューシャリー・デューティー（受託者責任）を果たすより、運用資産を集めることを優先しており、そのことについて取締役会のチェックを受けていないという事実を発見した調査がある（注12）（訳注１）。いくつかの運用会社は、貯蓄者の利益のために奉仕することが自分たちの存在理由なのに、貯蓄者の利益を犠牲にしてでも、企業顧客を獲得し、つなぎとめることを目的とした投資判断を下している（注13）。バンガード（Vanguard）の創業者であるジョン・ボーグル（John C. Bogle）は、運用会社の取締役会が証券の過剰な売り買いを許容したとき、それに付随する手数料と販売手数料によって投資家が負担する莫大なコストを計算した（注14）。彼によれば、２００５年までの25年間、運用会社は複雑すぎる仕組みの商品を売って５０００億ドルの手数料を稼いだが、顧客である投資家に対しては、投資家がシンプルで低コストの商品を購入していたら得られたはずの金額の３分の１未満

（注12） Jennifer Taub, "Able but Not Willing: The Failure of Mutual Fund Advisors to Advocate for Shareholders' Rights," SSRN (March 31, 2009), http://papers.ssrn.com/sol3/papers.cfm?abstract_id=1066831##.

（注13） Lauren Cohen and Breno Schmidt, "Attracting Flows by Attracting Big Clients: Conflicts of Interest and Mutual Portfolio Choice" (2007), http://www.chicagobooth.edu/research/workshops/finance/docs/cohen_attractingflows.pdf.

（注14） John C. Bogle, *Enough: True Measures of Money, Business, and Life* (John Wiley and Sons, 2009), 82.

のリターンしか届けなかった。２００９年のアスペン研究所（Aspen Institute）のレポートも同じような結論に達している。同レポートによれば、「運用会社は投資家の最終目的と整合的でない行動様式に染まっている」（注15）。ニューヨーク市は、年金システムが２０１４年までの10年間で「高い手数料と運用成績の目標値を達成できなかったことにより、25億ドルの価値を毀損した」ことを明らかにした（注16）。運用会社でさえ、今日のポートフォリオ運用を特徴づける頻繁な売買、つまり高すぎる売買回転率は非生産的であり、価値を損なっていることを認めている（注17）。要するに、最終受益者の利益とは異なる利益によって動かされる専門家たちのおかげで、老後に向けた貯蓄者である市民の虎の子の財産は危険な状態に陥っているのだ。

（訳注１）アメリカの投資信託（ミューチュアルファンド）は日本のような契約型ではなく、会社型が大半を占める。会社型では、投資家から集めた資金を運用するのは投資を目的として設立された会社（投資会社）であり、投資家は投資会社の株式を購入するかたちになる。投資会

（注15）The Aspen Institute Business and Society Program, *Overcoming Short-Termism: A Call for a More Responsible Approach to Investment and Business Management* (September 9, 2009), www.aspeninstitute.org/sites/default/files/content/docs/bsp/overcome_short_state0909.pdf.

（注16）Scott Evans, "The Impact of Management Fees on Pension Fund Value," New York City Comptroller's Office, April 9, 2015.

（注17）Danyelle Jann Guyatt and Jon Lukomnik, "Does Portfolio Turnover Exceed Expectations?," *Rotman International Journal of Pension Management* 3. no.2 (October 2010), http://papers.ssrn.com/sol3/papers.cfm?abstract_id=1687783.

社にはその意思決定を担う機関として、株主総会や取締役会がある。契約型では、投資家から集めた資金は信託銀行に信託されるため、投資家は信託受益証券を購入するかたちとなり、信託銀行と信託契約を結んだ運用会社が運用の意思決定を行う。

本書は、資本主義システムが長期にわたって安全に機能するためにはアカウンタビリティ（説明責任）が必要であると強く主張する。著者たちは失敗の症状を調べ、原因を診断し、治癒のための処方箋を提示する。市場を修復するためには、個人に力をもたせる21世紀的な方法と、常識、オーナーシップ、実体経済の経済合理性といった忘れられた原理を結合させる必要がある。同時に、今日の金融機関はシステムに信頼を取り戻すための改革に抵抗する強いモチベーションをもつという事実にも直面せざるをえない。そのモチベーションは倒錯しているが、合理的なのである。しかし、資本主義は政治システムと同様に、本来の目的を達成しようとするならば、定期的に市民による問題提起にさらされなければならない。

金融システムが改革されなかったときのコストは、破滅的に大きなものとなりうる。２００８年に起きた世界金融危機において、投資銀行に近視眼的な傾向が蔓延していることが示された。金融機関のためにサブプライムのローンを売り買いしている住宅ローン債権ブローカーは、借り手がローンを返済できるかどうかにほとんど注意を払わなかった。投資銀行の幹部たちは貸し手が困るときまでに、ローンをほかのだれかに売ってしまおうと思っていた。本書で示すように、投資銀行は欠陥のあるモデルと計算に取り組むなかで、本当のリスクを見失っていた。今日でも金融機関は、２００８年の危機に寄与した、不適切な専門知識と「気違いじみた数学」への依存によって導かれている。

　投資銀行の「オーナー」、つまり、われわれのお金を使って投資銀行の株式を買っている機関投資家が、自分の身を守るために、こうした不適切な行動を抑止したはずだと考える人もいるかもしれない。実際には、彼らは銀行が過剰なリスクをとることを推奨していた。経済学者であるジョン・ケイ（John Kay）の法医学的な調査によれば、ウォールストリート型の投資家たちは金融機関が「金融工学を駆使し、日常の業務において「数字をつくる（to make the numbers）」こと、あるいは事業拡大に向けた取組みを犠牲にして短期的な財務目標を達成することを推奨していた」（注18）。マーチン・リプトン（Martin Lipton）、セオドア・ミルビス（Theodore Mirvis）、ジェイ・ローシュ（Jay Lorsch）は２００９年の論文で、「近視眼的な傾向はアメリカの実業界に伝染し、経営者と取締役会の判断をゆがめている」と指摘している。「しかし、それは取締役会の会議室で生まれたものではない。それはヘッジファンドや機関投資家のトレーディングルーム

（注18）“The Kay Review of UK Equity Markets and Long-Term Decision Making—Interim Report”（February 2011）. http://www.bis.gov.uk/assets/biscore/business-law/docs/k/12-631-kay-review-of-equity-markets-interim-report.

で生まれたのである」（注19）。

こうした利益追求マシーンのとりことなり、多くの企業が研究・開発費を削減し、雇用を縮小している。それは四半期の業績に固執する機関投資家のアナリストを喜ばせて、高い株価を維持しようと努力するためなのだ（注20）。企業の取締役会は長期にわたる成長を重視する経営陣にペナルティを与えることさえある（注21）。ある重要な研究は次のような結論を出している。「投資家、資産運用会社、経営陣がそろって短期の業績に固執することが、長期的な企業価値を毀損し、市場の効率性を損なわせ、投資リターンを減少させ、コーポレートガバナンスを強化する努力を妨げるという意図しない結果を招いている」（注22）。何年か前に伝説的な投資家であるイラ・ミルシュタイン（Ira Millstein）がいったように、それは「危機を繰り返す」ためのレシピ

（注19） Andrew Keay, "The Global Financial Crisis: Risk, Shareholder Pressure and Short-Terminism in Financial Institutions" (2011), http://papers.ssrn.com/sol3/papers.cfm?abstract_id=1839305.

（注20） John Graham, Campbell Harvey, and Shiva Rajgopal, "The Economic Implications of Corporate Financial Reporting" (2005), http://faculty.fuqua.duke.edu/~charvey/Research/Working_Papers/W73_The_economic_implications.pdf.

（注21） ある研究によれば、アナリストによる四半期業績のコンセンサス予想を1年のうち2回達成できなかった経営陣は、アナリストの短期的な業績予想を達成した経営陣より、株式で24パーセント、現金で14パーセントほど少ないボーナスしか受け取ることができなかった。Rick Mergenthaler, Shiva Rajgopal, and Suraj Srinivasan, "CEO and CFO Career Penalties to Missing Quarterly Analysts Forecasts" (September 2008), http://hbswk.hbs.edu/item/6019.html.

（調理法）である（注23）。

はっきりさせておきたいのは、政治システムが誤作動を起こすことが不思議ではないのと同じように、金融システムが機能しないとしても驚くべきことではないということだ。政治の世界でも、金融の世界でも、自分を信じてくれる者のために、正直に一生懸命に働く人々が大勢いる（注24）。民主主義は、それに欠陥があるとしても、人類が発明した政治モデルのなかで、最も優れた政治モデルであるとしばしば指摘される。ある種の形態の資本主義も、現存する経済システムのなかで、最も優れた経済システムであるようにみえる。しかし、資本主義経済の中核にある金融システムは根本的な修復作業を必要としている。われわれのお金を預かる数多くの仲介業者が存在する金融セクターの構造は目的に適したものになっているか、われわれの貯蓄を生産的な投資活動に振り向けたり、長期にわたって企業のオーナーとしての役割を果たしたりするのに適

（注22） "Breaking the Short-Term Cycle," CFA Centre for Financial Market Integrity and Business Roundtable Institute for Corporate Ethics（July 2006）. www.cfapubs.org/toc/ccb/2006/2006/1.

（注23） Paul MacAvoy and Ira Millstein, *The Recurrent Crisis in Corporate Governance*（Stanford University Press, 2004）.

（注24） ほかにもいるが、たとえば、バンガードを創設し、アメリカで従来と異なる低コストの投資信託を提供したジョン・ボーグル、イギリスで運用会社ハーミーズ（Hermes）を創設し、コーポレートガバナンス改善を促すグローバルな勢力に育て上げたアラステア・ロス・グービー（Alastair Ross Goobey）の2人をあげることができる。

したものになっているかについて、疑問を提起してしかるべき多くの理由が存在する（注25）。著者たちは本書において、金融セクターの内幕に立ち入って、いくつかの「ごまかしの取引」、本当は価値が創造されていないのに創造されているかのようにわれわれに信じさせる方法を紹介する。

政策立案者たちがつくった解決策の多くは、事態をかえって悪化させている可能性がある。過去20年間、世界の立法者たちは、企業の取締役会が投資家に対してより重い責任を負うようにすれば、株式を保有している投資家は、会社が倒産したり、犯罪を行ったり、強欲になりすぎたりすることがないように、しっかりと監視してくれるのではないかと考えて制度をつくってきた。市場をきれいにしておくことは、政府だけが担うべき責任ではない。「投資家が投資先の企業に不満をもっているとしても、その株式を売却して次の投資先に向かうという行動はとってほしくない」。イギリスのニック・クレッグ（Nick Clegg）副首相は２０１２年の演説で、このように

（注25） 本書では「オーナー」（owner）を、投資家が上場企業の株式を1株以上保有しているときに、投資家と当該上場企業との間の関係を表現する言葉として使う。しかし、投資家はその場合、専門技術的には「オーナー」とはいえず、上場企業の株式を保有しているにすぎないと主張する学者もいることに注意されたい。Lynn A. Stout, *The Shareholder Value Myth: How Putting Shareholders First Harms Investors, Corporations and the Public* (Berrett-Koehler, 2012). 実際には、市場参加者や多くの裁判所は共通して投資家をオーナーとして取り扱っている。

語った。「投資家には投資先の企業がよくなるように、力を傾けてもらいたい」（注26）と。アメリカのドッド・フランク法、ヨーロッパ委員会のコーポレートガバナンスに関する行動計画、そしてイギリス、オーストラリア、南アフリカその他の国での立法措置は、株主が経営陣に対する報酬、取締役会の構成、企業の社会的責任について「モノいう」ことができるように、株主の権限を強化することを目的としていた。しかし、機関投資家はしばしば短期的な戦略に基づいて行動するために、企業の取締役会が過度に短期的な視点から経営判断を行うことを抑制するどころか、逆に促進してしまっているかもしれない。

たしかに、改革によって企業の情報開示が一定程度進んだが、それは部分的なものにすぎない。アメリカでは、サーベンス・オクスレー法とドッド・フランク法に基づく規制により、企業が詐欺やリスクを軽んずる行動に出ることのないように新たな歯止めが設けられた。たとえば、取締役会の監査委員会は完全に執行部から独立し、財務の専門家をメンバーとして起用しなければならない。かつて無意味な儀式にすぎなかった取締役の選出はいまや多数決のルールにのっとって行われなければならず、取締役は投資家の信認を失えば追放されるリスクを負っている（注27）。２０１１年には株主が経営陣の報酬について年次株主総会で議決権を行使する力は強く

（注26） Deputy Prime Minister Nick Clegg, Mansion House Speech, January 16, 2012, www.gov.uk/government/speeches/deputy-prime-ministers-speech-at-mansion-house.

なったが、いまだにほとんど説明のないまま過剰な報酬が支払われることがよくある。自らを自らのボスとする独裁的な社長（ＣＥＯ）は少なくなった。２０１４年において、アメリカの47パーセントもの上場大企業はＣＥＯとは別の人を取締役会議長に任命している。この数字はこれまでにない高い割合である。しかし、いまだに過半数の企業は取締役会議長とＣＥＯを同じ人に委ねているということでもある（注28）。最悪のＣＥＯさえ守られる買収防衛策は姿を消しつつある。経営陣にとって株主の行動に対する防波堤となる「ポイズン・ピル」を採用する企業は、10年前は２２００だったが、いまや９００未満にまで減少している（注29）。パフォーマンスの悪いＣＥＯについては、問題が深刻化して手遅れになったときではなく、問題が発生したときに、退職を勧告されるケースもみられるが、そうした事例はあまり多くないという見方もできる（注30）。

　政策立案者たちは企業の取締役会を近代化するために力を注いできたが、市場の監視役として期待される投資家に対しては比較的小さな関心しか寄せてこなかった。こうした部分的な規制の

（注27）*Board Practices 2012*, Institutional Shareholder Services（ISS）.

（注28）*Spencer Stuart Board Index 2014*, www.spencerstuart.com/~/media/PDF%20Files/Research%20and%20Insight%20PDFs/SSBI2014web14Nov2014.pdf.

（注29）*Poison Pills in 2011*, The Conference Board（March 2011）, http://www.conference-board.org/publications/publicationdetail.cfm?publicationid=1913.

導入は、規制される側にとっては、規制当局の処分を回避することが技術的に可能になることを意味する。

もし機関投資家が上場企業を監視する用心深いスチュワードとして行動しないとすれば、スキャンダルや危機をきっかけに採用された市場の改善措置は、究極的な株主（つまり、われわれ）に力を与えたのではなく、それほどスチュワードシップ（訳注２）に関心をもたないわれわれの受託者の権限を強化したにすぎないという意味において、根本的な欠陥を抱えていることになる。そのため、改革は株主の力を削減することから始めなければならないと主張する論者さえいる。こうした人々によれば、投資家の株主アクティビズムに影響されない、独立した、能力のある取締役会こそが活発なビジネスの最も優れた擁護者とされる（注31）。２０１２年の新規産業活性化法（ＪＯＢＳ法）は、一定の分類に属するアメリカの企業を対象にして、財務データの

（注30） *CEO Succession Practices 2012*, The Conference Board（April 2012）, http://www.conference-board.org/publications/publicationdetail.cfm?publicationid=2168; "The Election of Corporate Directors: What Happens When Shareowners Withhold a Majority of Votes from Director Nominees," IRRC Institute and GMI Ratings（August 2012）, http://irrcinstitute.org/reports/the-election-of-corporate-directors-what-happens-when-shareowners-withhold-a-majority-of-votes-from-director-nominees/; "Multiple Say-on-Pay Failures Reveal Some Common Themes," Towers Watson（May 22, 2014）, www.towerswatson.com/en-US/Insights/Newsletters/Global/executive-pay-matters/2014/Multiple-Say-on-Pay-Failures-Reveal-Some-Common-Themes.

開示項目を削減するなど、いくつかの投資家保護策を解除することによって、こうした考え方に沿った改革の第一歩を踏み出した。

（訳注2）スチュワード（steward）は執事・財産管理人。スチュワードシップとは、機関投資家は資金提供者の執事として、預かった資産を、責任をもって管理・運用しなければならないという考え方を指す。

本書は、資本主義を安全なものとするための別の道を提案する。われわれが提示する問題解決の手順は、取締役会を改革しようとした過去の努力をなぞっている。しかし、われわれは取締役会とその経済的なインセンティブだけに焦点を当てるのではなく、どうすればシステムが全体としてその目的を達成することができるかを考察する。主要な資本の提供者が「絶対君主」たちから金融機関に移行するという歴史的な変化のなかで、オーナーとしての権限は仲介業者たちに与えられることになった。著者たちは、われわれが雇った受託者たちがわれわれの利益に反して行動するのは仕方がないことだとは思わない。そうならないように、著者たちは、株主である機関投資家が長期にわたるオーナーとして、また価値の創造者として行動するよう、自らに資本を提

（注31）このアプローチの例は、マーチン・リプトン、セオドア・ミルビス、ジェイ・ローシュによる次の文献に見出される。"The Proposed 'Shareholder Bill of Rights Act of 2009'" (May 12, 2009), http://corpgov.law.harvard.edu/2009/05/12/the-proposed-shareholder-bill-of-rights-act-of-2009/.

供した市民の利益のために働く力を強化することを目的とした現実的な政策を示す。たとえば、機関投資家が自らの商業的な利益ではなく、究極的な資本の提供者の最善の利益のために行動するよう、機関投資家がフィデューシャリー・デューティー（受託者責任）を負うことを法は宣言すべきである。重要なことは、市場参加者たちの間でアカウンタビリティ（説明責任）と相互監視の機能を働かせて、金融市場が全体として自己矯正力をもつようにすることである。

誤解のないようにいうと、患者が外科医にどのように手術をするかを指示すべきではないのと同じように、株主は上場会社の日々の経営に立ち入るべきではない。会社の経営は経営者の仕事であり、経営者の仕事ぶりを監督するのは取締役会の仕事である（注32）。問題は、会社がオーナーである市民の利益に沿って経営されるためにはどうすればいいかということなのだ。

システム全体の改革がなされなければ、世界の資本市場は、いつゆがんだインセンティブをもった受託者に乗っ取られるかわからない、危険で非力なガバナンス制度を抱えたままだろう。しかし、学術研究が示すところによれば、われわれの貯蓄を管理・運用する金融セクターをすで

（注32） 取締役会の重要性については、つとに次の文献で概要が述べられている。Winthrop Knowlton and Ira M. Millstein, "Can the Board of Directors Help the American Corporation Earn the Immortality It Holds So Dear?," in *The US Business Corporation: An Institution in Transition* (Ballinger, 1988). 次も参照されたい。MacAvoy and Millstein, *Recurrent Crisis*.

に検証された方法で近代化することによって、2つの便益を得ることができる。すなわち、上場企業をしっかりと監視することができると同時に、市民の蓄えのプールを大きくすることができる。

いまこそ、常識とオーナーシップ、そしてアカウンタビリティという原則に立ち返り、資本主義に新たな生命を吹き込むべき時である。

それは簡単なことではない。市場がどのように振る舞うかに関する狭い考え方が経済思想を支配し続けており、それが金融市場を裏で動かすオペレーティングシステムになっている。近年、経済学は、現実の世界で人がどのように振る舞うかを説明する学問ではなくなってしまった。そこでは資本主義が機能するために必要な前提条件が誤って理解され、現実世界の複雑さが捨象され、それが最も必要とされるときに確実に間違った結論を出す精密なモデルや公式が生み出されている。モデルの開発においては、資本主義には崩壊を防ぐ自動安定化機能が実際に存在することが「当然」とされている。リスクについて学ぶ者は、「リスクは正確に計測することができ、複雑なシステムであっても、それが適切に設計されるならば安全である」と教えられる。そうした教育を受けた人たちが、銀行や企業の財務部門や規制当局に就職するのである。

何人かの学者は経済学に日常生活を特徴づけるいくつかの要素を再び取り入れようと試み、現実世界の不確実性は金融エンジニアたちがリスクと同一視する計測可能なボラティリティや確率とずいぶん異なることに注意を喚起しようとしている（注33）。経済理論は現実の世界よりも教室のなかのほうがよく当てはまると主張する偉大な古典派の経済学者もいる（注34）。しかし、モデルがもたらす予測可能性と偽りの正確さの魅力は大きく、次第に現代ファイナンス理論の世界を支配し、市場全体にわたって行動の指針となるに至っている。

それは問題だろうか。もちろん問題である。著者たちは、そうした思考がわれわれを誤った道に進ませ、価値を破壊するに至ったいくつかの事例を紹介する。それはアダム・スミス（Adam Smith）が、現実を直視する経済学者として、完全に予見したであろうと思われる誤りである。

著者たちは、今日の市場経済において、アダム・スミスがそうしたように、経済学を現実と格闘するための学問であると考えるところから出発しなければならないと主張する。理論ではなく、さまざまな制度、チェック・アンド・バランス、行動、価値をテーマとしなければならない。そのために経済学は、あるいは経済学を現実社会に適用するにあたっては、会社、銀行、同

（注33）「ナイトの不確実性（Knightian uncertainty）」で有名なシカゴ大学（University of Chicago）のフランク・ナイト（Frank Knight）教授は、影響力のある教師である。彼の教え子には、ミルトン・フリードマン（Milton Friedman）、ジョージ・スティグラー（George Stigler）、ジェームズ・ブキャナン（James M. Buchanan）という3人のノーベル経済学賞受賞者がいる。

（注34）たとえば、カナダの経済学者であるリチャード・リプシー（Richard Lipsey）は完全競争について、「残念なことに、それはごく少数の側面でしか、われわれの知っている現実の世界に対応しない」と述べている。Richard Lipsey, *Positive Economics* (Weidenfeld and Nicholson,1973), 299.

族経営の企業、グローバル企業、そして政府といった政治的・社会的な制度の振る舞いに関する洞察に基づいて、最適な解をもたらす方程式をつくらなければならない。うまく設計されれば、これら制度は、資本主義の最良の約束である成長と富をもたらすことができる。まずく設計されれば、そうした制度は資本主義システムを「金融の大量破壊兵器」の製造工場と化してしまうだろう。

金融システムを再起動させることができれば、資本市場の失敗の中核にある解きがたい問題に対して回答を与えることもできるだろう。すなわち、金融システムをその目的に沿ったものにするためにはどうすればいいだろうかという問いである。とりわけ、老後のための長期にわたる貯蓄を、非効率で、説明責任を果たさず、近視眼的で、遺漏の多い金融仲介業者の手から取り上げ、ウォールストリートの利益ではなく市民の利益に奉仕する常識にのっとった貯蓄の仕組みに委ねるためにはどうしたらいいだろうか。「国民のための年金プラン」に必要な要素は歴史のなかに埋もれている。18世紀半ば、有名なスコットランド教会の牧師であるアレクサンダー・ウェブスター（Alexander Webster）とロバート・ウォーレス（Robert Wallace）の2人が同僚の牧師の未亡人たちのために、世界で最初の退職給付プランをつくりあげた。その年金プランは明確な目的意識に基づき、技術的にも倫理的にも信頼のおける運営方法を採用した。本書では、スコットランド人の2人組が先駆者となり、すでにその有効性を歴史が検証した常識にのっとった原理に基づく、信頼と長寿リスク共有の仕組みを現代的なテクノロジーと結びつけることによって、現代と過去二つの世界からそれぞれ最良の方策を取り出せることを示す。そうした信頼とリスク共有の仕組みによって、現代のわれわれが得ている実質的な運用リターンより大きなリターンを得ることができる。同じように常識にのっとった考察によって、より効率的な銀行システムをつくりあげることもできる。

皮肉なことに、オーナーシップ、アカウンタビリティ、そして常識が重要だという認識は、現代よりも過去の経済学者にとってより親しいものであった。金融システムが投資資金を提供する人々に対して公平なリターンを提供するためには、こうした考え方に立ち返る必要がある。より頑健な実体経済、より多くの雇用機会、老後に向けた貯蓄からのより大きなリターンなど、それによって得られる利益は、現状のままであることを甘受するには大きすぎる。

第1章

金融システムはなんのために存在するのか

「金融セクターはなんのために存在するのか」。簡単な質問のようだが、この質問に答えなければ、何が「よい」金融セクターなのかを判断することはできない。なぜ金融セクターが間違いを犯し、金融セクターを支える現行の諸制度がなぜ不完全なのかを理解するために、われわれはまず金融セクターの存在意義を明らかにする必要がある。

たいていの産業セクターの存在意義は明白だ。製薬業では、病気を治し、予防に役立つ医薬品を製造することである。薬は、われわれの体調がよくなれば使命を果たしたことになる。農業では、穀物などの作物を育てることだ。自動車産業では、安全に、速く、快適にわれわれを輸送できる製品をつくることだ。

金融セクターについてはどうか。アメリカのウォールストリートやロンドンの金融街シティを、金融についてほとんど知らない旅行者に案内する情景を思い浮かべてほしい。たとえば、およそ800年前の大憲章マグナ・カルタが出された中世から、時空を超えて旅行者がやってきたとしよう。旅行者は立ち並ぶ建物や行き交う車、栄養十分で身なりの整った街ゆく人々、トレーディングフロアのスクリーンや取締役会の豪華な会議室に驚くだろう。そして、われわれは金融セクターの存在意義を彼に説明するとしよう。

金融セクターは、イギリス経済が生み出す付加価値のおよそ7パーセントを構成している（注1）。それは、農業セクターの付加価値の5倍以上だ（注2）。他の先進国でも大差はない。銀行、保険会社、その他金融といった金融セクターの企業は、ニューヨーク証券取引所に上場している企業の時価総額全体の20パーセントを構成している（注3）。

もっとも、現代の銀行や保険会社を知るよしもない中世からの時間旅行者は、「それらはなんのために活動しているのか。何に役立つのか」と、一見素朴な質問を発するかもしれない。われわれは、食糧、住居、衣服、そして娯楽が、なんの役に立つのかを理解している。だが、金融セクターはこれらの富を生み出すために、どのように役に立っているのだろうか。

金融は、四つの必要不可欠なサービスを提供している。

安全な保管場所：金融は、資産を蓄えるための安全な保管場所を提供する。現金や貴重品をマットレスの下に隠していたら、盗まれるかもしれない。そのかわりに、われわれは銀行預金や貸金庫に保管したり、暗号化された電子データのかたちで安全な記録装置に保存したりすることができる（注4）。

（注1）トーマス・フィリポン（Thomas Philippon）の議論を参照。“Has the US Finance Industry Become Less Efficient? On the Theory and Measurement of Financial Intermediation,” National Bureau of Economic Research, Working Paper 18077（May 2012）, 6-9, http://www.nber.org/papers/w18077.

（注2）World Bank data at data.worldbank.org/indicator/NV.ARG.TOTL.ZS. を参照。

（注3）現在の数値は、New York Stock Exchange data を参照すること。www.nyse.com/about/listed/nya_characterstics.shtml（August 21, 2013）

支払決済システム：いったん金融機関に預金したら、われわれはお金を第三者に安全かつ簡単に引き渡すことができる。だれかに物品の購入代金を支払う必要がある場合、相手の口座と自分の口座が同じ銀行にあれば、銀行に行ってお金を引き出し、現金を相手に手渡しする必要はない。自分の口座から所定の金額を引き落とし、相手の口座に同じ金額を加えるよう振込記帳を依頼するだけですむ。異なる銀行間でも同様な資金振替ができるよう取決めがされていれば、これら銀行に口座がある人同士の間で紙幣や貨幣を手渡しする必要はなく、銀行が帳簿の書換えをすれば足りる。世界の主要な銀行はごく少数のグローバルな資金決済ネットワークに加盟しており、われわれは世界中の人々に対してお金を送ることができる。それは国際的な商業活動には必要不可欠な金融サービスとなっている。

貸し手と借り手を結ぶ金融仲介機能：金融システムとは、ロスチャイルド家の3代目当主が簡潔に述べたように、「お金をそれがいま存在するA地点から、それを必要としているB地点に持って行く仕組み」である（注5）。銀行は預け入れられたお金を、それを使って投資したい人

（注4） 安全な保管というのは、銀行預金や貸金庫だけのことではないことに注意。有価証券の保管機関（カストディアン）もまた、このサービスを提供する。その結果、カストディアンは、有価証券、外国為替、その他の取引の受渡決済（プロセシング）に関与する。

（注5） Victor Rothschild, *Meditations of a Broomstick* (HarperCollins, 1977), 17, cited in Niall Ferguson, *The Ascent of Money: A Financial History of the World* (Penguin Press, 2008), 65.

に貸し出すことができる。これがうまくできれば、預金者のお金は安全に保管されたままで、そのお金を投資に使い、経済を活性化させ、預金者にリターンを与えることができる。もちろん、貸すことにリスクはつきものだ。銀行は、借り手がそのローンを返済できるか確かめる必要がある。そこで、銀行は審査のための基準や専門的な技能をもつ必要があるし、借り手が返済不能となっても預金の引出しに応じられるよう、適切な水準の引当金を保持する必要がある。また、多くの預金者が同時に預金を引き出す場合に備えて、銀行は適切な量の現金（流動性と呼ばれる）をもつ必要がある。

リスクを減少させる機能：金融セクターのおかげで、われわれは一つの社会あるいは経済全体としてリスクをとり、見返りに収益を得ることができる。多くの人々の間でリスクを共有することで、1人当りのリスクを減らしているのである。たとえば、われわれがお金を預けた銀行は、いくつかのリスクの高いベンチャー企業にお金を貸すとしよう。それらベンチャー企業が同時に経営破綻しなければ、貸出は利益を生み出す。リスクが高い借り手のうち、いくつかの企業はローンを返済し、これら借り手から受け取る金利の合計額は、返済できなかった借り手にかかる損失を埋め合わせてあまりあるからである。同様に、保険会社は多くの人々に生命保険を提供し、すべての契約者から集めた保険料とその保険料の運用益を合計した金額によって、だれかが死亡したときの保険金支払請求にいつでも応じられるようにしている。

金融の四つのサービスは、現代の経済の中核をなしており、われわれが高い生活水準を享受できる理由の一つでもある。金融システムが発達する前は、富を安全に守り、新たな富を生むために富を効果的に使うことはとてもむずかしかった。野心家たちはしばしば、土地や他の物理的な財産をめぐって争いをした。それらが唯一の蓄えておける富だったからだ。土地は親から子へ受け継がれた。より少ない富しかもたぬ者は、新しい土地でお金を稼ぐことができたし、自らのよりよい生活のために新しい事業を始めることもできた。しかし、老い、病気、災害に対して身を守ることはむずかしく、家族が面倒をみてくれることを信じるしかなかった。

　金融システムのおかげで、人々は富を創造し、蓄え、お金を効率的に移動し、リスクから身を守ることができるようになった。かくして金融システムは、経済発展の中核にある存在であり、現代の経済にとって必要不可欠なものである。高度な金融システムをもたない先進国など存在しないのだ。

　それだけではない。あまり知られていないかもしれないが、金融セクターは、コーポレートガバナンス（企業統治）、すなわち企業の経営陣がオーナー（株主）に説明責任を果たすプロセスにも大きな影響を及ぼしている。企業は、資金を借り入れる際に一定の条件に従うことを同意する。借入れの「契約書」には、しばしば、あとどれだけ負債を抱えてもかまわないか、財務の監査はどう実施されるべきかといった基本事項が記されている。貸し手は、借り手の企業が買収されることを防ぐための条件をつけることもある。その企業がローンを焦げつかせてしまったら、貸し手は支配力をいっそう強める。一方、株式を発行して資金調達する企業は、株主に一定の権利を与える。たとえば、たいていの国々では、株主が取締役会メンバーを選任する権利をもつ。われわれのシステムを「資本主義」と呼ぶ理由は、資本をコントロールする者が、投資先企業の経営陣を決定できることにある。われわれのお金を預かっている金融機関が、この役割を果たすことが多い。たとえば、ブラックロック（Blackrock）、アクサ（ＡＸＡ）、日本生命などの有力な運用会社は、運用するポートフォリオに組み入れた株式を発行した企業の取締役を選任するために議決権を行使する。

中世から来た時間旅行者にこれらすべてを説明すると（彼は多くをみたことも聞いたこともないわけだから、何度か繰り返して説明する必要があるかもしれない）、この旅人は次に、金融システムを支える金融機関がそれぞれどんな役割を果たしているのかを尋ねてくる。そこで、われわれは図1のような図を描いてみせる。左側には稼いだお金を預ける人々、右側にはそのお金を使う人々や企業がある。両者の間には3種類の金融仲介業者が存在する。銀行、資産運用会社、保険会社である。

この図1が3者の関係を示している。図1の左側には、資金の供給者たちがいる。彼らはお金の安全な保管場所を必要としており、資金提供の見返りとして対価を受け取りたいと思ってい

図1　金融システム：主要な登場人物とお金の流れの概観

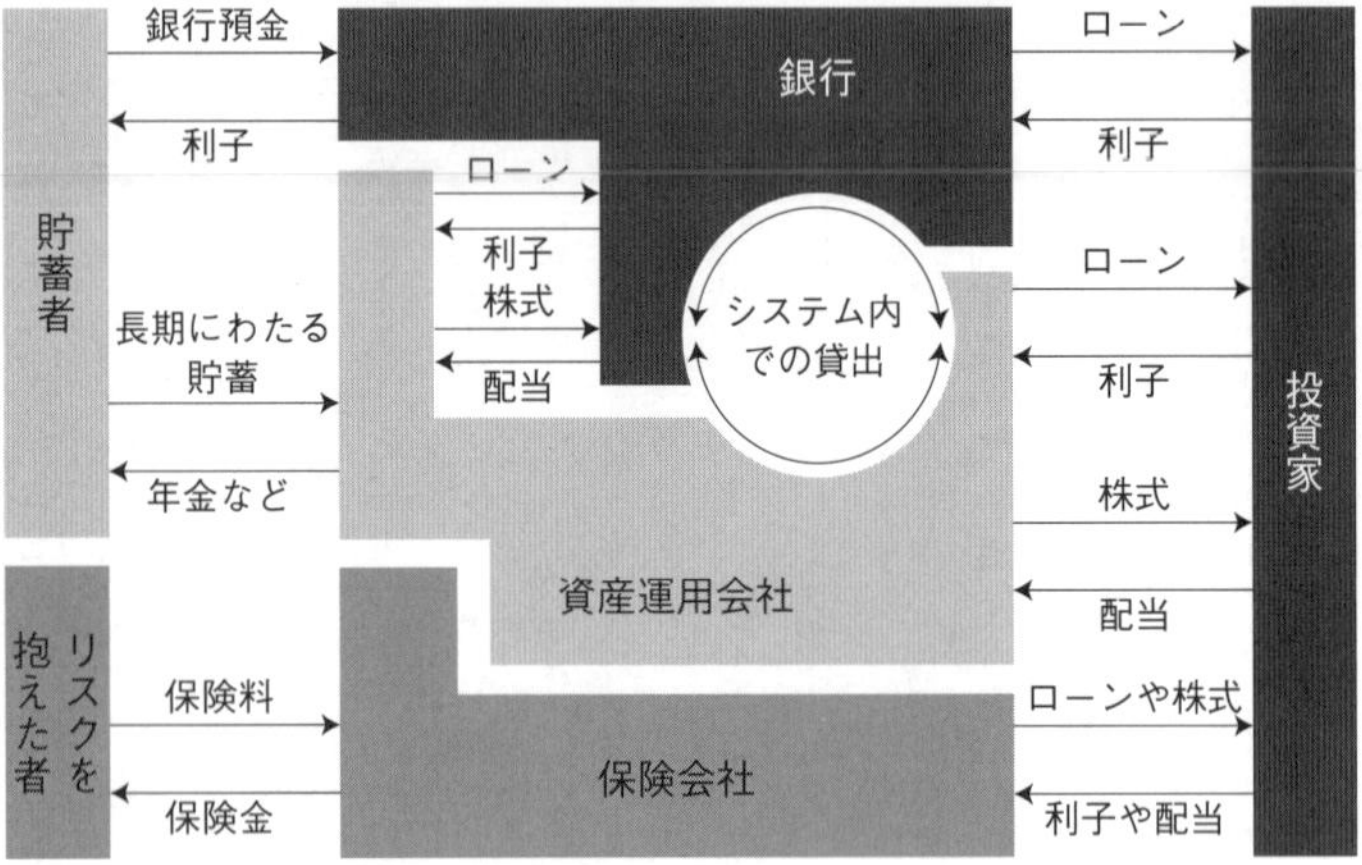

る。あるいは、なんらかのリスクから守ってもらいたいと考えており、そのためにはお金を払ってもよいと考えている。図の右側は資金の需要者たちである（本書では「投資家」と表記した）。富を創出するためにお金を使う人々、もしくは、代金は後で支払うことにして、いま必要な物を買うためにお金を使う人々だ。彼らは新しいビジネスを始めたり、既存のビジネスを拡大したりしたいと思っている。あるいは、家を買ったり、お金を借りて物を買い、あとで転売して利益をあげたりしたいと思っている。図の中央は、金融仲介業者たちである。彼らはお金をもっていて、リスクを避けたい資金供給者たちと、新たな富を生み出すためにお金を使いたい資金需要者たちの間を仲介する。

金融仲介業者はおもに3種類ある。一つ目の金融仲介業者は、最も親しみのある銀行である。人々は預金を通じて銀行に資金を提供し（銀行の預金口座は銀行に対するローンである）、利子を受け取る。二つ目の金融仲介業者である資産運用会社も、銀行に資金を提供している。彼らは銀行が発行した株式と呼ばれる部分的な所有権を購入し、社債あるいは確定利付証券にも投資する。中央銀行も銀行に対して同じような資金供給を行うが、その期間はきわめて短い。銀行はこうして調達した資金を、個人や企業に融資する。銀行は借り手から利子や手数料を徴収することで、銀行業務の諸経費をまかなう（注6）。

銀行はまたお金の安全な保管場所や支払決済システムも提供する。中世から来た旅行者とあなたが一緒に店に入った。あなたは、キャッシュカードを店員に渡し、店員はカードをすぐに返し、品物をあなたに渡す。あなたとお店から出た時、連れの旅人は驚いているだろう。「まだ支払をすませていないのに！」と。銀行があなたの口座からお金を引き落とし、お店の口座に振り込む。だれもあなたと店主のお金を盗むことができない（と期待される）。お金は銀行の外に持ち出されることがないからだ。

気を取り直した思慮深いあなたの連れは口を開く。「その仕組みは好景気のときならよさそうだ。しかし、それは、ほとんどすべてのローンが期限どおりに返済されるかどうかにかかってい

（注6）銀行は預金を全部貸し付けるのではない。一部を現金やほかの有価証券に投資することもある。

るのではないか。あてが外れれば、君たちの銀行はお金を貸したきり、再びお金を取り戻すことはできないだろう」。彼は農家が作物を収穫できなかったり、貿易船や漁船が水平線のかなたへ航行したまま音信不通となったりすることが多い世界からやってきている。「多くの投資は農家や貿易船・漁船よりもずっとリスクが高いはずだ。銀行はどのようにリスクの高いベンチャーに融資するのか」。

われわれはこう答えるだろう。現代のテクノロジーをいくら駆使しても、中世の時代から変えられないこともある。多くのビジネスは失敗し、ほんのわずかしかうまくいかない。そうしたことに大金を融資しても、成功する見込みはありそうにない。そこで、金融システムは「有限責任会社（limited liability company）」を発明した（注7）。有限責任会社は株式を発行し、その株式を購入した人は企業の利益の一定割合を得る権利を与えられるが、彼らに企業の負債を返済する義務はない。また、一つの企業の株式だけをもつのはリスキーなので、われわれの貯蓄は何社もの企業の株式で構成されるポートフォリオに投資され、資産運用会社が運用する。運用会社は多くの企業に投資し、オーナーとして所有する株式だけではなく、企業が直接発行する社債やローンなども購入する。株式であれば配当（企業に利益があれば、その利益の一部）が、社債であれば利

（注7）　本書を通してわれわれは「有限責任会社」という用語を、資本を複数の個人や団体から集め、企業の負債の返済責任のすべてまたは一部を資本の提供者には負わせない会社という意味で用いる。

子が、それぞれ支払われる。

中世からの時間旅行者がさほど困惑したようすではないので、われわれは話を続ける。投資ファンドはとりわけ長期投資に適している。たとえば、それは老後の収入を確保するために積立貯蓄をしようとする人々にとって役立つように設計されている。資産運用会社は、単純に銀行に預金して高いリターンをもたらさない預金利息を受け取るかわりに、多様な産業セクターの多様な企業の株式を買い入れることによって、これら企業の将来の成功を買うのである。

さらに、投資ファンドは、多くの企業に分散投資することによって、一つの籠にすべての卵を入れることを避け、リスクを減らしている。あなたがそういうと、中世から旅して来た友はこう尋ねる。「しかし、どうして投資先企業の経営陣は利益のすべてを盗んだりしないと信頼できるのだろうか」と。そこで、ガバナンス（企業統治）についての説明が必要になる。オーナーの一員（株主）であるということは、企業の取締役会のメンバーを選出する権利をもち、それにより企業の経営を監督することができるということを意味する。この取締役選任の制度は、企業の経営陣が多少なりとも株主の利益のために経営するよう仕向けるねらいがある。

最後に、三つ目の金融仲介業者として保険会社を、われわれは中世の旅人に説明する。保険会社のおかげで、人々はリスクを共有することが可能となる。たとえば、この国の多くの人々は、保険料と呼ばれる少額のお金を毎年支払うことにより、家が火災に見舞われたなど何か不幸が起こったときに保険金を受け取ることができるという契約を結んでいる。こうした災難は少数の人に降りかかるもので、実際に災難にあった少数の人々への保険金は、その他大勢の人々が支払った保険料でまかなわれている。生命保険に加入する人も多く、この場合、その人が死亡したときに、保険金が残された扶養家族に支払われる。保険金を支払うまでの間、保険会社は払い込まれた保険料をローンや株式などで運用する。運用益は経費に使われたり、保険料を低く抑えたりするのに使われる。

このように金融機関には大きく分けて3種類ある。一つ目は銀行である。安全な保管場所、支払決済システム、そして預金者と借り手を結びつける金融仲介機能を提供する。二つ目は資産運用会社である。長期のリスク資本を産業界に供給する。三つ目は保険会社である。万一のリスク負担の軽減に役立つ。

「あのＰｗＣと美しく書かれた建物は大手の銀行か何かだろうか」と中世の旅人は尋ねる。われわれは、いや違う、それは企業が業績、とりわけ利益をどれだけあげたかを正しく測定し開示したと請け合う者（監査法人）たちの拠点の一つだと答える。そして、金融機関にサービスを提供するアドバイザーのなかには、監査法人のほかにも弁護士やアクチュアリー（保険数理人）といった人々がいると説明する。

中世の旅人は尋ねる。「しかし、金融セクターの人々を君たちは信頼してよいのか。銀行や保険会社は、君たちが預けたお金をとって逃げたりしないのか」。われわれは、金融システムがどう規制されているか説明する。お金を盗むのは犯罪であり、金融システムを機能させるために大勢の人々が規制にかかわり、たくさんの法律がある、と。

中世の旅人は説明を信じず、さらに質問を続ける。「もし銀行、保険会社、資産運用会社が間違いを犯したら、君たちのお金はすべてなくなるのか。手数料は適正なのか。君によると、金融セクターの彼らは、仕立屋、農夫、漁師よりももっとお金をもらっているらしい。彼らが誠実だと君たちは断言できるのか。金融セクターがうまく機能することが大切だというが、うまく機能しているかどうか判断できるのか。立ち並ぶ壮麗な建物は金融セクターの成功の証であって、君たちのお金を一部横取りして金融業界の自己利益を追求した結果ではないと断言できるのか。肥大化して複雑に入り組んだ金融セクターの姿は、君たちが必要不可欠だといっていた、いくつかの金融サービスを提供するための最善の方法だったのか。君が言及した金融危機についてはどうなのか。まるで金融システムがすべて崩壊しそうに思えたが、危機はどうして起こったのか」。

時空を超えた中世の旅人の言葉は、まだ続いた。ロンドンの金融街シティにいくつもある教会の一つを通り過ぎた時だった。旅人の時代には教会は深く尊敬されていたのだ。だが、教会は「免罪符」を売り出すようになり、自らの評判を大いに落とすことになった（注8）。免罪符を買える裕福な人々は、現世での罪を許されるというのだが、免罪符の収入は美しい宗教建築やシステムを乱用した聖職者の豊かな生活のために費やされていた。一方、教会の本来の目的である、人々の精神的な幸福の実現には、免罪符は役立たなかった。旅人は振り向いていった。「金融セクターは当時の教会と同じような取引をしていないと君たちは確信できるか」。

まとめ

・うまく機能しているか否かはともかく、金融セクターはわれわれの経済が繁栄するには必要不可欠である。

・金融システムは、われわれにとって欠かせない、お金の安全な保管場所や、互いに取引するための支払決済システムを提供してくれる。お金を貯蓄者から預かり、上手に投資できる人に渡すことで、貯蓄者には運用リターンが支払われ、経済は成長する。さらに金融システムは、大災害などのリスクからわれわれを守る保険の機能を提供している。

・金融セクターは大きな社会的便益をもたらしている。それによって才能ある者や勤勉な者が報

（注8） 中世からの旅人の同時代である13世紀、免罪符の乱発は、1215年の第4回ラテラノ公会議で教会システム改革が議題となるほどの問題だった。第4回ラテラノ公会議のテキストを参照。Lateran council (1215), 63-66, http://www.ewtn.com/library/COUNCILS/LATERAN 4.HTM.

われるようになり、個人の社会的地位の移動を助ける。

・現代の企業制度において、民間経済の多くの領域でガバナンス（企業統治）にかかわっているのが金融セクターである。世界的な大企業の取締役は、われわれの貯蓄とそれを運用する金融機関の議決権行使を通じて選任されている。

・一方、「金融業界はその役割をきちんと果たしているのか」という大きな疑問がある。

第2章

狂ったインセンティブ

もしあなたが熱湯にカエルを落としたら、カエルは跳ねて外に出ようとするだろう。しかし、水をゆっくり温めると、カエルは気づかないまま気分よく茹だってしまうだろう。

金融危機は、熱湯のなかに落とされるのと少し似ている。われわれは惨劇に気づいた。２００７〜２００８年のグローバルな金融危機は、小さな存在にも大きな存在にも、容赦なく打撃を与えた。普通の人々は、住まいの価値や、老後の蓄え、そして生活水準の大きな下落を目の当たりにした。リーマンブラザーズ証券が破綻し、イギリスでは大手銀行がいくつか国有化され、ギリシャ政府発行の国債はデフォルト寸前にまで至った。レイキャビクから、ロンドン、ワシントン、マドリード、東京に至るまで、人々は何か壊滅的なことが起きたことに気づいた。

今日、メディアの報道は金融危機から遠のいている一方、われわれの何十億ドルもの富が日々失われ続けている。しかし、それに気づく人はほとんどいない。心配している人はほぼ皆無のようだ。われわれは、ゆっくり茹でられているカエルのようである。金融セクターが役に立たない活動を行って、その特権的な立場を利用して、われわれから手数料を徴収することを、われわれは許容してしまっている。その結果、われわれ自身の富のみならず、われわれの子どもたちの富まで減少してしまっている。

今日、われわれから金融セクターへの富の移転は、ひそかに行われている。企業の大規模な人員整理のようなドラマチックさはない。甚大な被害を一夜でもたらす大災害のようでもない。かわりに、ゆっくりとした出血にたとえることができる。ドラマチックさの点で劣るが、被害の甚大さは同じである。われわれの貯蓄の管理・運用を任されている人たちが悪い人々というわけではなく、われわれからだましとる計算づくの偽計がそこにあるわけでもない。金融セクターは、人々のために富を創造するよう効率的に設計されてはいないということである。その一方で、金融セクターでは自分たちのために驚くほどたくさんの富を創出しているのである。

まずは、ニューヨーク大学（New York University）でファイナンスを教えるトーマス・フィリポン（Thomas Philippon）教授の画期的な研究を紹介したい。アメリカの金融セクターが効率的なのか、詳しく研究した人物である。その研究は、金融セクターがどれだけの資金を調達して、どれだけの資金を貸し付け、それにどれだけのコストをかけたか、１８８０年代までさかのぼって追跡調査をしたものだ。そうすることで、彼は時間の経過とともに金融セクターの生産性がどう変化したか推計できると考えたのである。

フィリポン教授の研究成果の核心は、とても素晴らしく、かつ、いたって簡潔である。現代の科学やテクノロジー、そしてリアルタイム自動制御の技術が、諸コストを容赦なく引き下げてきている。20年前のコンピュータがいくらしたか、また、いまのスマートフォンと比べ、それがどれほどコンピュータとしての能力が低かったかを考えてほしい。それなのに金融セクターにおいては、コスト削減がなかったのである。フィリポン教授の推計によれば、金融セクターは自らが

「仲介」する1ドルについて手数料をおおむね2パーセント徴収している。仲介する1ドルとは、「資金のプール、リスクの共有、資金の移転、情報の生産、インセンティブの付与」のために使われた1ドルのことである（注1）。

この2パーセントという数字は、かなり以前から、ほとんど変化していない。しかも、過去30年間で金融にかかるコストはむしろ上昇しているのが実情である。どのようにデータを加工してみても（実際、フィリポン教授はあらゆる種類の変数に調整を加えてみたのだが）、コスト低下が進んでいる傾向を見出すことはできず、金融セクターのサービスが向上していることも確認できなかった。他の産業セクターと比較すると、金融セクターのひどさに驚愕させられる（注2）。

フィリポン教授の研究結果の妥当性をめぐって、学者たちの間でさまざまな検証がなされた

（注1） Thomas Philippon, "Has the US Finance Industry Become Less Efficient? On the Theory and Measurement of Financial Intermediation," National Bureau of Economic Research Working Paper no. 18077 (May 2012), http://www.nber.org/papers/w18077.

（注2） 同じ期間、生産性を測る目安である1人当りのＧＤＰは10倍になった。http://www.worldeconomics.com/Data/MadisonHistoricalGDP/Madison%20Historical%20GDP%20Data.efp参照。もちろん、ＧＤＰへの寄与度は産業によって異なる。しかし、主要な産業で生産性の伸びがゼロだったのは金融セクターのほかに見当たらない。実際、金融セクターと似た「仲介機能」を担う産業について調べてみると、たとえば、物品の売り手と買い手を結びつけるリテールセクターの最近の生産性の伸びは非常に大きい。１９９０年代、リテールセクターはアメリカの生産性の伸びの3分の1を占めていた。McKinsey Global Institute, "US Productivity Growth 1995-2000"（McKinsey Global Institute, 2001）参照。

が、結局、その妥当性は確かなものだった。金融セクターの多くの人々を驚かす研究結果であろう。今日、貸付や有価証券の売買など、金融セクター内部での活動は過去よりはるかに活発に行われている。しかし、フィリポン教授が着目したのは、金融セクターが金融セクターの外側の世界との間で行う資金の借入れや貸付である。なぜなら、金融セクターが世の中に対して価値を付け加えるのは、結局のところ、そうした対外取引の分野だからである。フィリポン教授の研究結果が示唆することは、ミクロの企業レベルではこれまで生産性が高まったかもしれないが、その生産性向上がもたらした付加価値は、金融セクター内部で互いに分配し尽くされただけで、外部の世界には提供されてこなかったということである。

　フィリポン教授の研究結果で明らかになった現象の説明として、経済規模が拡大するにつれ、経済を支えるためには、実体経済の規模に比べて不相応に大きな金融セクターが必要になるという仮説が考えられる。しかし、事実をみれば、この仮説は正しくないとわかる。１９２０年代に金融セクターがＧＤＰに占めるシェアは、アメリカの人々がより豊かになった１９６０年代よりも高かったからである。ところが、１９６０年代以降、金融セクターに流入する所得は爆発的に増加した。金融セクターの所得がＧＤＰに占めるシェアは１９５０年にはわずか４パーセントであった。ところが、それは２０１０年までに８パーセントへと倍増したのである。そして、同じ時期を通じ、国民経済において果たすべき「金融仲介機能」の観点からは、金融セクターの効率性はむしろ低下したのが実態であった。金融仲介機能とは、われわれから幅広くお金を集め、その資金を、事業拡大を計画する企業に提供して投資を可能とする機能のことである。１９５０年から２０１０年までに、アメリカの金融セクター以外のほぼすべての産業セクターで効率性が高まったのと対照的である。フィリポン教授はこう述べる。「鉄道網の拡大、鉄鋼産業および化学産業の勃興、その後の電力や自動車の革命的な普及を支援していた時代の金融セクターは、現在の金融セクターよりも効率的だったようにみえる。驚いたことに、過去30年間の情報技術の目を見張るような進歩をもってしても、金融仲介機能の平均コストを引き下げることはできなかった。少なくとも、まだ下がってはいない」（注３）。

　フィリポン教授が明らかにした金融セクターの状況は、銀行口座をもつ人々や貯蓄プランに加入している、ほぼすべての人々の日常生活に影響を与えている。支払う手数料の負担は実に重いのだ。たとえば、あなたが年金のために積み立てるお金の管理・運用を任せる相手に、資産残高の１・５パーセントを毎年支払うとしたら（注４）、あなたが生涯を通じて積み立てる貯蓄金額の約38パーセントが手数料として消えてしまう（注５）。それは非常に大きい。あなたが職業人

（注３）　Philippon, "Has the US Finance Industry Become Less Efficient?"
（注４）　ファンドマネジメント・フィー、トレーディング・コスト、管理費用など名目はなんであれ、多くの人は最低それくらい払っている。

生の40年間を通じて確定拠出型年金（アメリカでは４０１(ｋ)が典型的）への積立を続け、65歳までに１００万ドルを積み立てたとしよう。１年間で手数料１・５パーセントを支払うと実質的に使える金額は70万ドルに下がり、年金生活に入ってからも毎年、手数料を支払い続ければ、62万ドルまで減ることになる（注６）。

金融仲介の現場に近い人々の多くは、この問題を理解している。かつてウォールストリートにおいて先駆的な証券会社の一つを創業し、その後、証券取引委員会（Securities and Exchange Commission：ＳＥＣ）歴代委員長のなかで最長の在任期間を誇ったアーサー・レビット（Arthur Levitt）は、この問題につき次のように明確に述べている。「運用パフォーマンスを低下させる最大の要因は、手数料である。手数料負担の重要性が正しく認識されていない」（注７）。

（注５） David Pitt-Watson, "Tomorrow's Investor: Building the Consensus for a People's Pension in Britain" (RSA Projects, December 2010). https://www.thersa.org/discover/publications-and-articles/reports/building-the-consensus-for-a-peoples-pension-in-britain/.

（注６） この計算は、40年間にわたって掛け金の貯蓄がなされ、続く20年間で年金給付が行われることを前提としている。インフレ率は3パーセントと仮定している。運用リターンは名目で6パーセントである。毎年の年金ファンドにおける入出金額はインフレによって増加する。仮定を変えれば少し違った結果になるが、すべての計算はほんの少しのようにみえた毎年の手数料の重要性を裏付ける。

（注７） ２０１３年11月８日における、ブルームバーグ・ラジオでのアーサー・レビットの発言。

専門家という名の暴君たち

なぜ金融サービスを提供する業者には、よりよいサービスを顧客に提供し、かつコストも引き下げるよう促す市場の力が働いていないのだろうか。金融セクターは競争が激しい。競争の圧力はふつう、コストや価格を引き下げる方向に働くものだ。なぜ金融サービスの市場だけは非効率にとどまっており、これまで2世代にわたる間にさらにひどくなったのだろうか。

その理由は、技能や経営資源が欠如しているからではないはずだ。金融セクターは、最高の教育を受けた人々を雇用しているし、情報技術に何十億ドルも投資している。世界中どこへでも即時に資金を振り替えることのできる方法から、運用パフォーマンスを報告する方法に至るまで、あらゆる分野で標準化を進めてきた。これらすべてが、これまでになく画期的な、高い効率性をもたらすはずだった。しかし、効率性を高めた時期もあったが、ほとんどの時期において、おもに便益を享受したのは金融セクターそれ自身であり、貯蓄者や個人投資家といった最終受益者ではなかった。たとえば、株式を売買することができる証券取引所の存在は、大きな便益をもたらしうる。証券取引所によって、企業は資金を調達できるし、投資家は資金回収の必要が出てくれば株式を売却できることから、安心してそうした企業を支援できる。証券取引所が存在することで、株主の入れ替わりはあるとしても、企業は長期にわたる投資によって事業を拡大することが可能になるのである。

しかし、今日、証券取引所における活動は、「高頻度取引（high-frequency trading）」によって支配されつつある。株式の購入から売却までの間がわずか１０００分の１秒の単位の取引である。高頻度取引はプラスの便益をもたらす面があるかもしれないが、同時に倒錯したインセンティブをも生み出している（注８）。たとえば、全米各地の証券取引所やさまざまな取引執行場所（訳注１）は、高頻度取引業者に対し、売買注文という市場流動性を取引所にもたらす見返りに、何十億ドルもの多額のリベートを支払っている。アメリカ最大のオンライン証券会社であるＴＤアメリトレード（TD Ameritrade）は、自社で受けた売買注文を、シカゴを本拠地とするヘッジファンドのシタデル（Citadel）に売却する。シタデルは、ＴＤアメリトレードから購入した未執行の売買注文を取引所に回付せずに自社で抱え込む。なぜだろうか。高頻度取引プログラムを自社内で運営するためである（訳注２）。シタデルはＴＤアメリトレードに対し、２０１３年に２億３６００万ドルも支払った（注９）。これは例外的な取引ではない。同じ年、チャール

（注８） Khaldoun Khashanah, Ionut Florescu, and Steve Yang, “On the Impact and Future of High Frequency Trading—White Paper” (Stevens Institute of Technology and IRRC Institute, May 10, 2014).

（注９） Bradley Hope and Julie Steinberg, “Payments to Big Brokers under Fresh Scrutiny,” *Wall Street Journal*, June 13, 2014, http://blogs.wsj.com/moneybeat/2014/06/13/payments-to-big-brokers-under-fresh-scrutiny/.

ズ・シュワブ証券（Charles Schwab）に約1億ドル、Eトレード証券（E* Trade）に7500万ドルの、未執行の売買注文への対価支払が行われている。最終的にこれらのコストは、他の投資家たちが支払うことになる。こうした取引慣行に批判的な立場の人々の指摘をウォールストリートジャーナル紙は次のように報じている。「こうした取決めは、顧客にとって最善の条件で注文を処理するというブローカーの優先順位をゆがめかねず、時には投資家の利益を損ねる結果を生むことがある」（注10）。

（訳注1） 取引執行場所（trading venue）とは、顧客からの売り注文と買い注文を自社内部システム上で出会わせ売買注文を執行する私設取引所を指すと考えられる。売買注文回付に対する支払（payment for order flow）は、市場流動性を確保するための仕組み。ある銘柄の株式の売買注文が一つの取引所に集まる日本と異なり、さまざまな取引所、金融商品取引業者が売買注文の獲得をめぐって競争するアメリカならではの取引慣行である。

（訳注2） 取引所等が支払うリベート収入等を含む総合的な損得を常に自動計算し、仕入れた未執行の売買注文について、自社内部で買いと売りを出会わせ取引を執行して利鞘を得るほうがよいと判断したら、取引所等に売買注文をつながずに、内部にプールして適宜、売買を執行する戦略を採用するヘッジファンドがある。発注者側からみれば、内部プールでは気配価格が表示されず、その時点で最良の価格で売買が執行されているかどうかを判断できないという問題がある。

（注10） 注9と同。

高頻度取引、売買注文回付への対価支払、そしてヘッジファンドの内部プールはいずれも、短期的な利益を追求する市場参加者の立場からみれば効率的である。しかし、事業拡大に向けた投資のため資金を求めている企業や、運用リターンを求める老後のための貯蓄者といった最終受益者の立場からみれば、ほとんどなんの役にも立っていない。

道理に反することなのだが、市場が円滑に機能していることと結びつけられるはずの現象が、価値をもたらさず、コストばかりを増やす結果となっている。アダム・スミスが１７７６年に専門化の効用を説いて以来、専門化は好ましいことと世の中で受け入れられてきた。スミスが、ピン製造工場は専門化した労働者の分業によって、労働者各人が１人で作業するよりも、労働者１人当りでみれば、はるかに多くのピンをつくることができると説明したことは有名だ（注11）。その結果、市場が競争的なら、ピンの価格は低下する。

しかし、金融の世界では、専門化による分業はそうした効率性の向上をもたらさなかった。金融市場でも、専門化による分業が進められた。たとえば、資産運用において、銘柄の選定、それを取引する市場の創出、適切な価格での買付といった一連の作業に必要な技能や時間を持ち合わせている人材はまれである。金融セクターは、これら各作業を、専門性を有する人材が分担する

（注11） Adam Smith, *The Wealth of Nations*（1776; repr. Alfred A. Knopf, 1991).

仕組みを築き上げてきた。同様に、今日、銀行から融資を受けようとする企業はいくつもの銀行に出向いて、営業担当者、審査担当者、格付会社、弁護士、担保資産価値の鑑定士、リスク管理担当者、シンジケーション担当者などとやりとりしなくてはならない。

しかし、専門化は、顧客が自分の購入した金融商品やサービスが良質なのか否かを判断できてはじめて、顧客に利益をもたらすように機能する。あまりに多くの金融仲介業者が連綿と連なっているため、資本の出し手であるわれわれがすべての受託者を一望に見渡すことはできない。その不透明さこそが、専門性を有する人々が顧客に利益を配分することなく、専門知識を自分たちの利益のために使うことを許してきた原因である。透明性を欠いた専門化の進展は、権限の移譲を受けた者がその権限を不適切に行使する、「制度的に堕落した（institutionally corrupt）」金融システムを生み出しうる。それは、金融システムで働く人々が悪人だということを意味しない。むしろ、彼らが自己利益を追求する一方で、そのコストを自らが奉仕すべき顧客に対して押しつけることを促す、金融システムの誤った動機づけが問題なのである。

専門家の連なりは、「背理法（reductio ad absurdum）」が適用される状況にまで達している。つまり、われわれがわれわれのために働いてくれると信じる人々または組織の数があまりに増えたせいで、ほとんどとはいえぬまでも、多くの金融仲介業者の報酬は、われわれが直接支払うのではなく、ほかの金融仲介業者から支払われる。その結果、金融仲介業者がお互いにサービスを提供し合うビジネスモデルが構築されてきた。経済の主役であるわれわれ最終受益者が、蓄えた資金を提供してリスクを負担したり、融資契約書にサインして資金を借りたりするために、金融システムとのつきあいを続けていく限り、金融システムは存続し、金融仲介業者は利益を享受し続ける。たとえば、あなたが自分の年金を投資信託で運用するとしたら、あなたが知らないうちに次のような取引の連鎖がスタートする。レコードキーパーは、正しい金額があなたの給与から天引きされ、あなたが選んだ投資信託に入金されたことを確かめる。次に、あなたのお金は投資信託に投資される。投資信託は、自社や第三者の調査に基づいて、何に投資するかを決める。投資信託は第三者の調査に対して対価を支払う。さらに投資信託は、レコードキーパーや（シュワブ証券などの）投資信託プラットフォームに対して、商品ラインアップに加えてもらったことの対価を支払うかもしれない。こうした業界慣行はレベニュー・シェアリング（revenue sharing）と呼ばれ、あなたが負担する投資信託の手数料を引き上げる要因となっている。投資信託が証券会社に買い注文を出すと、証券会社は受けた注文を証券取引所に回付する。そこで売買が成立すると、決済が行われなければならない。資金のやりとりが行われ、その結果はカストディアン（有価証券の決済保管管理機関）によって取引内容と照合される。ほかにも特定の専門的な業者が介在するさまざまなパターンがある。たとえば、あなたの（外国籍などの）投資信託の持分の名義書換えを行うトランスファー・エージェントがいるケース、有価証券はカストディアンが保管するケース、これら有価証券の時価情報を第三者から取得するケースもある。

ほかの金融取引においても同様に、多くの金融仲介業者の連鎖的な介在があることは容易に想像がつくだろう。あなたが住宅ローンを引き出すと、住宅ローン専門会社はあなたへのローン債権を銀行に売却するかもしれない。そこでは銀行の融資審査担当者、不動産仲介業者、ローン・プロセッサー（訳注3）、住宅ローン債権引受業者、不動産鑑定士、家屋検査士、弁護士が登場する。住宅ローン実行後には、保証会社（たとえば、アメリカのファニーメイ（Fannie Mae）やフレディマック（Freddie Mac））や、住宅ローン債権回収業者が関与するかもしれない。あなたに住宅ローンを供与した銀行は、住宅ローン債権を住宅ローン債権引受業者に転売することが多い。住宅ローン債権引受業者は多数の住宅ローン債権をまとめて、一つの住宅ローン債権プールを組成する。その住宅ローン債権プールは市場で売買され、そこではトレーダー、投資銀行のモーゲージデスク、リスク管理の専門家、デリバティブ営業担当者、金融エンジニアなど他の多くの金融仲介業者たちが加わることになる。

（訳注3）ローン申込者の信用情報の収集、融資に必要な書類の準備・送付、融資の記録などを担う業者を指す。

金融取引に連鎖的に介在するすべての金融仲介業者は対価の支払を受ける。たしかに、それぞれの金融仲介業者は対価の支払を受ける正当な理由をもつ。複雑なサプライチェーンをもつ他の産業セクターとなんら変わらない。チェーンのなかの一つひとつのステップは、いずれも理にかなっている。だが、ステップの数があまりに多すぎる。みかけはシンプルな金融取引のはずなのに、実際の金融のメカニズムをよく観察すると、非常に複雑になっている。しかも、それぞれのステップにおいて、金融仲介業者はいくらでも新たなサービスをつくりだし、追加的な対価の支払を受けることができる。それはしばしば、われわれに知らされずに行われる。

受託者たちのシステムは巨大になり、われわれが伝統的と考える金融はそれに飲み込まれてしまっている。イギリスの金融セクター調査プロジェクトを率いた経済学者のジョン・ケイ（John Kay）は次のような調査結果を明らかにした。イギリスの銀行は毎年およそ7兆ドルの融資を実行している。そのうち約2兆ドルは、ケイが「実業を営む企業向け」と表現した、金融セクター外部の産業向けである。残りの約5兆ドルは、実質的に金融セクター内部でのトレーディングのための資金の融通であった。「明らかになったのは、企業向け銀行融資がいかに小規模であるかということだ」（注12）。ところが、残り約5兆ドル分の活動は金融仲介業者の所得を生み出す。それは金融セクター以外の者にとってはコストとなっている。ケイが指摘するように、ほぼすべての金融セクターの参加者は活動量に基づいて支払を受けるためである。次のように考えること

（注12） Amanda White, "Serving Itself: Why the Financial Services Industry Needs Reform," top1000funds.com, November 6, 2013.

もできる。金融セクターに1パーセントの手数料を払うことになっているのであれば、支払うことが正当化されるのは2兆ドルの1パーセント、つまり、２００億ドルである。しかし、金融セクター内部でのトレーディングのせいで、イギリスの貯蓄者は７００億ドル（7兆ドルの1パーセント）を支払わされている計算になる。それは、金融セクター外部との金融仲介2兆ドルに対する実効的な手数料率が正当な手数料率の３・５倍になっていることを意味する。これこそ金融セクターの非効率性を示す証拠である。これ以上、ほかに証拠を求めて探し回る必要はない。

ケイは銀行業務について調査したが、「受託者資本主義」（エージェンシー・キャピタリズム）は、金融セクター内の別の分野においてもはびこっている。資産運用の分野である。イギリスの法務委員会（Law Commission）による２０１３年の調査報告書は次のように記している。ファンドは「金融仲介業者の長く連なった列に依存している。そこにはコンサルタント、資産運用会社、有価証券の取引システム、投資のためのプラットフォーム、そしてカストディアンがいる。しかも、この金融仲介業者の長い列は、さらに長くなりつつあるように見受けられる。フィデューシャリー・マネージャー（fiduciary manager）、議決権行使助言会社など、ほかの業者がまだ取り扱っていないニッチな業務を見つけ出した新規参入者が登場している。これら数多くの金融仲介業者が、金融システムのコスト増加をもたらしている」（注13）。オーストラリアの退職給付システムを調査した同政府の委員会の委員長であるジェレミー・クーパー（Jeremy

Cooper）は、オーストラリアの退職給付システムについて、「不透明であり、アカウンタビリティ（説明責任）が欠如するよう意図して構築されている。こうした状況は、加入者以外のすべての関係者にとっては望ましい」と批判した（注14）。ところが、一般的にオーストラリアの年金システムは、最良のシステムの一つと考えられているのである（注15）。

どうしてこうなってしまったのか。アダム・スミスなら、すでに用意された答えをもっているはずだ。もしもあなたが自分のお金の管理・運用を他人に託すなら、「怠慢と乱費」が横行するものだ、と。人々はインセンティブ（動機づけ）に反応する。もしインセンティブがそう命じるのであれば、金融システムは外部の実体経済のニーズを満たすような活動から経営資源を引き揚げ、その経営資源を金融セクター内部で新たなサービスを生み出す金融仲介業者のニーズを満たすことに振り向けるだろう。金融セクターの関心は金融セクター内に向けられており、金融セクターの外部に存在する実体経済の発展から引き離されている。金融セクターの関心は、金融セク

（注13）Fiduciary Duties of Investment Intermediaries-Consultation Paper 215（Law Commission, October 2013）, 55-56, http://lawcommission.justice.gov.uk/docs/cp215_fiduciary_duties.pdf.

（注14）Jeremy Cooper, "Super in the New Age: Scale, Focus and Alignment." ２００９年11月12日にオーストラリアのメルボルンで開催された、オーストラリア・スーパーアニュエーション・ファンド協会（Australian Superannuation Funds Association）の会議でのプレゼンテーション。

（注15）John A. Turner and Nari Rhee, "Issue Brief: Lessons for Private Sector Retirement Security from Australia, Canada and the Netherlands"（National Institute on Retirement Security, August 2013）.

ター自身の発展に向いている。

金融取引のからくり

どのような仕組みで、われわれの貯蓄から何十億ドルも消えてなくなってしまう事態が続いているのかを理解するには、これらのお金がどこに流れているのか探るとわかりやすい。誤った動機づけが、顧客に奉仕するように設計されていない産業セクターを生み出してしまった実例をいくつかみてみよう。

われわれの退職に備えた積立金その他の貯蓄を運用している資産運用業界で働く人々は、取引量、ローンの引受金額など活動量ベースで支払を受ける仕組みになっている。こうした基準は一般的に、個々の取引をうまく執行できたか否かを問うものではない。たとえば、運用会社は運用資産残高に基づいて報酬が支払われることになっており、いかにうまく運用したかで報酬が支払われるわけではない。投資信託であろうが、ＥＴＦ、ヘッジファンド、投資一任勘定（separate account）であろうが、ほとんどの運用会社は運用資産の残高に応じて対価の支払を求めてくる。運用口座に残高がある限り、リターンとは無関係に、一定金額が差し引かれる（注16）。２０１２年で、アメリカ株式に投資する平均的な投資信託の明示的な手数料は投資金額１００ドル当り77セントであった（注17）。あなたが1万ドルを投資信託に預け入れたら、その運用会社は毎年77ドルを得る。運用資産残高が5万ドルに増えれば、３８５ドルになる。運用資産残高が増えれば増えるほど、その運用会社は運用成績とは無関係に、より多くの支払を受けることになる。10億ドルの運用資産残高があるなら、毎年７７０万ドルの支払を受けるのだ。

顧客はよい運用成績に対して対価を支払う傾向があり、運用資産残高の多寡と運用成績のよしあしが関係していることは明らかだ。資産は運用成績が良好なファンドに流れる。投資商品を評価する調査会社大手のモーニングスターは、残高合計14兆ドル近い多数のファンドを格付している。おもに運用成績を基準として最上級の五つ星やそれに次ぐ四つ星に格付されたファンドには、たとえば２０１２年には４６２０億ドルの投資資金が新規に流入したが、それは驚くべきことではない。対照的に、運用成績が劣るファンド（三つ星、二つ星、一つ星に格付されたファンド）からはネットで３８５０億ドルが流出した（注18）。ファンドへの投資資金の流出入と運用

（注16）ヘッジファンドやプライベートエクイティファンドなどのオルタナティブ（代替投資）ファンドを中心とするいくつかのファンドは、ファンドの成績に基づく業績連動手数料を徴求する。しかし、ほとんどすべての場合、こうした業績連動手数料は運用資産額に応じた手数料に上乗せされるものである。

（注17）これらはファンドに表立って請求されるコストにすぎず、証券を取引するためにかかる手数料や証券口座に直接チャージされるその他のコストは含まれていないことに注意されたい。*2013 Investment Company Fact Book*（Investment Company Institute, 2013), www.icifactbook.org/fb_ch5.html（２０１３年7月28日にアクセス）。

成績のよしあしに相関関係があることは、われわれにとってはよいことである。何が問題なのだろうか。

平均のトリック

問題は、長期間にわたって市場平均を上回る運用成績を出し続けることが、このうえなくむずかしいということだ。では、なぜこれほど多くのファンドマネージャーが存在しているのか。どのファンドマネージャーも、自分たちの運用成績は素晴らしいとわれわれに訴えかけてくるのだ。その答えは、確率論によって素晴らしい運用成績という錯覚をつくりだせることにある。投資家は、良好な運用成績が運用能力の高さによるものか、それともたまたま相場の流れが結果的にプラスに作用しただけなのかを判断する必要に迫られている。そこで、われわれは専門家である金融コンサルタントを雇って運用成績のよいファンドマネージャーを選ぶことになるのだが、アドバイザーのファンドマネージャーを選ぶ能力は、ファンドマネージャーが銘柄を選ぶ能力より優れているわけではないのである（注19）。

（注18）“2012 Annual Global Flows Report”（Morningstar Fund Research, March 7, 2013）.

資産運用のシステムがうまく設計されていれば、貯蓄者には運用会社についていくつかの選択肢が与えられるが、最終的には規模が大きいために低コストを維持できる少数の大手と、ニッチな分野へ投資するいくつかの専門業者が残ることになるだろう。ところが、現実は投資信託の調査会社モーニングスターによれば、5万3000以上のファンドが乱立している（注20）。これほど多数のファンドを維持するためには大きなコストがかかり、顧客の立場からすればまったく意味のない現象である。しかし、この現実こそが運用会社による確率の法則の悪用を可能にしている。

ファンドの数の多さが運用業界をどのように潤しているのかを端的に示す事例を二つ紹介しよう。

1000本の花を植えれば、何本かはうまく育ち、見栄えのよい花を咲かせる：適度な数のファンドが育ってくれることは、貯蓄者のためになる。各自の好みに応じて、どのようなリスク

（注19）「アメリカの総計13兆ドルを超える年金プランのスポンサー企業は、どのファンドに投資すればいいかを決めるためにコンサルタントを雇っている。……われわれが、彼らの助言が価値を付け加えていることを示す証拠を見つけることはできなかった」。Tim Jenkinson, Howard Jones, and Jose Vincente Martinez, "Picking Winners? Investment Consultants' Recommendations of Fund Managers" (Social Science Research Network, September 17, 2013), http://papers.ssrn.com/sol3/papers.cfm?abstract_id=2327042.

（注20）"2012: Annual Global Flows Report."

をとるかを選択できるからである。たとえば、株式か債券かなど資産クラス、ヨーロッパかアジアかなど投資対象地域、ＩＴセクターか公益セクターかなど産業セクター、大企業銘柄か中小企業銘柄か、リスクも利回りも低い債券かリスクも利回りも高い債券かといった選択である。あなたは貯蓄を異なる種類のファンドに分けて投資し、マネージャー・リスクを分散することもできる。しかし、投資ユニバースを分割する数には論理的な限界がある。ほとんどの人は、その数を現行の5万３０００よりずっと少ない桁数の数になると考えている。たとえば、アメリカの平均的な確定拠出型年金が加入者に提示している投資の選択肢の数は25ファンド未満である（注21）。

それなのに、なぜ何万ファンドも乱立しているのかを理解するには、運用成績のよいファンドに資金が集まることを思い返すとよい。運用会社はどうすれば市場平均を上回る運用成績をあげるファンドを生み出すことができるだろうか。まず多数のファンドをつくりだす。たとえば、32のファンドをつくったとしよう。1年経過後、確率的に半数の16ファンドは市場平均を上回る運用成績になるだろう。2年経過後にはさらに半数の8ファンドが、3年後には4ファンドが市場平均を上回る運用成績を誇ることになる。そして、5年経過後、市場平均を5年間、上回り続け

（注21） Keith C. Brown and W. Van Harlow, "How Good Are the Investment Options Provided by Defined Contribution Plan Sponsors?," *International Journal of Portfolio Analysis and Management* 1, no. 1 (2012)：3-31.

たスーパーファンドが出現する。このファンドなら売りやすい。たんなる偶然で、このような良好な運用成績を達成できるとは考えにくいからだ。

　こうした現象を、運用会社はよく知っている。運用成績が不振のファンドには通常、資金流入をほとんど期待できないという、この現象の裏側についてはもっとよく知っている。運用成績を引き上げる努力を怠らず、その過程で新たなプロダクトを生み出しつつ、ずっと続いていくファンド群がある一方で、いったん解散して新たにスタートするファンドもある。新たなファンドとすることによって、たとえそれが運用を停止したファンドとほぼ同一の運用手法のファンドであっても、不振だった期間のトラックレコード（運用成績の履歴）を事実上、帳消しにすることができる。モーニングスターは次のように記す。「皮肉なことに、投資信託の販売会社はファンド格付を受けていない新しいファンドの販売を好む。結局のところ、金融危機で発生した不都合な出来事（運用成績の悪化）のすべてを帳消しにできる新しいファンドを売ることができるのに、トラックレコードに２００８年を含んでいるために運用成績が悪化したファンドを売ろうとはしないということだ」（注22）。

　ほとんどのファンドマネージャーが、良好な運用成績はたんなる偶然ではなく、自分の運用能

（注22）　注21と同。

力が高かったためだと考える。しかし、運用業界全体としてみれば、確率論によって動機づけされている。そのために、効率的な運用のために必要な数よりはるかに多いファンドが設定され続け、われわれに不必要なコストを課している。また、それによって、われわれは市場平均を上回る運用能力のあるファンドマネージャーが実際より多く存在すると勘違いさせられている。

列車がまだ来ないと思って、鉄道線路内に立ち入り小銭を拾おうとする：保険金の請求があっても支払を渋るビジネス戦略をもつ保険会社の保険に加入してはいけないことは、だれもが知っている。だが、そうしたビジネス戦略に従うかのようにポートフォリオを運用する運用会社や、融資を実行する銀行が存在する。保険会社が保険料を浅く広く集めるように、そうした運用会社や銀行は、実現可能性が低い事象は実現するはずがないと考え、その事象が発生するリスクをとることと引き換えに、わずかなリターンを定期的に得られるようなポートフォリオを構築する。

たとえば、現在の価格よりも低い価格で株式を売る権利を与えることにより、プレミアム収入を得ようとするポートフォリオマネージャーを想定しよう。だれかに対して株式を売る（put）権利を与えたことから、「プット・オプションの売り」として知られる戦略である。市場価格がその価格を上回って推移し続けている限り、少額のプレミアムを集めることができる。市場価格より低い価格で株式を売る権利を行使しても、儲からないので権利行使されないからである。しかし、株価が大きく下がると権利行使されてしまい、ポートフォリオマネージャーは、もはや市場価格より高くなってしまった当初取り決めた価格で株式を買い取らなければならない。ベテラン投資家のアンドリュー・バイスマン（Andrew Weisman）が10年以上前に大きな影響力をもった論文で指摘したように、いくつかのヘッジファンドの運用戦略は、手法こそ複雑ながら、同じアイデアに基づいたものである。そこではしばしば、ある銘柄を買う一方で、別の銘柄を売り、両銘柄の相関関係が安定的に推移し続けることに賭けるといったことが行われる。これによって「トレーダーは、実現可能性が低い事象が発生するリスクを引き受ける対価としてプレミアムを集めることができる」（注23）。

問題は当然、「実現可能性が低い」ということは「実現可能性がゼロ」ではないということだ。台風が忘れた時にやってきて災害をもたらし、損害保険会社が保険金を支払わなければならなくなるのと同様に、安定的だったはずの相関関係も、ある日突然、消え失せることがある。そうなれば、あなたが老後に備えて生涯にわたって積み立てた貯蓄も消え失せることになる。大手ヘッジファンドのＬＴＣＭ（Long-Term Capital Management）が１９９８年に破綻し、連邦準備銀行（Federal Reserve）が36億ドルの救済措置を講じざるをえない事態となったのは、そうした実現可能性は低かったはずの事象が発生したためだ。この大手ヘッジファンドは、想定元本１・

（注23） Andrew B. Weisman, "Informationless Investing and Hedge Fund Performance Measurement Bias," *Journal of Portfolio Management* 28, no. 4 (Summer 2002): 80-91.

25兆ドルまで膨らんだ巨額のデリバティブ取引をしていた（注24）。

ＬＴＣＭは、プット売却戦略より、はるかに複雑な数理計算を用いていた。しかし、本質的には同様なリスクをとっていた（注25）。これをバイスマンは「無情報（informationless）」戦略（訳注4）と呼ぶ。良好な運用成績をもたらすために、多くを知る必要はないからだ。もっとも、好成績は破滅的な大災害が発生するまでの間のことではあるのだが。対して、われわれはそれを「鉄道線路内に立ち入り小銭を拾おうとする」戦略と呼ぶ。そこに落ちている小銭は、あなたに拾ってもらうことを待っている、楽をして手に入るあぶく銭のようにみえる。列車はまだかなり遠くにあることが多い。しかし、ごくたまに、みかけよりずっと近くに接近していることがある。そして、巨大な損失が発生する。これこそまさに、サブプライムの（信用力等級の低い）住宅ローン債権にこぞって投資した銀行各行の運用戦略であり、金融危機の引き金を引いたものである。何年もの間、銀行各行は良好な運用成績をあげているとみられていた。列車が通過するまでの間は。そして、銀行各行は壊滅的な打撃を受け、われわれも道連れになった。

（注24）　概観としては次を参照。Nicholas Dunbar, *Inventing Money* (John Wiley and Sons, 2000).

（注25）　投資家はこうした戦略を「ボラティリティを売る」と表現する。資産間の価格の関係が安定的であれば、こうした戦略で勝つことができる。しかし、価格の変動性が高まり、価格が予想と反対方向に動けば、すべてを失ってしまう。

（訳注4） 価格上昇による運用リターンを求める情報駆動（information-motivated）戦略と対比される、現時点の価格がこれ以上変化しないことを前提とした戦略のこと。低金利通貨で調達し、高金利のロシア国債で運用するなどの戦略がその一例。ユージン・ファーマ教授（ノーベル経済学賞受賞）の効率的市場仮説では、情報が価格に反映される効率性の度合いで市場を3タイプに分け、最も効率的な市場ならば、もはや情報が反映されることで価格が上下動する余地はないという。

これら二つの問題は、確率を用いるというより、むしろ悪用することから生じる。投資信託を数多く設定することで、運用会社は市場平均を上回る運用成績をあげられるとみせかけることができる。実現可能性が低いリスクに賭けることで、運用会社は良好な運用成績をあげることができる。破滅的な大損害が発生するまでの間の好成績ではあるが。

予測は完璧という狂った数理モデル

金融市場では、数理モデルが至るところで用いられている。モデルは先行きの価格推移を予測し、リスクの期待値や実現値を計測する。

モデルは必要だし、便利ではあるが、絶対確実なものとはいえない。都合の悪い事実をあえて述べれば、数理モデルはリスク管理ツールだとよくいわれるが、それが最も良好に機能を発揮するのは、リスク管理の必要性が最も低い平時においてである。数理モデルは、それが最も必要とされる金融危機において、機能不全となることが多い。しかし、その誤りは、数理的に飾られた偽りの確からしさによって覆い隠されている。金融危機の発生は「平均的な事象から10標準偏差も外れた（実現可能性が極めて低い）事象」といわれる。市場全体の急落は「１００年に1度の暴落」ともいわれるが、わずか2、3年後に再び「１００年に1度の暴落」が発生したり、「10標準偏差も平均から外れた事象」が2回も立て続けに発生したりすれば（統計的にありえない事象）、数理モデルのほうが間違っていることは明白である。数理モデルは、完璧に調整された人工的な環境下で機能するよう設計されており、現実の世界で機能するようには設計されていないのである。

　ポートフォリオマネージャーやリスク管理責任者、学術研究者である著者たちは、数理モデルがたいへん役に立つツールになりうることを知っている。しかし、正気であれば、数理モデルを使いこなせばいいのであって、数理モデルに振り回されることはない。残念なことに、テクノロジーが導き出す予測値には、ほかの面では洗練された人々の目をくらましてしまう何かがあるようだ。専門知識や常識に照らし、注意しなくてはならないと気づくべきときにも目をくらまされてしまう。身近な例では、自動車のナビゲーションシステムが明らかに間違った方角を示しているのに、ドライバーがそれに従って運転したために衝突事故が起きたとの新聞報道もあった。どうしたわけか、洗練されたテクノロジーを前にすると、自然な警戒心が働かなくなってしまう。

金融セクターにおいて、たぶん最も普及している数理モデルは「バリュー・アット・リスク」である。トレーディングルームやリスク管理部署では「ＶＡＲ」として知られている。専門用語を前にしてひるむことはない。ＶＡＲは文字どおり、リスクにさらされている金額の推計値である。ある資産にお金を投資する場合に、特定の期間において、どれくらいの確率で、いくらを失うことになるかを予想するものである。たとえば、ＶＡＲ分析では、「向こう1年間に、95パーセントの確率で、あなたのポートフォリオの時価が10パーセント以上下落することはない」といったかたちで推計結果が表現される。統計手法をうまく用いると、株価の下落時に不動産価格が上昇する確率、その逆の動きとなる確率、銘柄Ａと銘柄Ｂの株価が同時に動く確率などが推計できる。ＶＡＲの適用方法はいくらでも複雑になりうる。

たとえば、後から振り返れば、世界的な金融危機は起きるべくして起こった大惨事のようにみえる。サブプライム住宅ローンは、返済能力に疑問のある人々への融資であった。（リスク管理に有効なはずの）洗練された数理モデルをもってしても、なぜ金融危機が起きてしまったのか。それは、数理モデルが金融危機は起きない、より正確には、発生確率はきわめて低いとみなしていたからだ。実際にはどうだったか。２００８年10月には、ダウ工業株30種平均株価指数が前日比10パーセント超も下落した日が2回あった。リスク管理モデルの教えるところでは、この下落は

「73～603兆年に1度の確率で発生する事象だったが、それが同じ月に2度も起きたのである」（注26）。残念だが、モデルが間違っていたか、あるいは、われわれが宇宙の歴史のなかで、運悪く大惨事が発生する瞬間にたまたま居合わせてしまったか、のいずれかである。

　数理モデルはなぜ、われわれがそれを最も必要とするときに間違えるのか。警報を鳴らしてくれていれば、損失回避は無理でも、厳しい損失を軽減する対策を講じられるのに。数理モデルには二つの重要な仮定が埋め込まれている。過去の出来事も将来の出来事も説明、あるいは「モデル」化できるという前提、そして、将来もおおむね過去と同じような動きをするという前提である。

　リスク管理モデルは、金融セクターで使われる他のモデルと同様、将来を見渡すツールと考えられている。このため、モデルは、期待される収益率や、収益の変動率など、将来に関するインプット（入力情報）を必要とする。モデルの多くは、これらインプットを、将来は過去のいくつかの出来事の組合せと同じように動くという、単純だが、危険な仮定に基づいて処理する（注27）。

　この仮定はおおむね正しい。あなたの日常生活に目を向けてみよう。ほとんど毎日、その前日とほぼ変わらない生活が続く。朝起きて顔を洗い、着替えて、働き、食べて寝る。家族や友人と

（注26）　Paul De Grauwe, Centre for European Policy Studies Policy Brief, November 2008.

談笑し、やがて寝室へ向かう。これが毎日、繰り返される。目覚まし時計をセットしない日や、いつもと別の店で食事をする日、休暇をとる日など多少のバリエーションはあるだろう。だが、あなたの日常生活を規定するパラメーター（変数）の数はさほど多くない。過去10年間についてあなたの日々の行動をパラメーターに分解し、うまくコンピュータのプログラムを組めば、近い将来の日常生活におけるあなたの行動をかなり正確に推計することができるだろう。

ところが、その10年間で危機が発生していなければ、モデルは将来においても危機は発生しないと予測する。同様に、あなたが過去に幸運な出来事に恵まれなかったなら、モデルは将来においてもあなたに幸運は訪れないと予測するのである。

あなたの人生を大きく変える日があったなら、そうした日はそれより前あるいは後のどの日にも似ていそうにない。あなたが結婚した日を忘れがたいのは、そのためだ。実際、結婚した日を構成する要素は、過去３６５２日間のいかなる標本データにも含まれていないだろう（注28）。

（注27）　専門的なことを説明すると、最もよく使われているリスク管理モデルでは、将来の予測、とりわけ一つの金融資産の価格がどのように動き、ほかの金融資産の価格との関係がどうなるかについての予測が必要になる。これらの期待リターン、期待ボラティリティ、期待相関係数は、実際には将来のシナリオの一部分について、あらかじめ定められた方法で予想したものにすぎない。それが意味するところは、モデルが将来を予言するためには、将来の一部分がどうなるかを知る必要があるということである。そうした現実的には不可能なことを行うために、さまざまな方法が考案されている。これまで最もよく使われている方法は、現在と過去のある側面を使って、モデルにインプット（入力）する仮定をつくりだすというものである。

このため、コンピュータが明日、あるいは来週中に同じ事象が発生する確率を推計することはできないのである。

同様に、金融の世界において、銀行危機が発生しなかった期間のデータを数理モデルにインプットすれば、モデルは銀行危機が発生する確率はほぼゼロという予想を出すだろう。統計の専門家が、２００８年のような金融危機は数十億年に一度の確率でしか発生しないというとき、その判断は、金融危機が発生したことがない期間のデータに基づいている（注29）。

人々がリスク管理モデルによる推計結果を単純化して受け止める傾向のあることが、問題をさらにこじらせている。たとえば、任意の年において、ポートフォリオの下落率が10パーセント以内に収まる確率は95パーセントであると聞けば、安心してしまう人々が多い。しかし、別の視点からみると、それは5パーセント、すなわち20回に1回の確率で、ポートフォリオが10パーセント超の下落に見舞われることを意味する。しかも、**あなたは下落率がどれほど大きくなるかを知**

（注28）この10年間に存在したであろう、うるう年の2月29日を含めていることに注意されたい。ウォールストリートの気狂い数学者の大きな問題点の一つは、正確であれば信頼できると勘違いしていることにある。３６５２日なら正確かもしれないが、追加の2日がほかと変わらないふつうの日であれば、３６５０日のデータのかわりに３６５２日のデータを使っても、モデルが危機を予測する能力を高めるためになんの役にも立たない。

（注29）実際にはここで例示している研究（De Grauwe, Centre for European Studies Policy Brief）は37年間のデータを使っている。しかし、10年間のデータを使うことも異例なことではない。

るよしもないのだ。あなたは20発の弾丸を装填できる回転式けん銃に1発だけ弾丸を込め、ロシアン・ルーレットをしようと思うだろうか。しかもその1発は、空砲なのか、実弾なのか、はては核弾頭なのか、あなたにはわからないのだ。これこそ、アドバイザーが「あなたが10パーセントまでしか損をしないことを95パーセント確信しています」というときに、あなたに告げない事実である。

２００１年にイギリスで、「分割信託（split capital trusts）」と呼ばれる金融商品で、約５万人の投資家が総額１００億ドル規模の損失を被る事件が発覚した。分割信託は「実質的にリスクフリー」として販売された、複雑な金融商品であった（注30）。リスク量の計算は申し分なかった。だが、一つだけ問題があった。計算の依拠する仮定が、イギリス株式市場の暴落を想定していなかったことだ（注31）。分割信託は非現実的といえるほど楽観的な観測に基づき、運用成績を高めようとレバレッジ（借入比率）を高めた。その結果、議会でも取り上げられるスキャンダルとなり、当時のイギリスで過去最大の調査が行われた（注32）。

（注30）Kate Burgess and Robert Budden, "FSA Ends Split Capital Probe," *Financial Times*, May 21, 2007.

（注31）金融資産の市場で「一方向にしか価格が動かない」と仮定することは、繰り返し登場するテーマのようにみえる。２００７年から２００８年の世界金融危機の大きな原因の一つは、アメリカの住宅価格は下落することがないという仮定だった。

（注32）Rupert Jones, "Split Capital Scandal Is FSA's Biggest Ever Case," *The Guardian*, July 18, 2003.

この金融不祥事の教訓は、年月の経過とともに薄れていった。アメリカで企業会計ルールを制定する企業会計基準委員会（Financial Accounting Standards Board：ＦＡＳＢ）のボブ・ヘルツ（Bob Herz）は２００８年の講演で次のように述べた。「私が思うに、疑念の余地のない単純な事実は、モデルは機能しなくなるまでの間は機能するということだ。変わり続ける世の中で、過去が将来の信頼できるガイド（案内役）になるとは限らない。基礎となる事実が変わったときはなおさらである」（注33）。

しかし、基礎となる事実は常に変化する。ウォールストリートはイノベーションの製造機械だ。新たな金融商品が日々、生み出されている。それは好ましいことだ。ＡＴＭ（現金自動預払機）や電子口座振替が存在しなかった時代、農家や航空会社が穀物価格や燃料価格の変動をヘッジすることができなかった時代に後戻りすべきだという人はまずいない。しかし、変化が不可避だとすれば、将来は過去と同じ動きになると想定することは、それがいかに居心地のいいことでも、金融セクターの健全性を保つためにベストの方法ではない。

では、より精緻でより頑健なモデルの使用を金融機関に義務づけたらいいのではないか。規制

（注33）Bob Herz, "Lesson Learned, Relearned and Relearned Again from the Credit Crisis—Accounting and Beyond" (Financial Accounting Standards Board, September 18, 2008), http://www.fasb.org/news/09-18-08_herz_speech.pdf.

当局はまさにその方向で動いているようにみえる。しかし、それは結局、過去の戦争をもう一回やれば勝てる計画を綿密に準備することに等しい。銀行実務に詳しいスティルポン・ネスター（Stilpon Nestor）の見解を紹介しよう。イギリス議会の銀行規制委員会における彼の発言は、バーゼルⅢとして知られる規制案に関するものだ。バーゼルⅢは金融危機の再発防止をねらった最新の銀行規制であるが、彼の指摘は、ほかの教条的なモデルに基づくシステム全般にあてはまる。「金融危機の発生時まで、銀行各行の経営陣は詳細なバーゼルⅡに基づいて自己資本の適切さを検証していたが、リスク管理部門は複数の「象（重大なリスク）」を見失った。象とは、レバレッジの急上昇、手元流動性の急減などである。バーゼルⅢはこれらの特定された象を新たに「捕まえた（リスク管理対象に加えた）」が、過去の歴史を振り返ると、それらのほかにも察知されていない象が野放しになっており、その象はいずれ姿を現すことになるだろう。先行き表面化しそうな潜在的に重大なリスクの存在を知るためには、……ソブリン（国債）・リスクのことを思い出せばいい（訳注5）。現行の規制体系を遵守しているだけでは、銀行各行はこうした新たな象を捕まえることはできないだろう」（注34）。

（訳注5）２０１１年頃のヨーロッパ債務危機では、公的資金での銀行救済策が財政悪化を招くとし

（注34）Stilpon Nestor, “Evidence to the Parliamentary Commission on Banking Standards,” January 4, 2013. http://www.publications.parliament.uk/pa/jt201314/jtselect/jtpcbs/27/27viii_we_c13.htm.

て国債の暴落を助長し、国債を大量保有する銀行各行の経営不安に拍車をかけるという財政不安と金融不安の「負の連鎖」が発生した。

数理モデルは、われわれがリスクをよりよく認識するために設計された。しかし、先行きのリスクを予見できるとわれわれに信じ込ませるような誤った使い方をされている。別の言い方をすると、あなたをいまにも踏みつぶそうとしている象の姿が、バックミラーに映ることはほとんどないということだ。リスク管理モデルが役に立たないというわけではない。モデルにインプットされる情報は平時の動きなので、モデルは日々の通常の値動きを予見するには効果的だ。問題は、専門家たちがモデルの適用がふさわしくない状況にモデルを適用しようとしていることである。

でたらめの分散投資

残念ながら、金融の世界にはほかにも、もともとは優れたアイデアが拡大適用され、あるいは、誤った使い方をされ、悪いものとなってしまった例がある。

分散投資は間違いなく、資産運用における偉大なコンセプトの一つである。リスクを減らすのに役立つからだ。その発想は単純だ。あなたの卵すべてを一つの籠に入れてはいけない、ということだ。なぜか。籠を落としたら、卵がすべて割れてしまうからだ。朝食は抜きになってしまう。同様に、あなたの貯蓄を一つの銘柄に、あるいは2、3の銘柄に投資するのも危険である。だれでも知っている優良企業に投資してもリスク回避にはならない。近年、傑出した優良企業の経営破綻が相次いでいる。メリルリンチ（Merrill Lynch）、コダック（Kodak）、ベアスターンズ（Bear Stearns）、ワールドコム（WorldCom）、エンロン（Enron）、アデルフィア（Adelphia）等である。破綻原因は、詐欺とか、事業環境の変化に対応できなかったとか、経営判断の失敗とかさまざまだが、いずれにしても投資資金は戻ってこない。すべてを失った投資家もいた。

投資家は、市場全体に起因するリスクだけでなく、各銘柄独自の要因に起因する「イディオシンクラティック・リスク（idiosyncratic risk）」にさらされている。分散投資は、イディオシンクラティック・リスクを軽減する方策である。50銘柄に分散投資すれば、そのうち1、2銘柄の企業が経営破綻しても、ほとんどの投資資金は安全である。これが、学者たちによって、分散投資は「唯一のコストがかからない（フリーランチの）リスク軽減策」だといわれる理由である（注35）。

（注35） John Y. Campbell, “Diversification: A Bigger Free Lunch” (July 7, 2000), down.cenet.org.cn/upfile/36/2005417221658163.pdf.「経済学者は厳粛な顔をして「タダの昼飯（フリーランチ）などというものはない」と発言することで有名である。しかし、金融理論にはフリーランチがある。分散によって得られるリスクの低減である。投資家が富を分散して投資すると、投資先の資産の価格の動きが完全に相関していないという仮定を満たしさえすれば、ポートフォリオのボラティリティを減らすことができる。平均リターンを減らす必要はない。したがって、昼飯で代金を請求されることはない」。

しかし、分散投資の効用ばかりが喧伝される一方で、大切な事実が忘れ去られている。分散投資したところで、市場全体が暴落するシステマティック・リスクを回避できるわけではないという事実である。市場全体が下落すれば、分散投資されたポートフォリオであっても下落は避けられないということは明白だろう。明白でないのは、分散投資が普及したことで、かえってシステマティック・リスクが高まっているかもしれないという事実である。分散投資は、世界的な金融危機を発生させた一因であったかもしれない。いかにしてそうなったかを知るにはまず、金融市場において分散投資がどのように位置づけられているかを理解する必要がある。

多くの人が、優れた投資家とは、ウォーレン・バフェット（Warren Buffett）のような人だと思っているだろう。素晴らしい投資機会を見つけ出し、一つの籠にすべての卵を入れるような投資はせず、投資した資金の状況を注意深く確認し続ける。それでも、多くの人は、たぶん、あなたも、本書の著者たちも、バフェット流の投資はしない。むしろ、インデックス・ファンドに投資するのが一般的である。インデックスを構成する多数の銘柄を購入しているファンドのことだ。Ｓ＆Ｐ５００株価指数やＦＴＳＥ１００種株価指数は代表的なインデックスの例だ。それぞれ、アメリカの大企業５００社、イギリスの大企業１００社で構成されるインデックスである。この投資手法は、投資対象銘柄を「アクティブ」に選び出すことをせず、インデックス構成にあわせて同じ銘柄群に投資するだけなので、「パッシブ（受け身の）」運用と呼ばれる。

しかし、インデックスがどのように決められるのかを立ち止まって考える人は少ない。銘柄Ａとか銘柄Ｂが、それぞれ何パーセント、インデックスに組み入れられるのか。最も一般的な手法は、インデックスに組み入れられる銘柄の時価総額、つまり、各銘柄に対する市場の評価を使うものだ。各銘柄がインデックスに組み入れられる割合は、時価総額に応じて異なるということになる。たとえば、本書執筆時点で、各構成銘柄がＳ＆Ｐ５００株価指数に占める割合は、最も時価総額の大きいアップル・コンピュータ（Apple Computer）が約３パーセント、時価総額が10番目に大きいＡＴ＆Ｔは約１・５パーセントだ。４９９番目とか５００番目で、かろうじてインデックスに組み入れられた企業であれば、１パーセントの数百分の一である。インデックスの値動きを正確に複製しようとするインデックス・ファンドは、インデックスと同じ構成比でこれら５００銘柄すべてをポートフォリオに組み入れることになる。

インデックス・ファンドは、現代ポートフォリオ理論を理論的根拠としている。それによると、市場は、熟慮のうえでアクティブに投資すべき銘柄を選定する何千、何万ものウォーレン・バフェットのような投資家によって形成されている。その結果、リスクとリターンが効率的に織り込まれた市場となる。このため、市場全体に占める各銘柄のウェイト（構成比）には合理性があり、この構成比を基におおむね効率的なインデックスが算出される。

したがって、インデックスを活用した投資は、アクティブ運用する投資家によって形成される健全な市場が存在していなければ、きちんと機能しない。アクティブ運用が機能するには、投資家が群衆心理に左右されず主体的な判断に基づいて行動できること、判断材料とすべき十分な情報を入手できることなどの、いくつかの条件を満たさなければならない（注36）。市場全体のシステミック・リスクを低減するのは、リスクが高まれば市場から投資資金を退避させたり、ポートフォリオ組入銘柄企業の経営陣と対話したりする、アクティブ投資家なのである（注37）（インデックス運用においてはシステミック・リスクを軽減できないと内心、気づいているポートフォリオマネージャーたちもいる。彼らは上場企業との対話を通じ、とりわけガバナンス構造や資本の投下先などにつき対話を重ね、システミック・リスク軽減を図ろうとしている）。

ところが、同じロジックが銀行業務に適用されたとき、分散投資はリスク軽減手法ではなく、リスクを増幅する手法となる。資産をもたず、定職もなく、返済見込みがまったくない人々に銀

（注36）もっと最近になると、「スマート・ベータ」を推奨する動きがある。株価指数を作成する際、個々の株式を時価総額とは異なる指標でウェイトづけして一本の指数にまとめる。ウェイト指標は株価にリンクするものとしないものがある。企業の売上高のように、いくつかのファクターはアクティブ投資家の行動から独立している。一方、個々の株式のボラティリティや株価の割安度合い（株価収益率、株価売上率、株価簿価率のような通常の指標によって判断される）のように、ほかの市場参加者がどのように行動し、投資するかによって左右される指標もある。スマート・ベータの提唱者であるロブ・アーノット（Rob Arnott）は、ウェイトが株価にリンクしていないとき、スマート・ベータは最もよく機能するといっている（２０１３年11月15日におけるブルームバーグ・ラジオでのインタビュー）。

行が融資をすれば、常軌を逸しているとだれもが思うだろう。だが、資産をまったくもたず、定職もなく、返済見込みがない人々に融資しても問題ないようにする、金融版の錬金術を発見したと思い込んだ金融の専門家たちによって、金融危機は引き起こされた。不良債権化することが明白なきわめてリスクの高い貸出債権を「安全な」投資対象に変身させる秘密の方法こそが、分散投資であった。ローン債権の劣悪さが表面化したときには、世界各国の経済に大打撃を与えるほど広範囲に劣悪な債権はばらまかれていた。銀行は、住宅ローン債権を一件ずつ注意深く審査して引き受けるかわりに、引受けのリスクを分散した。何十万件もの住宅ローン債権を引き受ければ、分散投資の効果でリスクを減らせると思い込んでいた。

銀行は、単一の産業セクター、あるいは、単一の地域だけに融資する危険性をよく認識してい

（注37） カリフォルニア州公務員退職年金基金（CalPERS）のような大規模かつ分散されたポートフォリオをもつ投資家は、アクティブなエンゲージメント・プログラムをもっている。あらゆる投資先をもつオーナーとして、市場全体が効率的に機能すること、そして投資家全体の利益が確保されることが、彼らにとっても利益になる。概観として、次を参照。James P. Hawley and Andrew T. Williams, *The Rise of Fiduciary Capitalism: How Institutional Investors Can Make Corporate America More Democratic* (University of Pennsylvania Press, 2000). もっとも、彼らはガバナンス構造やリスク開示のようなシステム全体にかかわる事項に関心をもつ傾向にある。対照的に、個々の企業を深く分析してから当該企業に働きかけを行うアクティビストのファンドマネージャーは、分散効果を減らすために、少なめの企業数で構成される集中したポートフォリオをもつ傾向がある。

る。農場経営者だけに融資する銀行なら、農業セクターにトラブルが起きれば、銀行もトラブルに見舞われることになる。さまざまなタイプの借り手に対して融資を行うことで、こうした与信集中リスクを低減できる。だが、錬金術はこの基本的な洞察の射程を極端に拡大した。何千件もの住宅ローン債権を束ねて一つのパッケージにした証券化商品が組成され、世界中の銀行に売りさばかれた。たとえ不良化する債権が発生したとしても、ローン債権プール全体が不良化するわけではないので、投資家は損失を被らないと信じられていた。

ところが、ローン債権の質について、独自に判断するアクティブな銀行があまりにも少なかった。業界のインセンティブによって、貸し手は、同じような欠陥だらけの審査基準に従って、できるだけ早く住宅ローンを実行した。さらに、オリジネーター（転売目的で金融商品を組成する業者）の金融機関の多くは、実行したローンの質ではなく、件数に応じ報酬を受け取った。そのため彼らは、借り手の返済能力を裏付ける書類がほとんど、あるいは、まったくないローンを実行するようになった。いわゆる「嘘つき者へのローン（liar loan）」である（注38）。こうした事態に、組成されたローン債権を引き受ける銀行は無関心であった。「分散のマジックによって守られている」と信じていたからだ。引受銀行はほとんどのローン債権を売り払った。数千分の一、

（注38）　たとえば、次を参照。William K. Black, "When 'Liar Loans' Flourish," *New York Times*, January 30, 2011.

あるいは、数十万分の一に当たるごく少額のトランシェを手元に残しているだけで、なんの心配があるだろうか。卵が一つ割れても、ほかが残っている。だが、卵が入った「バスケット」については、だれも気に留めていなかった。かくして分散効果を過信した銀行は、分散によって逆にリスクを高めてしまった。結局、バスケットごと、すべての卵が、破損してしまった。

分散投資は、慎重な戦略のはずだったが、ずさんな融資を正当化する言い訳になりはてた。思慮を欠いた分散投資が、貸出審査基準の代役としてリスクを低減させることはありえない。住宅市場の崩壊から10年近く経過したが、われわれはまだその余波を感じている。システムが健全であるためには、どこかで「店番をしている（minding the store）」だれかの存在が不可欠なのだ。

だれのための運用成績か

投資は、ほとんどの人々にとって、長期にわたって資産を形成することを意味する（注39）。

（注39） 貯蓄と投資で退職後に備えるためというのは、人々がそもそも投資を行う圧倒的に大きな理由である。調査対象となったアメリカの個人投資家の約92パーセントが退職後に向けた貯蓄を、投資を行う主要な理由の一つとしてあげ、4分の3近くの個人投資家が、それが唯一の重要な理由であると答えている。"Institute Publishes Results from the 2013 Mutual Fund Shareholder Tracking Survey," Memorandum to Pension Members No. 52-13 (Investment Company Institute, November 7, 2013).

われわれは通常、マイホームを手に入れるため、老後の生活に備えるため、子どもの教育資金を確保するため、万一の場合の出費への備えのために投資を行う（注40）。大学基金や財団は、自らのプログラムを永久に継続することを目的として投資を行う。伝統的な年金基金は、加入者に対する退職後の給付のために投資を行う。保険会社は、将来発生するかもしれない保険金の支払請求に対応するため、債務超過に陥らないように投資を行う。言い換えると、圧倒的多数の投資家は、個人投資家であれ機関投資家であれ、①かなり長期にわたって、②将来の支払に備えるために、適切なリターンを必要としている。投資のリターンによって、退職後の生活費、教育資金、プログラムの経費、保険金支払をまかなうのであり、日常生活に必要な費用をまかなう場合さえあるかもしれない。したがって、資産のオーナーにとって、運用成績とは資産をどれだけ多く増やし続けられるかを意味する。われわれのニーズに照らして、資産価値の絶対額をどれだけ多く増やせたかが重要なのだ。

ところが、われわれは資産運用のノウハウをもっていないのが一般的なので、運用会社を利用する。投資信託の運用会社、ヘッジファンド、プライベートエクイティファンド、投資一任・助言業者、不動産ファンド等である。彼らが運用成績を判断する基準は、われわれの判断基準とは

（注40） Peter Brady, Kimberly Burham and Sarah Holden, "The Success of the US Retirement System" (Investment Company Institute, 2012).

大きく異なっている。Ｓ＆Ｐ５００株価指数など市場全体の値動きを示すベンチマークや、他の運用会社と対比したパフォーマンスを計測するのだ。つまり、運用会社各社は自社の成績を、自らがその一部である運用業界全体のなかでどの辺に位置しているかで計測しようとしている。しかも、運用成績の計測期間は非常に短いのが一般的である。四半期ベース、単年ベース、あるいはせいぜい3年累積ベースまでの短い期間だ。こうした計測手法は、競合他社と比べてどれだけうまくやったかを示すには役立つかもしれないが、彼らがわれわれにとってどれだけいい仕事をしてくれたのかを知るには、ほとんど役に立たない。

　運用会社の多くは、短距離走の選手に似ている。短い期間において他社との競争に勝つよう訓練され、他社に勝ちさえすれば、どんなに遅いタイムを記録しても許される。しかし、われわれが必要としているのは、マラソン選手のような運用成績である。われわれにとっては他の運用会社等と比較した相対リターンはどうでもよく、絶対リターンこそが重要だ。それこそが、われわれが生き続けるための資金をいくらもてるかを決めるのである。

　不一致の例を示そう。ある年にＳ＆Ｐ５００株価指数が10パーセント下落し、あるファンドマネージャーＸの運用成績が9パーセントの下落にとどまったとしよう。Ｘはベンチマークをアウトパフォームした（上回る成績だった）ことになる。Ｘのファンドには多くの投資資金が流入するだろう。評価会社がつける星の数も増える（高いレーティングが付与される）かもしれない。だが、われわれ貯蓄者にとって、9パーセントを失ったという事実に変わりはない。われわれが受け取る請求書の数が減るわけではないし、退職の年数は1年近づいた。ファンドマネージャーはアウトパフォームしたが、われわれは打撃を受けた。われわれが長期の目標達成のため資産価値を積み上げていくのに必要な運用成績と、ファンドマネージャーが自分のファンドに投資資金を集め、自分の報酬を増やすのに必要な運用成績とは、明らかに食い違っている。

運用業界の専門用語を使えば、ファンドマネージャーは「ベータ（beta）」ではなく、「アルファ（alpha）」に注目している。アルファは、マネージャーの相対パフォーマンス（どれだけベンチマークを上回る運用成績をあげられたか）を計測するリターン（運用成績）の内訳項目である（注41）。ベータとは、国債、アメリカ株式など、そのファンドが投資対象とする資産クラス全体からもたらされるリターン（そしてリスク）の内訳を意味する。スーパースターのファンドマネージャーは注目を集めるが、富の創出への相対リターン（アルファ）の寄与は市場全体の動向（ベータ）よりずっと小さい。広く知られた調査の結果によると、アルファの重要性はベータの

（注41）専門的なことを説明すると、アルファとは、ポートフォリオのリターンを市場全体のリターンに対して回帰したとき、切片をなす数値のことであり、ポートフォリオのリターンのうちイディオシンクラティック・リターン（市場要因では説明できないリターン）を測定するものである。もっとも、アルファは、スキルによって得た超過リターンを測定するために使われることのほうが多い。「超過」はプラスにも、マイナスにもなりうる。

10分の１だという。平均的なポートフォリオのリターンの91パーセントを左右したのはベータであった（注42）。

Ｓ＆Ｐ５００株価指数が10パーセント下落したときに、自分のポートフォリオの下落を９パーセント「だけ」にとどめた前述のファンドマネージャーは、アルファを１パーセント稼いだことになる。彼の顧客は、９パーセントの下落に落胆したことだろう。逆の状況を考えてみよう。Ｓ＆Ｐ５００株価指数が10パーセント上昇したときに、９パーセントのリターン「しか」あげられなかったファンドマネージャーは、アンダーパフォームした（ベンチマークを下回る成績だった）ことになる。だが、あなたの貯蓄は９パーセント増えている。あなたはあと１パーセントを獲得しそこなったことを残念に思うかもしれないが、どちらの状況があなたにとって好ましいかは明白だろう。

市場全体のパフォーマンス（ベータ）向上に向け、自分ひとりでできることはあまりないと反論するファンドマネージャーもいる。だが、分散投資を論じた箇所でみたように、集合体としてみれば、ファンドマネージャーたちは市場に大きな影響を与えている。投資対象の企業がうまく経営されるためには、積極的に経営陣と対話するアクティブなオーナーの存在は不可欠である。

（注42） Gary P. Brinson, Brian D. Singer, and Gilbert L. Beebower, "Determinants of Portfolio Performance II: An Update," *Financial Analysts Journal* 47, no. 3（May–June 1991）: 40–48.

だが、相対リターン向上を目指すファンドマネージャーにとって、そうしたオーナーシップを発揮するインセンティブは乏しい。ポートフォリオに組み入れた企業に異変が起きたことを認識したとたん、企業の状況を改善しようとはせずに、単純にいちはやく株式を売却してしまう。経営陣が長期の視点で企業価値の向上に取り組んでいても、短期間で株価上昇に結びつかなければ、辛抱強くつきあうことはない。その結果、ポートフォリオに組み入れた企業がうまく経営されるよう、努力するファンドマネージャーはほとんどいない。そのファンドマネージャーが手をかければ、投資家すべてに恩恵が及ぶとしてもそうなのである。そのかわり、彼らはもっぱらトレーディングに励む。オーナーシップの不在という現象については、次章で詳しくみてみたい。

スピードが殺す

小説家リチャード・ハリス（Richard Harris）の著書『恐怖指数』（The Fear Index）は、コンピュータ技術を駆使して市場心理の変化を検出し、他のトレーダーたちを出し抜いて荒稼ぎするヘッジファンドの姿を描き出した。２０１３年4月23日の出来事の後では、このフィクションも現実味を帯びてくる。その日、アメリカの株式市場は寄付きから上昇基調でスタートした。午後１時７分、Ｓ＆Ｐ５００株価指数が前日比１パーセント高で推移していた時に突然、急落が始まった。わずか3分間で、寄付きからの株価上昇幅をすべて帳消しにする暴落だった。後で判明したのだが、正体不明のハッカーがＡＰ通信社のツイッター・アカウントに不正アクセスし、「ホワイトハウス（大統領官邸）で爆発が起きた」という偽の報道記事を掲載したことが原因だった。間髪を置かず、インターネット上の情報（今回の場合はソーシャルメディア情報）をくまなく収集して解析するようプログラムされたコンピュータがこの記事を検知し、ほかのコンピュータに売りの信号を出した。そのコンピュータはさらに、ほかのすべてのコンピュータが売り信号を発するのをみて……、もういわなくてもわかるだろう。

　偽りの報道だったことは、ほぼ即座に判明し、午後1時10分には市場は値を戻した（注43）。それでも、この3分間で、巨額の利益を得た者たちと、巨額の損失を被った者たちが現れた。3分間で株式時価総額１３６０億ドル相当が吹き飛び、再び回復した。コニファー証券（Conifer Securities）の株式トレーディング部長、リック・ファイアー（Rick Fier）はいう。「人間であれば偽の報道だとすぐわかる。今回のようなやり方で広まった情報に、融通がきかず生真面目に反応するのはコンピュータだけだ。私は急落で割安になった銘柄をすかさず買った。売り相場の流れに従って自分も一緒になって売ることはしなかった。人間がコンピュータを打ち負かした相場

（注43）　Lu Wang, Whitney Kisling, and Eric Lam, "Fake Post Erasing $136 Billion Shows Market Needs Humans" (Bloomberg News Service, April 24, 2013).

だった」（注44）。ほかの市場参加者たちもコンピュータの高速取引を批判すると同時に、コンピュータの機械的な反応は「とても恐ろしい」と述べている（注45）。

アメリカの株式市場で、大惨事が寸前で回避されたのは今回が最初ではなかった。その3年ほど前、２０１０年5月6日に「フラッシュ・クラッシュ（flash crash）」が発生した。午後2時32分頃、ある投資信託がＳ＆Ｐ５００株価指数に連動させた株式先物で、41億ドルの大口の売り注文を入力した。注文を出したコンピュータは、取引の量しか考慮せず、注文を執行すべき価格や、時間をどれほどかけて執行すべきかを考慮するようにはプログラムされていなかった（注46）。この大口の成行きの売り注文を、すべて吸収し尽くせるほど多数の買い手は市場に存在していなかった。数秒のうちに、ヘッジファンド各社の高頻度取引システムは狂ったように売り注文を大量に繰り出し、ウォールストリートジャーナル紙が「ホット・ポテト効果（hot potato effect）」と名づけた現象が発生した。コンピュータがほかのコンピュータに対して売り付け、買い手となったコンピュータも、ポジションをヘッジするためにすぐさま売り注文を出した（注

（注44）注43と同。
（注45）注43と同。
（注46）"Findings Regarding the Market Events of May 6, 2010: Report of the Staffs of the CFTC and SEC to the Joint Advisory Committee on Emerging Regulatory Issues" (US Commodity Futures Trading Commission and US Securities and Exchange Commission, September 30, 2010).

47）。午後2時41分から44分までのわずか3分間で、株価指数先物、現物取引ともにS＆P500は3パーセントもの下落をみた。次の15秒間では、さらに1・7パーセントも下落した。間もなく、危機は個別銘柄へと波及していった。証券取引委員会（SEC）と商品先物取引委員会（Commodity Futures Trading Commission：CFTC）が共同で公表した調査報告書によれば、この時、約2万人の個人投資家が、約300銘柄の取引で、フラッシュ・クラッシュ発生直前の価格から少なくとも60パーセント以上乖離した価格での取引を余儀なくされた。しかし、20分後に株価は再び上昇し、午後3時までに平時の水準まで戻った。「わずか1セントの安値や10万ドルの高値など合理性を欠いた価格で取引された銘柄もあった」という（注48）。

さしずめ、フラッシュ・クラッシュは警告その1、偽のツイート情報は警告その2ということになろう。カナダ人のファンドマネージャーであるバリー・シュワルツ（Barry Schwartz）は単純明快な結論を導いている。「あなたの投資をコンピュータに支配させてはいけない」と（注49）。だが、耳を傾ける者はほとんどいない。アメリカのすべての株式市場における取引量の61

（注47）　Tom Lauricella, Kara Scannell, and Jenny Strasburg, “How a Trading Algorithm Went Awry: Flash-Crash Report Finds a ‘Hot Potato’ Volume Effect from Same Positions Passed Back and Forth,” *Wall Street Journal*, October 2, 2010.

（注48）　注47と同。

（注49）　Wang, Kisling, and Lam, “Fake Post Erasing $136 Billion.”

パーセントを、コンピュータを駆使した高頻度取引が占めているとの推計もある（注50）。そんな取引が価値を生んでいるとすれば、それはほかの投資家たちの犠牲のうえでなされているのである。

金融市場で売買注文を繰り出すコンピュータ・プログラムは、ウォーレン・バフェットのような長期保有のオーナーを生み出すようには設計されていない。それらはニュースに反応して売買注文を出すよう設計されている。コンピュータはそうした仕事を人間よりはるかに速く、かつ、うまくやり遂げることができる。しかし、プログラムを組むのは人間だから、コンピュータは人間の誤りの影響を受ける。人間であれば、人間のスピードで情報を処理するので、自分の誤りに気づいて修正することができる。だが、人間がコンピュータの誤りに気づいたときには、すでにコンピュータは何千もの売り注文や買い注文を出し終えている。以上から、コンピュータについても、リスク管理モデルや分散投資と同じことがいえる。すなわち、コンピュータは、平時にはよく働く有用なツールだが、プログラムを組んだ人間が想定していなかった状況に至ると、危険な存在に豹変するのである。

（注50） Larry Tabb, Tabb Group, "High Frequency Trading: What Is It and Should I Be Worried?," presentation to the World Federation of Exchanges, Cambridge, MA, November 2009.

不透明さ

これまで本章でみてきた運用商品や運用手法、運用ノウハウ等は本来、貯蓄者を支援することを目的としている。だが、実際には金融商品を提供する側の業者を利する目的で使われてしまっている。これら運用ノウハウ等がわれわれの長期にわたる貯蓄形成をひどく妨害しているとしたら、われわれは、金融業者からの請求書の内訳をチェックして適切な質問を発するのが当然だろう。ちょうど、宿泊したホテルをチェック・アウトするとき、請求書をチェックして、自分が使わなかったサービスが記されていないかを確認するのと同じことである。市場が適切に機能するためには、あなたが何を請求されているかを認識していることがきわめて重要なのである。

しかし、貯蓄者は、自分がいくら請求されているのか知らないのが一般的である。さまざまな手数料の数や金額は貯蓄者の目に触れることはほとんどない。たとえ貯蓄者の目に触れても、記された内容を理解できる人はまれである。本章の冒頭でみたように、毎年、1・5パーセントの手数料は大きな金額には思えないかもしれないが、生涯を通じてみれば運用益も含めた年金受取総額が38パーセントも減ってしまうのである。

たとえ最終受益者が毎年かかる運用報酬料率の重要性を理解していたとしても、それは自らが負担するコストの一部にすぎない。ほかにも多くのコストが、彼らの知らない間に貯蓄から直接、引き落とされている。たとえば、最終受益者は運用資産のなかにある株式その他の投資資産の売買にかかるコストを知らされていない。イギリス政府の産官学連携促進機構（Knowledge Transfer Network）のクリス・シーア（Chris Sier）が、これら諸コストの推計を試みた。彼の計算によれば、ファンドの運用に要する隠れた諸コストは、われわれが実際に知らされている金額の2倍から3倍にのぼった。つまり、われわれが諸手数料は年率１・５パーセントと聞かされた場合、実際には3パーセントであるかもしれず、年金資産の運用から生じるリターンの３分の２はコストとして消えてしまう（注51）。ほかの分野の運用に関するコストの推計も、彼の推計結果の正しさを裏付けているようにみえる。ＣＥＭベンチマーキング（CEM Benchmarking）は、運用残高が大きい洗練された各国の年金プラン向けにサービスを提供している。手数料分析の世界的なリーダーである同社ですら、急拡大するプライベートエクイティ投資における手数料の不透明性に困惑している。同社は、プライベートエクイティ投資で投資家が負担するコストの半分超、すなわち年率３・82パーセントのうち２・02パーセントは手数料として報告されていないと推計している（注52）。

（注51）　２０１５年４月25日に本書のために行われたクリス・シーアに対するインタビュー。

他方では、ファンドマネージャーたちはあなたの資産を活用できる立場にある。前述のように、売買注文を証券取引所や私設の電子取引システムに回付し、その「オーダー・フロー」の対価として年間、何百万ドルを受け取っている業者もある。カストディアン等の金融機関は、保管している顧客の株式を第三者に貸し出すことによって、貸株料を受け取っているが、顧客にはそのごく一部しか還元していない。

次のよいアイデアも悪い結果を生むかもしれない

ここまでみてくると、共通するパターンが明白である。リスク管理モデル、分散投資、コンピュータなどのツールは、限定的な分野で適切に使用されるのではなく、濫用され、金融システムを市民の利益から逸脱したものにしてしまった。しかし、過去の過ちを見つけるために振り返ってばかりいる必要はない。将来、不適切な使用につながる可能性のある金融取引も存在する。「負債重視の運用（liability-driven investing：ＬＤＩ）」はその一例であろう。

理論上、ＬＤＩになんら悪いところはない（注53）。ＬＤＩでは、年金基金や保険会社は、将

（注52） Andrea Dang, David Dupont, and Mark Heale, “The Time Has Come for Standardized Total Cost Disclosure for Private Equity” (CEM Benchmarking, April 2015), www.cembenchmarking.com.

来時点における加入者への給付額をできるだけ正確に見積もったうえで、これら給付債務を履行できるよう資産を運用する。給付債務はかなり遠い将来まで続くキャッシュ・アウトフローになるため、その支払に充てるキャッシュ・インフローをつくりだすための投資対象は、利払いが毎期あり、満期に償還される長期債になる。もし年金が生活費の上昇をカバーすることを約束していたら、年金基金等はインフレ防御機能のついた特別な債券を購入することになる。このように投資対象の選択が法的な支払義務のある給付債務に合致するよう決定されることから、「負債重視の運用」と呼ばれるのである。今日、アメリカの確定給付型年金の4分の1超がＬＤＩプログラムを実施している（注54）。

　これらはすべて理にかなっている。さまざまなＬＤＩがスタートして何年もたつ。それなのに、なぜＬＤＩがいつか破綻するかもしれないと心配するのだろうか。理由の一つは単純で、コストがかかりすぎることである。ＬＤＩが導入された頃と比べ、給付債務の見積りのために使った数学は変わらないが、市場環境は大きく変化した。10年物のアメリカ国債利回りは２００２年

（注53）実は本書の著者の1人はその使用を推奨したことがある。最初は２００２年に世界で最も大きな債券ファンドのマネージャーに対して、次にその5年後、カナダの大企業の年金基金のリスクを減らすために推奨した。後者は、世界金融危機に間に合い、何百万ドルもの損失を避けることができた。

（注54）Rick Baert, "LDI Bandwagon Rolling On," *Pensions and Investments,* March 4, 2013.

には5パーセント超であったが、近年は2パーセントを下回る局面もある（注55）。イギリス、ヨーロッパ大陸、アメリカ、日本をはじめ世界各国で、金利は２００２年の何分の一かの水準である。このため、ファンドマネージャーたちはアメリカ国債よりリスクの高い資産に手を出さざるをえない。そうしなければ、給付債務の支払を履行できないかもしれないからである。

　さらに困ったことに、ＬＤＩの運用戦略は、常識を働かせるかわりに数理的なテクニックを使うため、その本来の適用範囲を超えた使われ方をする危険がある。それは、年金基金や保険会社が支払わなければならない債務、とりわけ法令に定められた給付債務に見合うキャッシュフローを正確につくりだそうとすることから生ずる。年金基金や保険会社が、給付債務の金額を正確に知ることができないケースは少なくない。たとえば、ある年金基金の30年先までの給付債務の金額を知るためには、その年金制度を提供するスポンサー企業の、すべての従業員が何歳まで生きるかを知る必要がある。また、30年先までのインフレ率を相当の確度をもって知る必要があり、インフレを相殺するために買った債券の価格が現実のインフレ率に連動するかを知る必要がある。つまり、ＬＤＩプログラムを厳格に運用するには、何十年も先の将来にわたって、負債と資産がどう動くかを示すモデルを構築する必要がある。だが、それは現実には困難だ。これまでみ

（注55）www.tradingeconomics.com/united-states/government-bond-yield（２０１３年５月５日にアクセス）。

てきたように、モデルがきちんと機能するのは、モデルで使う諸変数に既知の過去の値を入力してもさしつかえないほど安定的に市場が推移している平常時に限られる。市場環境の変化などで負債サイドと資産サイドにミスマッチが生じれば、購入した債券で将来のインフレをカバーすることはできなくなる。健康管理の改善で長寿化が進めば、従業員は想定した年金より長生きするようになるかもしれない。これら難点に気づき、安全弁として、ＬＤＩの計算から資産・負債の一部を除外している実務家たちがいるのは確かである。しかし、そもそもＬＤＩの運用戦略は、より厳格に運営しようとすればするほど、より確実に間違ってしまうような性質のものなのだ。

ＬＤＩは２００２年当時、よいアイデアだった。しかし今日では、注意と常識を働かせ適度な調整を加えなければ危険である。

水面下の改革は一筋の光明

金融セクターにおけるインセンティブ（動機づけ）が、長期にわたる貯蓄形成を目的とする最終受益者のニーズとかけ離れていることをみれば、金融セクターが信頼を失っている現状も驚くべきことではない。２０１３年のグローバル投資家調査によると、運用会社を選定する際にもっとも重視する唯一の判断基準は正しいことをしてくれると信頼できることだった。一方で、運用会社を信頼できると回答した投資家はようやく半数に届く数しかいなかった。金融市場が最も発達しているはずのアメリカやイギリスの数値はもっと悪かった。それぞれわずか44パーセント、39パーセントしか、金融セクターが顧客の利益に奉仕すると信頼できると回答しなかった（注56）。

こうした現状を改善する取組みはなぜ出てこないのか。そして、貯蓄者はどうしたら適切な取引を確保できるのだろうか。いくつかのアイデアを紹介しよう。

(1) アルファが割高なら安価なベータを

株式のトレーディングは取引コストがかかるわりにさほど価値を生まないことに気づく人々が増えはじめ、インデックス・ファンドやトラッカー・ファンドが広く受け入れられるようになってきた。これらのファンドは、ある資産クラス全体（Ｓ＆Ｐ５００株価指数やＦＴＳＥ１００株価指数のようなベンチマークで表される）のリターン（ベータ）とリスクをトラック（追跡）し、ベンチマークを上回る収益（アルファ）を生もうとは考えない。インデックス・ファンドの最大の利点は、運用報酬料率が一般的にかなり低い点にある（注57）。

（注56） "Investor Trust Study: 2013" (CFA Institute and Edelman, 2013), www.cfainstitute.org/investortrust.

いまや投資信託の残高に占めるインデックス・ファンドの割合は、アメリカでは4分の1に近く、ヨーロッパでは約17パーセントである（注58）。アクティブ運用の砦であるイギリスにおいてすら、トラッカー・ファンドの市場シェアは２０１２年に２０１１年の７・４パーセントを上回り、過去最高の８・７パーセントになった（注59）。コア＆サテライト構造で運用する機関投資家も多い。代表的な資産クラス（株式や債券など）ごとにインデックス・ファンドをコア（中核）と位置づけ、特定の資産クラスのみサテライト（取り巻く衛星）としてアクティブ運用する運用会社を使うものである。

⑵　集団的な協調行動の活用

インデックス・ファンドの普及に伴って、その副作用も認識されるようになってきた。インデックス構成銘柄を機械的に買う投資家が多くなると、企業にとっては、信頼や期待外れなどの

（注57）安価なベータ戦略の採用が広がることによって発生する問題もある。すでにみたように、分散投資をみんなが採用すると、いずれかの投資先がトラブルに見舞われた個々の投資家のリスクは減少するとしても、システム全体にリスクが蓄積してしまう。ありがたいことに、イギリス王立社会科学協会（Royal Society of the Arts）のような思慮深い先駆者はこうしたリスクを軽減し、プラスの側面を際だたせようと努めている。これについては、第5章で議論する。

（注58）"Passive Investing Has Room to Grow," *Financial Times*, September 23, 2012.

（注59）"Investors Shift to Low-Cost 'Tracker' Funds," *The Telegraph*, February 12, 2013.

評価を市場から受ける機会が減る。インデックス・ファンドでは、経営を評価してその銘柄を買ったり、ＣＥＯの失敗を嫌気して投げ売りしたりすることができない。しかし、企業の業績向上を促すべく働きかける方策はほかにもある。株式の売買を通じた企業への働きかけ以外にも、運用会社がオーナー（株主）として行動することにより、市民である投資家に恩恵が及ぶことが広く認識されるようになってきた。もっとも、それによって運用会社が同業他社に比べて優位に立てるわけではない。これについては次章で詳しくみていきたい。

理論上、すべての運用会社が市場全体に影響が及ぶシステミックな諸問題に関する企業との対話に要するコストを負担すれば、対話による便益にタダ乗りするフリーライダーはいなくなるはずだ。しかし、現実はそうではない。それでも、集団行動に参加する者が多くなればなるほど、フリーライダー問題は最小限にとどめられる。たとえば、国連の責任投資原則（The United Nations' Principles for Responsible Investment：ＵＮ ＰＲＩ）は、投資判断に際して、環境、社会、ガバナンスの各課題を考慮することをはじめとする六つの原則からなり、１２６０の金融機関等が署名している。これらＰＲＩ署名機関は、株式をポートフォリオに組み入れた投資先の企業との間で、こうしたシステミックな諸問題に関して対話する（engage）姿勢を表明している。ＰＲＩ自身の集計によれば、ＰＲＩ署名機関が運用会社、オーナー、サービス提供会社として管理・運用している資産残高の合計は、２０１３年には全世界の運用資産の15パーセント超に相当する

34兆ドルにものぼっている（注60）。企業との対話に要するコストを広く薄く負担することで、1機関当りのコスト負担を軽減することができる。こうした取組みがさらに浸透していけば、どこかの時点で対話に要する追加的なコスト負担は気にならなくなり、むしろＰＲＩ署名機関ゆえに享受できる名声などの便益により、追加的コストが相殺されるようになる。われわれの取組みはまだ始まったばかりで道のりは遠いが、こうした先駆的な取組みは、われわれが進むべき方向性を示す一助になっている。

(3) 介在する業者の数を減らす

運用資産残高が大きく、洗練された機関投資家は、彼らと彼らの投資対象との間に数多くの専門家たちが連なっている現状が、手数料の増加につながっていると気づき始めた。それら機関投資家は、運用業界とのかかわり方を見直している。資産の管理・運用を運用会社に外部委託するのではなく、極力、自前で運用しようとしているのだ。株式運用や債券運用ではかなり以前から自家運用の動きはあったが、近年では巨大な機関投資家がプライベートエクイティやヘッジファンドなどの複雑でスキルを要する運用についても自家運用に着手し始めている。カナダ最大級の

（注60） www.unpri.org（２０１４年９月21日にアクセス）。

オンタリオ州教職員年金基金（Canadian pension plan for Ontario Teachers）は、大きな金額を企業やインフラ事業への直接投資に振り向けている。たとえば、この年金基金はロンドンから英仏海峡トンネルまでの区間の鉄道事業の所有者である。ウィスコンシン州投資委員会（State of Wisconsin Investment Board：ＳＷＩＢ）のエグゼクティブディレクター、マイケル・ウィリアムソン（Michael Williamson）は次のように説明する。「市場は与え、市場は奪う。われわれがコントロールできることは多くない。だが、手数料はわれわれがコントロールできる分野の一つだ」。これが、ＳＷＩＢが長年、運用会社への外部委託を極力抑え、資産残高の大半を自家運用してきた理由である（注61）。資産運用残高７００億ドルのカナダの運用会社アルバータ・インベストメント・マネジメント（Alberta Investment Management Corporation）ＣＥＯのレオ・ド・ビーバー（Leo de Bever）は、「運用資産残高の大きい機関投資家は、「ちょっと待てよ。これ（外部委託）をする必要はもうないよ」といっている」と述べた（注62）。

　運用会社やプライベートエクイティファンドなどへの委託を減らすだけでなく、まったく新しい運用形態を生み出すという、より急進的な打開策を模索する機関投資家も登場している。キャピタル・インスティチュート（Capital Institute）のティム・マクドナルド（Tim MacDonald）

（注61）“Public Funds Take Control of Assets, Dodging Wall Street,” *New York Times*, August 19, 2013.
（注62）注61と同。

は、次章で紹介する「常緑直接投資（evergreen direct investing：ＥＤＩ）」を提唱する。出資を通じインカムやキャッシュフローの長期的かつ安定的な獲得を目指すＥＤＩの運用手法を活用すれば、投資資産を換金するために市場で売買を行う必要性から解放される。

⑷ 運用コストを理解する

最後に、市場の機能を下支えすることを目指した規制当局の動きを紹介したい。世界中の政府担当官は正当にも、自分がどれだけコストを負担しているか知らなければ、貯蓄者は自分に最適なファンドを選べないと懸念している。手数料率がほんの少し改定されただけでも、生涯にわたって蓄積される資産の金額は大きな影響を受けることから、最近、規制当局は運用会社が最終受益者に課す手数料に直接、スポットライトを当てるようになってきた（注63）。

デンマークやオランダでは、新たに透明性を確保するルールが施行され、老後に備える貯蓄者は、自分の年金積立口座から差し引かれていくコスト負担の内訳を知ることができるようになった。貯蓄者は手数料率が何パーセントかを聞かされるのではなく、銀行の入出金明細のような、収入と支出が詳細に記された一覧表を交付される。アメリカ労働省（Department of Labor）は、

（注63） US Department of Labor, "Fact Sheet: Final Rule to Improve Transparency of Fees and Expenses to Workers in 401(k)-Type Retirement Plans"（US Department of Labor, February 2012).

確定拠出型年金の加入者が負担する手数料の開示強化を義務づける一連の規制を発動した。総額3兆ドルの運用資産残高が対象となり、７２００万人もの年金加入者とその家族への恩恵が見込まれる。確定拠出型年金のスポンサー企業に対して毎年、法務・会計・レコードキーピング等に要した管理費用や運用報酬に関する個別の情報を開示することを義務づけた改革である。

アメリカ労働省は、手数料の開示強化により、規制導入から10年間で差引き１２２億ドル相当の恩恵がもたらされると試算したが（注64）、それは情報を入手するための時間が節約されることだけを勘案した試算であった。労働省の試算には、開示強化により判断材料が増え、年金加入者である従業員がより適切な運用ファンド選びができるようになることで節約できる数千億ドルもの恩恵は含まれていない。

常識を働かせよう

これらの改革にもかかわらず、金融セクターのインセンティブは必ずしも、貯蓄者であり、市民でもある、われわれを助けるように働いていない。運用パフォーマンスを高めるはずの数理モ

（注64）注63と同。

デルや経済的なインセンティブが、諸問題の根源になっている。

それでもなお、金融セクターの機能不全を改善しようとする新たな取組みが、先行きを照らす明るい光となっている。打開策は、さらに複雑なアルゴリズムを追求することではない。金融システムを支える基本的な信条に回帰することである。すなわち、①資産の売買ではなく「オーナーシップ」、②短期的な利益は見込めない場合でも顧客の最善の利益に沿って機能する「制度」、③「透明性と信頼」、そして、④「常識」への回帰である。

まとめ

・金融セクターは「ベスト・アンド・ブライテスト（高学歴で優秀な若者）」を雇用していることで知られるが、実際には非効率である。大陸横断鉄道の整備が進められた時代から今日に至る約１３０年間で、他の産業セクターでは顕著に高まった顧客サービス面での生産性が、金融セクターではまったく高まっていない。
・動機づけ（インセンティブ）が間違っているために、金融専門家たちは、顧客の最善利益に沿わない行動を奨励されている。
・本章では、これら間違ったインセンティブのいくつかとともに、正当性が疑われる「金融取引のからくり」や、それらがわれわれの老後に備える貯蓄金を目減りさせている実態を明らかにした。

・理にかなった運用ルールも濫用された結果、コスト高を招き、われわれに便益をもたらしていない。

・打開策は講じられつつある。投資家の利益を高めることを目指した集団的な協調行動や、割高な手数料率からわれわれを守る運用投資スキームなどである。だが、それらだけでは問題解決にはならない。

第3章

オーナーシップの復活

株主アクティビズムの第一人者ロバート・モンクス（Robert Monks）がかつて喝破したとおり、「オーナー不在の資本主義は必ず失敗する」（注1）。これは決して極論ではなく、アダム・スミスに限らず、市井のだれもが認める主張である。資本主義は、財産の私的な所有という原則を基礎にしており、「人は自らが所有する物を大事にする」ことを前提にしている（注2）。もし資産を所有する人がその資産を大事にしないなら、その資産の価値は廃れてしまう。同様に、われわれが資産の管理・運用を他の人に任せる場合には、他人に預けた資産がきちんと管理・運用されていることを確かめる必要がある。

オーナーシップは確立された原則なので、その言葉はスチュワードシップという意味も含むようになった。組織は、だれがその組織の主要な機能について「オーナーシップ」をもっているかを常にモニターしている。その逆もまた真であり、オーナーシップがなければ、資産が大事にさ

（注1）Robert Monks and Allen Sykes, "Capitalism without Owners Will Fail: A Policymaker's Guide to Reform" (Center for the Study of Financial Innovation, 2002).

（注2）Merriam-Webster.comは資本主義を、「資本財の私的な所有あるいは会社による所有、投資の私的な決定、主として自由市場における競争による価格・生産・分配の決定といった特徴をもつ経済システム」と定義している。ほかの辞書も同様に、私的な所有を資本主義の定義の中核的な要素としている。www.merriam-webster.com/dictionary/capitalism（２０１３年9月27日にアクセス）。ロナルド・コース（Ronald Coase）やフリードリッヒ・ハイエク（Friedrich Hayek）といった経済学者にとって、オーナーシップとコントロール権の結合はシステムが有効に機能するために本質的に重要なことだった。

れていないことを意味する。だが、今日、オーナーシップが変質しつつある。市場の諸制度は、われわれのお金をオーナーシップから一方的に引き離し続けているようにみえる。その結果、金融セクターだけでなく、経済全体において、大きな利害の不一致が発生している。

本章では、どうすれば市場がオーナーシップという長年にわたってその有効性が確認されてきた理念に原点回帰し、リスクにさらされた資本がオーナーの権利と責任に沿って管理・運用されるようになるのかを論じる。しかし、その前段として、われわれは資本主義の基本的な構成要素であるオーナーシップの理念が直面している三つの主要な脅威を理解しなければならない。一つ目は経済的な注意欠如・多動性障害（ADHD）とも呼ぶべき慢性的な短期志向（ショートターミズム）、二つ目は金融仲介業者が多層的に連なる多層受託者資本主義（マルチ・エージェンシー・キャピタリズム）の出現、三つ目はウォーレン・バフェットが「金融の大量破壊兵器」と表現した金融派生商品の普及である（注3）。

（注3） バークシャー・ハサウェイの2002年年次報告におけるウォーレン・バフェットの手紙。

どのようにしてオーナーシップが失われたのか

(1) 経済的な注意欠如・多動性障害(ADHD)

われわれの寿命は人類の歴史上、最も長くなり、寿命の予測もしやすくなった。ということは、われわれはより辛抱強い投資家になり、市場で避けられない相場の上げ下げを乗り切りやすくなったはずだが、われわれの貯蓄の運用の実情をみる限り、まったくそうはなっていない。ロイター通信の報道によれば、「ニューヨーク証券取引所(NYSE)に上場される株式の平均保有期間は、1930年代終わりころには10年だった。だが1995年以降、狂騒的なトレーディングによって短期化が進み、NYSEのデータによれば、2010年にはわずか6カ月となった。高頻度取引の台頭が平均保有期間の引下げに寄与していることは確かである。アメリカでアクティブ運用する株式投資信託の年間の売買回転率は、推計にばらつきはあるが、平均89パーセントから130パーセント程度である」という(注4)。売買回転率が年率100パーセント前後ということは、典型的な投資信託は1年ちょっとでポートフォリオ組入銘柄群をそっくり入れ替えるのである。上場株式の投資家はじっとしていることができないようだ。取引の執行が技術進歩でますます簡単かつ安価になり、24時間のニュースサイクルのなかで経済メディアがひっきりなしにニュースの見出しを供給し続けるのに煽られ、金融市場は興奮状態となっている。

わずか1年間保有すれば長期投資と思われるような現状が、問題の深刻さを物語っている。偉大な企業がたった1年で構築されるだろうか。ウォーレン・バフェットは１９８８年にバークシャー・ハサウェイ（Berkshire Hathaway）の投資方針について、「われわれが素晴らしい経営者によって経営される素晴らしい事業の一部を保有する場合、われわれの望む保有期間は永遠だ」と記している（注5）。バフェットは、バークシャー・ハサウェイが10年前に決定した投資を正当化する一方で、長期的な企業の本源的価値に基づかず、短期的な株価変動に基づき売買する投資スタイルがはびこる現状を批判している。彼は、偉大な企業の構築には時間がかかるものであり、辛抱強い投資家なら長期運用するものだと説く。さまざまな投資哲学の一つの極を代表するバフェットは、オーナーシップ、スチュワードシップ、適切な保有期間の三つは調和すべきもの

（注4） James Saft, "The Wisdom of Exercising Patience in Investing" (Reuters, March 2, 2012). これは新しい現象ではない。次の文献によれば、投資信託の平均保有期間は１・２から１・５年であり、４分の１世紀の間、あまり変わっていない。University of Notre Dame research professor Martijn Cremers. Martin Cremers, Ankur Pareek, and Zacharias Sautner, "Stock Duration and Misvaluation" (2013), www.geneva-summit-on-sustainable-finance.ch/wp-content/.../sautner.pdf.

（注5） バークシャー・ハサウェイの１９８８年年次報告におけるウォーレン・バフェットの手紙。

だと信じている。彼は、投資先企業のＣＥＯに助言したり、投資先企業の取締役会メンバーになったりする、アクティブなオーナーである。

バフェットの対極に位置するのが、マイクロ（１００万分の１）秒、ナノ（10億分の1）秒で取引を評価する者たちだ。ある高頻度取引の戦略は、売り買いの注文を証券取引所や電子取引システムのコンピュータに電子的に大急ぎで運ぶというものである。取引所のコンピュータに隣接して置かれた高速コンピュータは、３０００分の1秒という短い間に売買を執行することができる。彼らの電子的な信号はほかの取引参加者の信号より文字どおり短い距離で取引所のコンピュータに届くため、彼らは状況に反応して他の取引参加者の売買注文が執行される前に先回りして売買することができる。高頻度取引のトレーダーたちは、人がまばたきする間に、企業のオーナーとしての権利を１０００回も売買できるのである。

誤解のないようにいうが、この高頻度取引は、資本市場における少数派ではない。国際取引所連合（World Federation of Exchanges：ＷＦＥ）によれば、２０１２年時点で株式売買取引に占めるシステム取引のシェアは、アメリカでは51パーセント、ヨーロッパでは39パーセントになっている（注６）。

（注６）“Understanding High Frequency Trading,” World Federation of Exchanges (May 20, 2013), www.worldexchanges.org/files/statistics/pdf/WFE_Understanding%20HFT_May%202013.pdf.

これら高頻度取引やデイトレードの急速な普及によって、企業を売買する行為が爆発的に増加した。こうした現象が、実質的にすべての市場参加者の考え方を変えてしまった。市場参加者の考え方を「堕落させた」という論者も少なくない。「保有期間は永遠」というバフェットの投資哲学を共有する人はほとんどいなくなってしまった。古参の尊敬されたヘッジファンド運用者であるアーロン・コーエン（Aaron Cowen）は２０１３年に開催された投資家の集まりで、短期売買があまりに一般化したので、「異なる考え方」が必要となっており、より長期スパンの投資が彼の競争優位だと語った。では、彼にとって、長期はどのように定義されるか。コーエンは「うーん、そうだな。1年間だね」と答えた（注7）。

長年にわたって投資のカリスマたちは個人投資家に対し、日次ベースで市場を上回ろうとすることの愚かさを説き、バイ・アンド・ホールド、すなわち、「よい企業を選んで長く寄り添う」という長期保有スタイルを推奨してきた（注8）。だが今日、まったく逆の事態になっている。

（注7）２０１３年10月1日に開催された「次に来るもののかたち（The Shape of Things to Come）」におけるアーロン・コーエンの発言。

（注8）この戦略の提唱者のなかで最も有名な人物の1人は、投資実務の古典的な教科書“*Common Stocks and Uncommon Profits*”（邦訳『株式投資で普通でない利益を得る』長尾慎太郎監修・井田京子訳、パンローリング、２０１６年）の著者であるフィリップ・フィッシャーである。Philip A. Fisher, *Common Stocks and Uncommon Profits, and Other Writings*, 2nd ed.（Chichester, NY: Wiley, 2003).

グーグルで「バイ・アンド・ホールドは死んだ」を検索すると、およそ10万件もヒットする。そこには「バイ・アンド・ホールドは死んだ（再掲）――危険な市場でのアクティブなポートフォリオ運用のケース」「バイ・アンド・ホールドは死んだ――どのようにリスクを管理し、あらゆる市場環境で儲けるか」といったタイトルの書籍や、「バイ・アンド・ホールドは死に、もはや存在しない」「バイ・アンド・ホールドは死んだ（そして、そもそも機能したことはなかった）」といったタイトルの無数の記事、ビデオクリップ、ブログ、株式市場観測などが溢れている（注9）。

これらすべてが、比喩的な意味ではない注意欠如・多動性障害（ＡＤＨＤ）の症状と同様、意図して行われているわけではない。ある研究によれば、3分の2の機関投資家のファンドマネージャーが、過度に高い売買回転率は運用パフォーマンスを悪化させ、最終受益者には有害であるとわかっていながら、自らが言明するより多くの、そして、自らが想定するより多くの売買を行っている（注10）。

市場における経済的な注意欠如・多動性障害（ＡＤＨＤ）の症状は、もう一つの機能不全、近

（注9） Google search, July 28, 2015.

（注10） Danyelle Guyatt and Jon Lukomnik, "Does Portfolio Turnover Exceed Expectations?," *Rotman International Journal of Pension Management* 3, no.2（Fall 2010）: 40. 彼らは年金基金、大学基金、保険会社などの資金を管理するマネージャーたちであり、投資信託でポートフォリオの入替えの原因となる日々のキャッシュフローの変動にさらされているわけではない。

視眼（短期志向）によってさらに悪化する。株価の理論値は、事実上すべての初級ファイナンス論の授業で教えられているとおり、「割引現在価値」で算出される。つまり、将来にわたり企業が株主に提供するキャッシュフローの割引現在価値を合計した金額が株価になる。適正な株価が形成されるためには、投資家がその金額を適切に見積もる能力をもつことが重要である。イングランド銀行（中央銀行）のアンディ・ハルダン（Andy Haldane）が「売持ち・買持ち（The Short Long）」と題した講演で、イギリスやアメリカで上場する大型株６２４社について、投資家がどのように割引現在価値を算出し、株価を見積もっているかを調査した結果を紹介した。ハルダンは、より遠い将来のキャッシュフローが大きく割り引かれる傾向を発見した。すなわち、5年後のキャッシュフローはそれが8年後であるかのように割り引かれ、30年後よりも先のキャッシュフローは「ほとんど価値をもたない」ものとされていた（注11）。だが、退職に備え投資する40歳前後の貯蓄者にとって、30年という期間はとても重要だ。そして、道路、港湾、水道管など耐用年数の長いインフラ設備は１００年以上、存続するものであり、こうしたインフラに頼る経済にとって30年などほとんど短期である。

（注11） Andrew Haldane, "The Short Long," speech delivered at 29th Société Universitaire Européene de Recherches Financières Colloquium: New Paradigms in Money and Finance?, May 2011, www.bankofengland.co.uk/archive/Documents/historicpubs/speeches/2011/speech495.pdf.

悪いことに、こうした過ちがおそらく広まりつつある。イングランド銀行の当局者は「近視眼がますます蔓延している」と断定している。全般的に「年率で5パーセントから10パーセントほど過大に割り引かれている」との推定結果だった。年率5パーセントとか10パーセントという誤りは一見、大きくないが、それが毎年、複利方式で積み上がっていくのである。この当局者は、十分な価値があるはずの長期投資が、標準的な経済理論に反して実際には行われなかった数々の例をあげ、次のように述べている。「これこそ市場の失敗である。長期プロジェクトが不釣り合いな痛手を被っている。……これらはインフラ投資やハイテク投資など……長期にわたり高いリターンを出資者や社会にもたらし、将来の経済成長のきわめて大きな原動力となると感じられるプロジェクトである」（注12）。

(2) 企業経営における経済的なＡＤＨＤ

近年、経済版の注意欠如・多動性障害（ＡＤＨＤ）がより危険なものとなってきた。伝染病が多様な生物種に飛び火するように、それはトレーディング・フロアから、取締役やＣＥＯなど企業経営の現場にも拡散してきたのだ。短期的な株価変動への懸念が、将来のために投資をする

（注12） 注11と同。

か、しないかを決める（経営上の）意思決定に直接かつ有害な影響を及ぼしているのである。
ある学術研究によれば、アメリカの4分の3以上の企業の上級管理職は、長期的に企業にとって有益でも、四半期業績にマイナスになるような投資を実行することはない（注13）。研究者は、上級管理職たちがそうしたマインドセットを投資家のせいだと考えていると指摘している。「四半期業績目標の未達に対する市場のネガティブな反応を考えて……企業は短期の収益目標を達成するために経済的価値向上を喜んで犠牲にする」（注14）というわけだ。

こうした考え方は、企業の収益性にプラスには働かない、むしろ逆である。短期的な株価は、企業からの発表、コストカット、資本再構成（自社株買いなど）といったさまざまな出来事に影響される。一方、企業が長期的に存続する能力はとても単純な等式で説明できる。それは、企業が資本コストを上回る収益をあげられるかということである。それができないなら、企業はいまある資本が枯渇すれば、存続をあきらめるしかない。企業を自給自足する農家に置き換えて考えてみよう。農家は時に贅沢をして、自らがつくった以上の作物を食べることができるが、それを続けていればやがて飢えることになる。だが、Ｓ＆Ｐ１５００指数の構成銘柄の43パーセントに

（注13） John R. Graham, Campbell R. Harvey, and Shiva Rajgopal, "The Economic Implications of Corporate Financial Reporting," *Journal of Accounting and Economics* 40, nos. 1-3（December 2005）: 3-73.
（注14） 注13と同。

当たる企業が、２０１２年までの10年間で資本コストを上回るリターンをあげられなかった（注15）。また、アメリカ大企業の総資産利益率（ＲＯＡ）や投下資本利益率（ＲＯＩＣ）が過去数十年にわたって減少し続けているとの研究結果もある。フォーブス誌におけるリーダーシップの専門家であるスティーブ・デニング（Steve Denning）は「基本的にひどい状況だ。１９６５年頃には５～６パーセントあったＲＯＡやＲＯＩＣが現在では1パーセント程度まで低下した。75パーセントも下落した」と記している（注16）。プライスウォーターハウス（Price Waterhouse）のビジネスコンサルタントだったマーク・バン・クリーフ（Mark Van Clieaf）は、その原因の一つは、長期的な視点での財務の持続可能性が軽視されていることにあるとみている。彼は、アメリカの大企業１５００社のうち、少なくとも4年以上の業績をみて経営者報酬を決める企業の数は10パーセントにも満たないと指摘している（注17）。言い換えれば、90パーセント以上のアメリカの大企業が高給取り上位5人までの報酬を3年以下の業績評価で決定しているということだ。

（注15） "The Alignment Gap between Creating Value, Performance Measurement and Long-Term Incentive Design" (IRRC Institute and Organizational Capital Partners, 2014).

（注16） Steve Denning, "Good News! Executives Realize They Are 'In over Their Heads'" (Forbes.com, June 11, 2013) www.forbes.com/sites/stevedenning/2013/06/11/good-news-execs-see-they-are-in-over-their-heads/ 資産に対するリターンと投下資本に対するリターンの低下水準については、研究者の間で意見が分かれている。しかし、相当なレベルで低下していることについては、ほとんどの研究者の意見が一致している。

（注17） "Alignment Gap."

これでは企業経営者に、研究開発投資、インフラ投資などの長期投資を実行する気が起きないのも当然である。大企業のなかで、将来の企業価値増大を目的としたインセンティブ報酬プログラムをもつ企業数は15パーセントに満たない（注18）。イングランド銀行の当局者が指摘するように、こうした長期投資こそが経済全体に最も大きなプラスの影響を与えるものだ。近視眼は、投資家だけではなく、企業経営にも入り込んでいる。

(3) 経営者報酬：ショートターミズムの感染拡大

ショートターミズム（近視眼）がどのように株式市場から企業経営に飛び火したのだろうか。本書で紹介する多くの機能不全と同様に、その原因は当初はよいと思われたアイデアの意図しない結果によるものである。アメリカの例をあげよう。１９９２年の大統領選において、選挙民は、ある見方によれば、企業経営者が株主や従業員の犠牲のもとに金持ちになっているとの憤懣を抱いていた。ビル・クリントン（Bill Clinton）候補は、選挙運動のパンフレット「人民を最優先に（Putting People First）」においてそれについて触れ、経営者報酬の濫用を是正することを約束した（注19）。クリントン政権が発足して間もなく、「企業経営者の報酬持ち逃げ防止」のため

（注18） 注17と同。

の税制改革が議会で承認され、１００万ドル以上の報酬に関して、一定の条件を満たさない限り所得控除を認めないことにした（注20）。

この報酬改革はうまく機能したのだろうか。この法案が議会を通過した直後の１９９５年にＣＥＯと従業員の平均報酬格差は１２２・6倍だったが、２０１１年までに２３１倍と格差は2倍に開いてしまった（注21）。ＣＥＯと従業員の報酬格差が拡大した理由については、大いに議論されたのだが、クリストファー・コックス（Christopher Cox）元ＳＥＣ委員長による次の証言が真相を突いている。「１９９０年代初めから賃金形態以外の報酬が大きく拡大した原因の一つは、１９９３年の内国歳入法改正で導入された、上場企業の一定クラス以上の経営幹部の報酬に適用される１００万ドル以上の所得控除額制限である。私は下院議員だったので、その目的はＣＥＯ報酬の増大抑制だったと記憶しているが、後から振り返ると、目的は達成されなかったといわざるをえない。この税制改革は、意図せざる結果を招いた事象を集めた博物館への陳列とい

（注19） Steven Balsam, "Taxes and Executive Compensation," Economic Policy Institute Briefing Paper no. 344 (August 14, 2012).

（注20） David Hizenrath, "Clinton Proposes Limit on Executive Pay Deduction," *Washington Post*, April 9, 1993.

（注21） Lawrence Mishell and Natalie Sabadish, "CEO Pay and the Top 1%: How Executive Compensation and Financial Sector Pay Have Fueled Income Inequality," Economic Policy Institute Briefing Paper no. 331 (May 2, 2011).

う名誉を受けるに価する」（注22）。

コックス元委員長は、この所得控除額制限の最大の欠点は、「一つまたは複数の業績目標を達成したときにのみ支払われ」、かつ株主の承認を得た報酬を例外として認めたことだと考えている（注23）。規制当局は、ストックオプションは理論的には株式市場における企業のパフォーマンスを反映するものだから、自動的に業績連動とみなされると認定したのだ。

当初、株主アクティビストたちも、株価連動報酬は経営陣と株主との利益の一致を促す仕組みと考えて、ストックオプションを喜んで迎え入れた。ストックオプションを与えることは、ＣＥＯが株主のために働くインセンティブになり、したがって、ＣＥＯの個人資産の大半は企業の株式になるだろうと考えた。また当時は、シリコンバレーにおける技術革新の草創期だった。社歴が短く、急成長しているが、現金が足りない、世界を変えようとしている企業は、従業員との間で次のような取引を行った。安い給料でも我慢して、わが社で働いてほしい。そうすれば、多くのストックオプションをあげよう。わが社が製品・サービスの商業化に成功して、上場したら、あるいは、株価が上がったら、君たちは豊かになれると説得したのだ。この手法は、小さな

（注22） Christopher Cox, "Testimony Concerning Backdating" (US Senate Committee on Banking, Housing and Urban Affairs, September 6, 2006).

（注23） Internal Revenue Service code, Section 162(m).

テクノロジー企業の多くで非常にうまく機能した。キャッシュ・アウトを抑えながら、従業員の動機づけに成功したのだ。シリコンバレーがアメリカ経済の成長の原動力になっているのだから、どんな会社もその成功の方程式を模倣して、重要な従業員の賃金をストックオプションで支払えばいいではないか。

問題はすぐに表面化した。報酬を引き上げるために詐欺的な手口を考案した企業もあった。株式市場が不調な年で、ストックオプションが魅力的でなくなってしまうと、それでもインセンティブとして機能するように価値を再計算するべきだという議論になった。会計ルールが変更され、ストックオプションは過去にさかのぼって再計算されるか、そうでなければ経営者に有利なように不正に操作されたのだ。

たとえば、シカゴを本拠地とする公益事業会社エクセロン（Exelon）は２０１２年、厳しい規制がなければ稼ぐことができたであろうことを根拠として、ありもしない利益８５００万ドルを報酬計算において加算した。1株当り6セントの架空の利益によって、数百万ドルが経営トップ層へのボーナスに加算されたのだ。同社経営陣の獲得したボーナスが過去5年間のうち4年間において、目標水準を上回ったことは偶然ではない。その間、エクセロンの営業利益と時価総額は半分になり、投資家は損失を被ったのである（注24）。

経営陣になんらかの形態の株式報酬を支払うことは、今日の資本主義において当然と考えられている。なぜなら、経営陣は株主のために働くべきだと考えられており、株式報酬が経営陣と株主の利害を一致させるようにみえるからだ。多くの有識者が経営陣と株主の利害の不一致を指摘し、それが「業績を伴わない報酬支払」という問題を引き起こすことに言及している（注25）。だが、株価に依存したＣＥＯの報酬体系が何を意味するのかについてまで注意を払う人はほとんどいない。

このように経営者の報酬こそが、経済的なＡＤＨＤを投資家から取締役に飛び火させる原因であり、それはわれわれの経済にとって健全なことではない。おそらく先見の明のある企業リーダーたちはこのことに気づき始めている。製薬大手メルク（Merck）の前取締役会議長兼ＣＥＯのレイモンド・ギルマーチン（Raymond Gilmartin）は、１０００人ほどの取締役たちの集まりで、「ショートターミズム」が株式市場から経営の現場にまで拡散していると指摘した。彼によれば、その原因は、「報酬システムが、企業の本源的価値を高めることではなく、短期間で株価を最大限に高めることにインセンティブを与える仕組みとなっているからだ」（注26）。

（注24） Elliot Blair Smith, "Companies Use IRS to Raise Bonuses with Earnings Goals" (Bloomberg, September 13, 2013).

（注25） 一般論としては次を参照。Lucian Bebchuk and Jesse Fried, *Pay without Performance: The Unfilled Promise of Executive Compensation* (Harvard University Press, 2006).

株価連動報酬への依存は、ほかにも思わぬ問題を生んでいる。ＣＥＯの報酬を株価に連動させて機械的に算出すれば、取締役、ＣＥＯ、株主などの関係者はある種の正確性が確保されるかのように勘違いするが、実際には決してそうではない。例外的な事態が起こるたびに、報酬基準はますます複雑になる。取締役が主体的な判断をする余地がますますなくなってしまう。この間違った正確性の信奉者たちには、株主だけではなく、報酬コンサルタント、取締役、報酬案への議決権行使につき機関投資家に助言する業者などが含まれる。これら信奉者たちは、計算式に従った報酬が恣意性を排除するために必要だと主張する。だが、それは違う。イギリスの人事労務系シンクタンクであるインカム・データ・サービシズ（Income Data Services）が、経営者報酬と企業業績の相関関係を２０００年から13年間のデータで調査したところ、相関はほとんどなかった（注27）。

いずれにしても、判断の恣意性を排除しようとすることは合理的とはいえない。なぜなら、判

（注26）ワシントンＤＣで開催された全米取締役協会（National Association of Corporate Directors）の２０１３年取締役会リーダーシップ会議におけるレイモンド・ギルマーチンの発言。

（注27）Steve Tatton, "Executive Remuneration in the FTSE 350—A Focus on Performance-Related Pay" (Income Data Services for the High Pay Centre, October 2014). アメリカのある研究も同じ一般的な結論に到達している。経済的な収益性は、ＣＥＯの報酬の違いの12パーセントしか説明しない。"Alignment Gap."

断力を発揮することこそが取締役の職務だからだ。オーナーが、取締役会を通じて、スチュワードシップや監視を遂行する際には、判断材料を十分に与えられたうえで幅広い裁量を発揮することが前提とされている。主体的な判断を機械的な計算式で代替することになれば、本当のオーナーなら下すはずの報酬に関する厳しい決定を、取締役会が避けることを許してしまう。本当のオーナーであれば、目先の数四半期の株価を犠牲にすることにはなるが、何年か先には収益を生み出す新製品の開発に投資するＣＥＯの報酬を引き上げるべきか否か、競争優位性を脅かす事象を予見できなかったＣＥＯの報酬を引き下げるべきか否かを決定しなければならない。今日の報酬基準は、ＣＥＯをはじめとした経営陣に対し、スチュワードシップよりもトレーディングを重視する市場に反応するように求めている。高頻度取引に振り回される株価に連動した報酬基準は、オーナーによって選ばれ、オーナーのために企業を監視することを期待される取締役の機能を損ねている。取締役たちは実質的に、自分たちの権限縮小に加担しているのである。

銀行をあてにしてはいけない

今日の報酬基準の問題の根源は、「動機づけの誤り」にあるといわれることも多い。しかし、もっとはっきりいおう。取締役会はＣＥＯが間違った行動をとることに対して報酬を与えており、その報酬基準は金融危機の発生に深く関与している。アメリカの金融危機調査委員会（Financial Crisis Inquiry Commission）は次のように結論づけている。「いくらでも低利で資金を調達でき、競合他社との競争は熾烈で、規制はゆるいという環境下で考案された報酬基準により、長期的な結果を適切に考慮せずに、短期的に利益をあげられる取引をすることが報われるようになってしまった。この報酬基準がＣＥＯたちを、成功すれば巨額の利益を得られる一方、ダウンサイドは限定的な巨額取引に走らせた」と（注28）。だが、今日でも同じ報酬基準が使われ続けている。そして、銀行も他の企業となんら変わらないのである。

報酬に関する多くの記事に共通した指摘が二つある。第一に、報酬による動機づけが現実に経営陣や企業の行動を左右しているということ。第二に、企業規模が大きくなるほど経営陣の報酬も高くなるということである（注29）。ハーバード大学（Harvard）のルシアン・ベブチャック

（注28） "The Financial Crisis Inquiry Report—Final Report of the National Commission on the Causes of the Financial and Economic Crisis in the United States" (Financial Crisis Inquiry Commission, January 2011).

（注29） Carola Frydman and Dirk Jenter, "CEO Compensation," Rock Center for Corporate Governance at Stanford University Working Paper no. 77 (March 19, 2010) によれば、「この文献には、ＣＥＯの報酬とポートフォリオのインセンティブが、投資や財務方針からリスクテイクや決算操作に至るまでの広範囲にわたる企業の行動と相関関係をもつことを示す豊富な証拠が示されている」。Lucian Bebchuk and Yaniv Grinstein, "Firm Expansion and CEO Pay," National Bureau of Economic Research Working Paper no. 11886 (November 2005).

(Lucian Bebchuk) 教授とコーネル大学 (Cornell) のヤニブ・グリンシュタイン (Yaniv Grinstein) 教授は次のように記している。「ＣＥＯの報酬水準と、そのＣＥＯの在任期間の初期における企業の拡大路線の決定の間には強い相関関係がみられる。この相関関係のため、企業規模を大きくするよう、ＣＥＯは動機づけされている可能性がある」(注30)。したがって、金融危機において最も深刻なトラブルに見舞われた銀行は、最も積極的に企業規模拡大を追求していた銀行だったという事実は驚くべきことではない(注31)。

企業の規模拡大は素晴らしい。ただし、それは規模拡大が持続可能な場合に限る。問題は、銀行各行が、他の企業と同様、可能な限り短い期間で株主の利益を極大化させるよう従業員に働きかけることである。これは、ほぼすべてのリスク資本を株主から調達する大多数の企業の場合には合理的である。だが、銀行はほとんどの資金を預金や借入金のかたちで調達しており、そこではしばしば政府による明示または黙示の保証が行われている。こうした状況は、慎重な利益追求を行うべき銀行経営陣の感覚を麻痺させ、銀行経営陣が無鉄砲なリスクをとる危険性を高めている。もしすべてうまくいけば経営者報酬は跳ね上がり、失敗すれば納税者が尻拭いをしなければ

(注30) Bebchuk and Grinstein, "Firm Expansion and CEO pay."

(注31) イギリスでは、たとえば、急激な買収戦略に出たＲＢＳ、積極的に業容を拡大したＨＢＯＳとノーザン・ロック (Northern Rock) が、深刻な経営危機に陥った。

ならない。経済学者や規制当局者は、この状況を「モラル・ハザード（moral hazard）」と呼ぶ。しかし、本質的には、だれがどう考えても非常にアンフェアな、「コインが表なら私の勝ち、裏なら君の負け（Heads we win, tails you lose）」とする原理と同じである。

銀行に内在する性質のために、モラル・ハザードはアカデミックな関心の域を超え、現実の脅威となっている。世界銀行（World Bank）グループ傘下で民間セクターを担当する国際金融公社（International Finance Corporation：ＩＦＣ）は、銀行の取締役向け研修ガイドにおいて、「銀行のビジネスモデルそのものが、銀行を本質的に脆弱な存在にしている」と指摘している（注32）。銀行にとって、規模拡大は一筋縄ではいかない経営課題である。ＩＦＣは銀行が置かれた状況を、羽根を蝋で固めた人工の翼をまとったギリシア神話のイカロスにたとえている。イカロスは飛ぶことを学んだが、高く飛びすぎないようにとの父親の警告を無視したため、太陽の熱で翼の蝋が溶け、墜落した。同じことは銀行にも当てはまる。銀行は、できるだけ高い金利で、できるだけ多く貸し込むことにより、最大の収益をあげることができる。しかし、銀行はそうするとき、資金流失の危機、すなわち取付け騒ぎに見舞われる可能性が最も高くなる。最も高い金利を支払おうとする借り手とは、典型的には最も信用度の低い借り手である。つまり、その借り手

（注32）“Governing Banks”（Global Governance Forum/ International Finance Corporation, 2010).

は、借入金の返済をできない、あるいはしようとしないリスクが最も高い者たちである。リスクを正しく認識し、収益とのバランスをとる能力こそが、よい銀行員となるための要諦である。

だが、銀行員の報酬が機械的に決定されていたり、企業規模が大きくなれば報酬も多くなったりするようでは、銀行員に慎重であるよう動機づけることはむずかしい。安全で慎重であることを存在目的とし、高いレバレッジゆえにもともと脆弱なビジネスモデルをもつ組織の構造には、経済的なＡＤＨＤが組み込まれている。アメリカの作家アプトン・シンクレア（Upton Sinclair）の有名な言葉のように、「それを理解していないがゆえに給料をもらっている男に、それを理解させるのはむずかしい」（注33）。

受託者資本主義（エージェンシー・キャピタリズム）

われわれは日頃から、文字どおりオーナーシップをもつ経験をしている。ジャケットが欲しければ店に行って購入する。高額な耐久消費財の購入ならもう少し複雑だが、購入した物と自分との本質的な関係は同じである。たとえば、車を買うために自動車ローンが必要かもしれないが、

（注33）Upton Sinclair, “I, Candidate for Governor: And How I Got Licked”（University of California Press, 1994).（Originally printed 1936.）

お金を借りて車を買うだけだ。多くの場合、仲介者はほとんど存在しない。店員がジャケットを選ぶのを助けたり、自動車販売ディーラーが購入手続を実行するのを助けてくれたりするかもしれないが、最終的にあなたはそれらの物のオーナーとなり、仲介者は視界から消える。

だが、あなたが投資した企業の部分的な所有者になるとき、その関係性はもっと複雑になる。第2章でみたとおり、資金提供者であるあなたと投資先企業の間には、実にたくさんの金融仲介業者が介在する。あなたがどの投資信託、どの株式を買うかを助言する証券会社やファイナンシャルアドバイザー、あなたの確定拠出型企業年金に組み入れられる投資信託や資産運用会社を選ぶ、あなたが勤める会社の人事部（幸運にもあなたが、まだ確定給付型企業年金を続けている会社で働いているなら、代議員会がその役割を担う）、人事部や代議員会の選択について助言をする業者、運用会社のポートフォリオマネージャー、ポートフォリオマネージャーに情報を提供する投資銀行やアナリスト、運用会社の議決権行使について助言する業者、議決権行使の委任状を勧誘する業者などである。

理論上、これら一連の金融仲介業者は、オーナーであるあなたから資金を預かった受託者として働き、あなたのために、それぞれの任務を効率的かつ専門的にこなすことを期待される。だが現実は、これらの金融仲介業者とあなたとの些細な利害の不一致によって、これら金融仲介業者は、経済学者が「受託者資本主義（エージェンシー・キャピタリズム）」と呼ぶものに支配されるようになっており、それぞれにとって経済合理的な理由から、オーナーの代理人として投資先企業に対し積極的に振る舞おうとはしない（注34）。

いったん企業の株式を買うと、当然のことながら、企業の取締役、経営者、弁護士、報酬コンサルタント、会計士、彼らに助言する者たちなど、さまざまな助言者たちが舞台に登場してくる。

それら一連の受託者たちが必ずしもあなたの利益のために働くわけではない、ということを示す事例を二つ紹介しよう。一つは資産運用の場面、もう一つは企業経営の場面である。

前述したとおり、ほとんどのファンドマネージャーたちは短期的な相対パフォーマンスをめぐって戦っている。彼らは月次、四半期ごとに、競争相手を上回ろうとしている。しかし、株式の短期売買に注意を集中するということは、ポートフォリオ企業の年次総会での議決権の行使のような、オーナーシップの最も基本的な仕事にすら注意を払わないということを意味する。われわれ貯蓄者にとっては非常に重要だが、短期的な相対リターンの向上には寄与しない経営上の問

（注34） Ronald J. Gilson and Jeffrey N. Gordon, "The Agency Costs of Agency Capitalism: Activist Investors and the Revaluation of Governance Rights," March 11, 2013, *Columbia Law Review*, 2013, ECGI–Law Working Paper no. 197, Columbia Law and Economics Working Paper no. 438, Rock Center for Corporate Governance at Stanford University Working Paper no. 130, http://papers.ssrn.com/sol3/papers.cfm?abstract_id=2206391.

題に介入するよりも、業績がよくない企業の株式は売ってしまうほうが簡単なのだ。しかし、それらの議決権行使は企業の絶対的な価値に対して非常に大きな効果を発揮する。とりわけ議決権行使によって、CEO選任の責を負う取締役が選任され、配当政策や企業の戦略的方向性が決定され、経営への監視が果たされ、雇用政策や経営陣の報酬基準が決定され、環境や社会へのリスクが評価され、企業の資本構造が承認されるのだ。しっかりとした議決権行使は企業全般、すなわち、株主、従業員、顧客、取引先に対して便益をもたらす。議論はあるかもしれないが、株主権の行使による圧力は投資家へ利益をもたらすものであり（相当の確度で実体経済や社会に対しても利益をもたらす）、その利益は最も優秀な銘柄選別者がもたらす利益よりも大きい。しかし、その株主権行使による利益は、少なくともライバルと比較した相対リターンという意味においては、情報を得たうえで議決権行使を行った特定の運用会社だけにもたらされるものではない。そのかわり、広くすべての投資家に利益がもたらされるのである。

　このような理由により、あまりに多くのファンド業界のリーダーたちが、近視眼的なレーザービームのような短期集中で、競争相手を出し抜くほうを選ぶのである。シティコープ（Citicorp）の資産運用部門の元ヘッドであるトム・ジョーンズ（Tom Jones）は次のように語った。「私は、私が報酬をもらう根拠となっている仕事をしたい。私は、株主アクティビズムを行うことによって報酬を得ているわけではない。……もしわれわれが株主アクティビズムに費用を使うなら、シティグループの株主はその費用を負担しなければならないが、それによってシティグループの株主は、**ほかの株主の得る利益と区別できるような利益を得られるわけではない**」（強調は著者による）（注35）。換言すれば、ジョーンズは投資家にとって絶対的な便益があるということを疑っていない。しかし、彼の立場からすれば、「相対的な」便益がないため、それをしようとしないだけなのだ。

この姿勢は、運用会社がどのようにオーナーシップ関連業務にスタッフを配置しているかに反映されている（注36）。われわれがアメリカに本拠を置く大手の運用会社10社を調査したところ、彼らは文字どおり数百人のセールス部隊を擁しているが、議決権行使を分析するチームには平均的に４人を配置するだけである。この４人が、投資家のために平均５０００社の議決権行使を扱う（注37）。アメリカ企業にそれぞれ平均9人の取締役がいるとすれば（注38）、この４人は年間1万人以上の取締役の選任議案にかかわることになり、これは1営業日当り50人の取締役を

（注35） "Tom Jones to Keep Citigroup Fund Unit on Song," *Financial Times*, June 16, 2003.

（注36） オーナーとしての責任は、ポートフォリオ運用機能と統合されることがますます多くなっている。これは実際には、アナリストやファンドマネージャーが議決権行使のようなオーナーとしての活動を担うということを意味する。しかし、多くの運用会社にはまだオーナーシップのための別のグループがあり、それはポートフォリオ運用ではなくコンプライアンス・法務の指揮命令下に置かれていることが多い。

（注37） 著者による２０１４年の調査。

精査することを意味する。これには買収決定、経営者報酬、会計監査人の承認などの議案に対する議決権行使は含まれていない。この発見の厄介なところは、オーナーシップという観点において高い評価を受けているプロフェッショナルなトップ層の運用会社ですらそのような状況であるということなのだ。

もちろんいくつかの運用会社は、絶対リターンが長期的には相対リターンよりも自らの投資家にとって重要であると理解している。世界最大の運用会社であるブラックロックは企業へのエンゲージメント（訳注1）を名刺交換のように励行してきた（注39）。イギリスのハーミーズ（Hermes）、オランダのＡＰＧやＰＧＧＭ、そして、「社会的責任投資家」といわれるドミニ（Domini）、トリリウム（Trillium）、パックスワールド（Pax World）やいくつかの宗教に関係する機関投資家なども、同じようにエンゲージメントを励行している（注40）。

（訳注1） エンゲージメント（engagement）とは、投資家が企業価値向上を目指して投資先企業と建

（注38） Kate Iannelli, "Going Private," National Association of Corporate Directors Leadership Blog, January 3, 2013, http://blog.nacdonline.org/category/corporate-board-composition/page/2/.

（注39） Blackrock, "About Us: Responsible Investment," www.blackrock.com/corporate/en-us/about-us/responsible-investment（２０１３年8月16日にアクセス）。

（注40） Hermes Investment Management, www.hermes.co.uk/corporateinformation/Overview/Whoweare/tabid/2842/language/en-US/Default.aspx.；Trillium Asset Management, www.trilliuminvest.com; Pax World Investments, www.paxworld.com（いずれも２０１３年8月16日にアクセス）。

設的な対話をすることを意味する。

しかし、そのブラックロックですら、収益のうちほんの少ししかオーナーシップにかかわる業務につぎ込んではいない。二十数人の評判のよい、優秀なプロフェッショナルを配しているというが、１万人を超える従業員が４兆ドルの資産を管理・運用する組織にとっては控えめな数字にみえる。そして、ニューヨークタイムズ紙がそうした組織をもつことを突出した出来事であるとして取り上げること自体が、運用会社がオーナーシップにかかわる部隊をもつことがどれだけまれなことかを表している（注41）。ハーミーズは世界の運用会社のなかで最も大きく、かつ、最も効果的なオーナーシップ・プログラムを擁しているというが、それでも、その取組みには30人未満が従事しているだけで、彼らの７０００社以上あるポートフォリオ組入銘柄のうち一部の企業群に対してエンゲージメント活動をしているにすぎない。運用会社のインセンティブと彼らの顧客のニーズとの間には、大きな隔たりがあるといわざるをえない（注42）。

コロンビア大学（Columbia University）のロナルド・ギルソン（Ronald Gilson）教授とジェフリー・ゴードン（Jeffrey Gordon）教授は、「投資信託などの主要な投資仲介者のビジネスモデルは、他者より相対的に優れたリターンによって運用資産を増やすことに焦点を当てており、ポー

（注41） Susanne Craig, "The Giant of Shareholders, Quietly Stirring," *New York Times*, May 18, 2013.

トフォリオ組入企業の業績の積極的なモニタリングに取り組むインセンティブや能力を低下させるものである」と結論づけている（注43）。ここから疑問が生じる。オーナーがオーナーとして振る舞わないことが経済的に「合理的」となるようなシステムが、本当に価値を最大化させることができるのだろうか。

たとえわれわれの受託者たちがオーナーのように振る舞おうとし始めたとしても、彼らはそれが困難であることに気づく。受託者資本主義のルールによって生じる利害の不一致によって、オーナーとオーナーが保有する企業との間のつながり（オーナーシップの鎖）が弱くなってしまうからである。

例をあげよう。この例は、アメリカ人ではない者にとっては奇異にみえるかもしれない。投資家にとって最も重要なオーナーシップの特権は、取締役の選任である。選ばれた取締役は、デラ

（注42）これに対し、業界のなかで最も反動的な勢力は長期的なオーナーであるための努力をフィデューシャリー・デューティー（受託者責任）に反するといって批判している。こうした努力は投資家または受益者の利益になるが、ほかの人にも利益を与えるため、ファンドはもっぱら投資家または受益者のために行動しなければならないという考え方に反するというのである。こうした批判は熟慮された法律意見によって反駁されつつある。そうした法律意見のなかには、名誉ある賞（IRRC Institute Paper Prize for 2012 and 2013）を受けたものが二つもある。第5章でみるように、フィデューシャリー・デューティーに関する不適切な基準が、市民投資家と金融仲介業者の間のインセンティブの衝突の主要な原因になっている。

（注43）Gilson and Gordon, "Agency Costs of Agency Capitalism."

ウェア州で「経営判断の原則」と呼ばれるルールに基づいて非常に大きな裁量を有する。この原則のもとでは、取締役会はさまざまな要素を考慮に入れたうえで意思決定を行うことができるのであり、その決定が必要な情報を得たうえで行われ、かつ利益相反がない場合、取締役はその意思決定の結果について法的な責任を負う心配をする必要がない。結局のところ、ビジネスで利益をあげるためにはリスクをとることが必要であり、すべてのリスクテイクが報われるわけではないからだ。経営判断の原則は取締役にフィデューシャリーとして振る舞うことを求め、それを前提にして企業戦略の立案、ＣＥＯの選任・解任、資金借入れ、株式の新規発行を行うことを許す。それが何を意味するのかは明白である。つまり、だれが取締役会に入るのかということが、企業価値に最も重大な影響を与えるのである。

　理論的には、取締役を選ぶことは国会議員を選ぶことに似ている。アメリカでも、ヨーロッパでも、日本でも、有権者は自らの代表を選ぶために投票するが、代表者はいったん選ばれると有権者に拘束されず、自らが最もよいと思う議案に投票する。有権者の投票に全面的に依拠して、自らの投票行動を決める勇気ある議員がいたとしても、その勇気は尊敬されない。議員がすることを有権者がよしとしなければ、有権者はその議員を選挙でその地位から追い出すことができる。選挙に負けた政治家は当然に辞任しなければならない。企業の取締役にも、少なくとも理論上は同じルールが適用されるはずである。

しかし、現実は異なる。アメリカでは再任を問う選挙において負けた取締役が残留することが可能であり、ひどいことではあるが、それが一般的でもある。再任について過半数の賛成を得られなかった取締役のたった5パーセントしか、取締役会を去らない（注44）。別の言い方をすれば、株主の過半数が再任を拒否した20案件のうち19案件において、否認された彼が次年度も取締役会に居座っているのである（注45）。世界の政治システムは機能障害を起こしているが、選挙に負けた議員が議員であり続けるという事態を想定することはむずかしい。しかし、アメリカ企業では、それがまかり通るのだ。これは、多くのアメリカ企業が比較多数の多数決システムか、折衷型の多数決システムのどちらかを採用しているためである（訳注2）。定員未満の候補者しかいない選挙においては、たとえ99パーセントの株主がその候補者の選任について投票を「留

（注44）Kimberly Gladman, Agnes Grunfeld, and Michelle Lamb, "The Election of Corporate Directors: What Happens When Shareowners Withhold a Majority of Votes from Director Nominees?" (IRRC Institute and GMI Ratings, August 2012). ソフトなかたちで多数決投票が行われる場合でも、取締役が一定の状況下で居座ることができるようにするための抜け道が用意されることが多いので、それは例外というより慣行といったほうがよい。そうした企業では選任決議のあと、8パーセントの取締役しか辞職しない。

（注45）われわれは意識的に「彼」という代名詞を使っている。GMIレーティング（GMI Ratings）によると、2013年のアメリカでは、女性の取締役は16・6パーセントしかいない。クランフィールド大学（Cranfield University）によれば、イギリスで女性の取締役はおよそ19パーセントである。GMIレーティングによると、世界で最も女性の取締役の割合が多いのはノルウェーだといわれており、ちょうど36パーセントを超えるくらいになっている。

保」したとしても、取締役は留任することができる（取締役会の承認が必要な場合もある）。そのような、選ばれていない取締役の留任は法的には完全に合法であっても、オーナーシップの鎖を強化することにはつながらない。株主の大多数から否決されたにもかかわらず留任する取締役たちは、受託者資本主義の最もひどい例であり、そのような制度がまかり通る環境では、オーナーと受託者の利害が一致するわけがない。

（訳注2）比較多数の票を得た者が当選するシステム（plurality voting）では、候補者が1人だけで対立候補がいなければ、候補者が1票を得ただけでも当選することができる。

受託者資本主義はこのような矛盾に満ちている。あらゆる受託者は、受託者が表面的には仕えているとされる本人の利益とは真逆に働くように促されているのである。

「金融の大量破壊兵器」

受託者資本主義と経済的ＡＤＨＤが資本とオーナーシップの関係性を弱め、利益の不一致を招く一方、金融派生商品（デリバティブ）として知られる金融商品はそれらを根こそぎ破壊する可能性がある。金融派生商品によって、株式を保有せずにその企業から経済的利益のみを享受することができる。または、まったく資本をリスクにさらさずに、株式によって与えられる議決権をもつこともできる。金融派生商品は究極の利益相反すら許容する。投資家は株式をもち、取締役の選任や異論の多い買収案件について議決権を行使しながら、その企業が倒産したら儲かるようにポジションを組むことも可能なのだ。ウォーレン・バフェットが金融派生商品を「金融の大量破壊兵器」と呼んだことは有名な話だが、そこで彼は「金融派生商品は、その取引に関与した者だけでなく、経済システムをも破壊する時限爆弾だ」とも付け加えている（注46）。金融派生商品により、経済的利益とオーナーシップの権利を完全に切り離すことができるからである。

　金融派生商品とその使われ方は技術的なテーマであり、それを理解することはむずかしい。金融派生商品には、投資家がそれを使ってリスクをヘッジすることを可能にするという正当な目的があるが、他の金融上の技術革新と同様に、金融派生商品も当初想定していた目的の範囲をはるかに超える用途に使われるようになった。金融派生商品を完全に理解することは専門家にとってもむずかしいことかもしれないが、それらが根本的にどのような害悪をもたらしうるかを理解することはむずかしいことではない。

　ステークホルダー（利害関係者）でもない人間が、重要な事案を決定する状況を考えてみよう。あなたは自国に害悪を与えようとしている外国人に自国の大統領、首相を決める議決権をも

（注46）バークシャー・ハサウェイの2002年年次報告におけるウォーレン・バフェットの手紙。

たせたいと思うだろうか。あなたは赤の他人に自分を被保険者として生命保険をかけてほしいと思うだろうか。最初の例についていえば、他の国と敵対するある国のリーダーの選挙において、その国の国民以外に選挙権をもたせることは危険である。２番目の例では、赤の他人が、あなたが死亡すれば経済的な利益を得る権利をもっている場合、その他人がその権利を現金化しようとしないとどうして確信できるのか。しかし、このような状況は、われわれの資本市場において理論上起こりうるだけでなく、すでに起こっているのだ。保有するものの価値を極小化、あるいは破壊することによって利益を得る投機行為がすでに行われている。こうしたモチベーションは資本主義が機能するための基礎と理解されている法則に反するとともに、成長し、うまく機能し、公平な経済を維持するという社会の目的にも反している。

２００４年、マイラン・ラボラトリーズ（Mylan Laboratories）はキング・ファーマスーティカルズ（King Pharmaceuticals）に対し非常に高い価格で買収を仕掛けたが、これは元ゴールドマン・サックス（Goldman Sachs）のトレーダーが運営していたヘッジファンドであるペリー・キャピタル（Perry Capital）にとっては素晴らしいディールだった。ペリーはキングの株式を７００万株保有していたので、この買収によって巨額の利益を得ることができる立場にいた。しかし、マイランの株主はそんな高い株価での買収を承認しそうになかった。買収が失敗する可能性に直面したペリーは、経済的なリスクをとらずに決議に影響を与える巧妙な手段を考えた。ペリーはマイランの９・９パーセントの株式を買ったが、金融派生商品を使って保有株式の経済的リスクのみを分離・転売したのだった。これによって、このヘッジファンドは経済的なリスクをとらずに割高な価格での買収を承認するよう議決権を行使することができる。マイランがその買収で何億ドルも払いすぎたとしても、それによって企業価値を毀損したとしても、ペリーはまったく傷つかないのだ。２人の高名な法学教授は「マイランがキングのために高い買収価格を払えば払うほど、ペリーは儲ける立場にある」と結論づけた（注47）。しかし、技術的かつ法的にペリーはマイランのオーナーなのである。

　われわれは金融派生商品がどの程度の頻度で、このような目的のために使われるのかを正確には知りようがない。なぜなら、これらの取引は通常は表からみえないように行われるからである。たとえば、２００２年のヒューレット・パッカード（Hewitt Packard：ＨＰ）とコンパック（Compaq）の合併において、ＨＰの創業者（訳注３）であるウォルター・ヒューレット（Walter Hewitt）は、自らの名前のついたこの企業がパソコン事業に大きく依存したものになることを不服として、この合併に強く反対した。コンパックの株主の一部がこの合併に賛成票を投じるためにＨＰ株を買い、経済的なエクスポージャーを完全にヘッジしているとの噂が流れた。結局、こ

（注47） Henry T. C. Hu and Bernard Black, "The New Vote Buying: Empty Voting and Hidden (Morphable) Ownership," *Southern California Law Review* 79 (2006), 811-908.

の合併は僅差で成立した（注48）。同様の出来事がフランスの保険会社であるアクサ（ＡＸＡ）、かつて存在したオーストラリアの小売業者であるコールス・マイヤー（Coles Myer）、シンガポールのＭＦＳテクノロジーズ（MFS Technologies）、韓国のヒュンダイ・マーチャント・マリン（Hyundai Merchant Marine）でみられたと報告されている。新たな規制は必要ないとする者たちは、こういった中身のない議決権行使の例はまれであると主張している。しかし、いわゆる投資家が議決権を使って他の人々に影響を与えながら、その経済的な帰結からの影響を完全に免れる方法を発見したという事例が、少なくとも80件報告されている。すべてが金融派生商品を使っているわけではないが、多くは使っている（注49）。

（訳注３）ウォルター・ヒューレットは、正確にはヒューレット・パッカードの創業者であるウィリ

（注48）注47と同。その合併は受託者資本主義の問題を典型的に表す事例でもあった。ＨＰの経営陣は合併が否決されるのではないかとおそれた。彼らは、アセットマネジメント部門を通じてＨＰの主要株主となっているドイツ銀行（Deutsche Bank）が合併に反対の議決権行使をしそうだと聞いていた。そこで、カーリー・フィオリーナ（Carly Fiorina）ＣＥＯは、ドイツ銀行において当該議案について判断する責任をもつアセットマネジメント部門のアナリストではなく、同行の幹部との電話会議をし、アセットマネジメント部門の人たちがどのように議決権を行使するかがＨＰとドイツ銀行との全般的な取引関係に影響を及ぼすと告げた。同行の経営陣は緊急会議を開いてアナリストを呼び、議決権行使の方針を変えるようにプレッシャーをかけたといわれている。ドイツ銀行は合併についての議決権行使を差し控えた。もちろんドイツ銀行は、何百万人とはいかないまでも、何千人もの個人のために資産を運用しており、同行にとってのベストではなく、顧客にとってベストと考えられるやり方で議決権を行使するフィデューシャリーとしての義務を負っている。

アム・ヒューレットの子息。

金融派生商品の優位性でもあり、危険性でもある性質の一つは、情報開示の枠組みがカバーしない隙間に入り込んで、アナリストや規制当局を煙に巻くことができることである。報告されている80件の中身のない議決権行使の事案は、氷山の一角にすぎないかもしれない。しかし、その潜在的な害悪が現実的なものであることは明らかなように思われる。個別事案における巧妙な操作の影響はさておき、経済的利益とオーナーシップの権利を切り離すことは、この二つが切り離せないという基本的な前提を突き崩すものである。この前提があるからこそ、われわれは、株主は自らが保有する企業に対してよい経営をもたらそうと努力していると信じることができる。この基本的な前提はたんに資本主義にとって重要であるだけではなく、情報開示から、倒産時にだれが企業を再編成する議決権をもっているかに至るまでの、市場行動を規律する実質的にすべての法律の根幹にもなっている（注50）。

スタンフォード大学ロックセンター・フォー・コーポレートガバナンス（Stanford University's Rock Center for Corporate Governance）とＩＲＲＣインスティチュート（IRRC Institute）は、報告書のなかで、「議決権と経済的な利益は結びついている」ことを前提として成り立っているた

（注49） Henry T. C. Hu and Bernard Black, "Equity and Debt Decoupling and Empty Voting II: Importance and Extensions," *University of Pennsylvania Law Review* 156（2008）: 625-739.

くさんの規制をあげている（注51）。この報告書は「現代のコーポレートガバナンスの正統性は、株主が株主総会における議決権行使を通じて、株式の価値を最大化するよう経済的に動機づけられているという前提にかかっている」と結論づけている。

解決策：資本主義にオーナーシップを再び吹き込む

資本市場で起こっているオーナーシップの後退の原因が多面的であるなら、解決策も多面的であるべきだ。われわれは資本市場を組織し、規制し、認識する方法に関する抜本的な改革案を後の章で提示する。ここでは市場におけるオーナーシップの毀損をやわらげ、回復させるためにす

（注50）本書の著者はいくつかの債権者委員会に参加したことがある。そのうち少なくとも一つにおいて、一部の「債権者」はクレジット・デフォルト・スワップというデリバティブの一種を使ってポジションをヘッジしていると思われた。彼らの経済的な関心は企業の再建にはないことから、彼らは企業再生のプロセスに参加すべきではないというのが、われわれの意見だった。これは「ハゲタカ投資家」（投資銀行やヘッジファンド）に限った技術的な問題のように聞こえるかもしれないが、その企業は何千人もの従業員を抱える、アメリカで5番目に大きいケーブルテレビ会社、アデルフィア・コミュニケーションズ（Adelphia Communications）だった。その企業価値の毀損は、何百人、何千人もの雇用を犠牲にすることを意味した。

（注51）Rock Center for Corporate Governance at Stanford and IRRC Institute, "Identifying the Legal Contours of the Separation of Economic Rights and Voting Rights in Publicly Held Corporations" (IRRC Institute, October 2010).

ぐに実行できる方策を紹介する。

(1) CEO報酬を現金で払おう

地獄への道は、株価にリンクした報酬スキームによって舗装されている。投資家、取締役会、規制当局、経営幹部たちは、この四半世紀を費やして、CEOや他の経営幹部のインセンティブを株主の利害と一致させる手段として、株価連動の報酬スキームを考え出した。これらの報酬スキームが意図せざる結果を生んだために、根本的な解決を行わないままマイナーな修正が行われてきた。アメリカ企業の取締役たちに配信されたある記事では「企業は問題が起こるたびに、(報酬の)メカニズムを微修正する。ストックオプションからパフォーマンス・ユニット(訳注4)や、リストリクティッド・シェア(訳注5)へと移行する。また、付与日や付与されるまでの期間を変えることもある」と指摘されている(注52)。

(訳注4) パフォーマンス・ユニット(performance units)とは、一定期間の業績達成度に応じて所定の単位の報酬を付与する報酬スキーム。

(訳注5) リストリクティッド・シェア(restricted shares)とは、売却が一定期間、制限された株

(注52) Jon Lukomnik and Nicole Stanford, "Executive Compensation: The Alignment Myth," *Directorship*, January 24, 2013.

式を付与する報酬スキーム。

こうしたやり方が間違っていることをそろそろ認めよう。「利害を一致させる」取組みは失敗したのだ。ＣＥＯたちも従業員、高給で雇われている非常に重要な従業員であり、ほかのほとんどの従業員と同様に、自分がよい仕事をしているかどうかを、自らの雇用主よりもよく理解している。われわれがほとんどの従業員の給与を「出来高払い」ではなく、労働時間に応じて決めることにし、そのかわりに従業員が自らの責任を果たすことを期待するのはそのためだ。少額の株式ボーナスはメリットがあるかもしれないが、よい従業員は一生懸命に働き、成果を出すことに力を尽くすものである。

　ＣＥＯのおもな報酬を株式とすることにより、ＣＥＯは時間をかけて偉大な企業をつくりあげることよりも、金融市場で儲けることのほうに力を注ぐようになってしまう。株価下落で損をしたＣＥＯや他の経営陣は、その株式を購入するために自分の金を使わなかったことと、翌年の株式報酬付与への期待によってその傷が癒やされる。また、ＣＥＯの在任期間は投資家の投資期間よりも短い（注53）。多くのＣＥＯたちにとってＣＥＯ就任がキャリアの絶頂であり、数年で引退する可能性が高いからだ。より重要なことは、本来ＣＥＯは持続可能かつ本源的な企業価値増

（注53）注52と同。

大に重きを置かなければならないのだが、株式報酬によって、おそらく株価に重きを置くようになってしまうことだ（注54）。あるリタイア間近のヨーロッパ企業のＣＥＯがいうように、「私の時代にはＣＥＯになることは名誉なことだと思われていたが、いまでは賞金のように扱われている」（注55）。

株価連動報酬が独立社外取締役の自由度を弱めることは、重要だがあまり気づかれていない。典型的には株価連動報酬の計算式や前提は、それが付与される3年前に取締役会の報酬委員会で立案・決定される。これでは報酬スキームが計算式に従って運用されることは不可避である。取締役が裁量を働かせることができるのは最初のスキームを決める段階に限られるが、そこでは取締役は結果が出てから通常の経営判断を適用する場合に比べて少ない情報しか与えられていない。取締役会の参加者ですら、ＣＥＯの報酬が合理的な評価からかけ離れていることを理解している。あるヨーロッパの銀行経営者は「ＣＥＯ報酬はスロットマシーンのようになってしまった。取締役がレバーを引き、3年後になって初めて、しずくのようなコインしか出ないのか、泉のように札束が溢れるのかが判明するのだ」とコメントしている（注56）。

（注54） 全米取締役協会の２０１３年取締役会リーダーシップ会議におけるギルマーチンの発言。
（注55） ２０１１年9月、ジョン・ルコムニクとの会話。
（注56） Jon Lukomnik, "U-Turn for Executive Comp?" (September 13, 2011), www.sinclaircapital.com/blog/.

ＣＥＯや他の経営幹部に対する報酬を現金にすることにより、取締役は本来の職務を遂行できるようになり、近視眼的に株価にばかり注目することはなくなるだろう。もちろん、従来型の機能不全のスキームの恩恵を受けてきたすべての参加者は、変化を受け入れなければならないだろう（恩恵を受けてきたこと自体が受託者資本主義の弊害だ）。報酬コンサルタントは、考え方を変える必要があるだろう。取締役会は判断をし、それを説明し、実現に向けて努力することに慣れなければならないだろう。議決権助言サービスは「利害の一致」に関する判断の基準を変える必要があるだろう。機関投資家は、自らが投資した企業一つひとつについて、取締役はなぜそのような決定をしたかを理解することに経営資源を投入する必要があるだろう。ＣＥＯに対して現金で報酬を支払うとすれば、アメリカ企業は１００万ドル超の支払について税金を支払わなければならなくなる。おそらく、株価連動報酬へのトレンドを加速させてしまったこの内国歳入庁（ＩＲＳ）の条項は廃止すべき時が来ている。この条項は報酬の高騰に歯止めをかけるためにつくられたが、明らかにそうはならなかった。

⑵　報酬を決めるのに同業他社と比較するのをやめよう

企業がＣＥＯの報酬を決めるときに、同業他社がＣＥＯに支払っている金額をベンチマークにすることは一般的なやり方である。これには合理的な面もある。あなたがドライクリーニングのサービスや、ハンバーガーや、スマートフォンを購入するとき、そこには市場があり、市場価格がどうなっているかは、あなたが支払ってもよいと考える金額に影響を及ぼすだろう。しかし、ＣＥＯ報酬の場合は、このやり方は機能しない。デラウェア大学（University of Delaware）のチャールズ・エルソン（Charles Elson）とクレイグ・フェレーレ（Craig Ferrere）の最近の論文では、ＣＥＯには伝統的な雇用市場がないこと、そして、同業他社と比較して経営者報酬を決めることによって、報酬の上昇に見合うメリットがないのに、経営者報酬が引き上げられる一方であることが示されている（注57）。おそらく、最も重要なことは、この同業他社との比較という手法により、経営者報酬の決定に責任をもつ取締役の関心が企業の内ではなく、企業の外に向いてしまうことだろう。エルソンは次のようにコメントしている。「外部の同業他社との比較によってつくりだされる構造的な先入観を排除できなければ、どんなに優秀な取締役会でさえ、経営者報酬に関する問題に対応することはできないだろう。……取締役会は内部的な評価基準に基づいて、経営者の業績を評価し、報酬を決定するべきである。たとえば、もしその企業にとって顧客満足が重要なファクターなのであれば、顧客満足度調査の結果が報酬計算に織り込まれるべきである。ほかの内部的な業績評価基準としては、収益増加率、キャッシュフローなどのリター

（注57） Charles M. Elson and Craig K. Ferrere, "Executive Superstars, Peer Groups and Overcompensation: Cause, Effect and Solution," *Journal of Corporation Law* 38, no. 3 (Spring 2013): 487-531.

ン指標が考えられる」（注58）。換言すれば、取締役会は、オーナーがそうするように、何が事業を繁栄させるかに注意を集中するべきなのである。

(3) 正しい方法を使おう

前述のとおり、アメリカの大企業の90パーセントは、3年あるいはそれより短い期間で経営チームの業績を評価している。およそ4分の1の企業は、長期間にわたる業績に報いる仕組みをまったくもっていない（注59）。経営者報酬を決めるときに資本コストを考慮に入れている企業は25パーセントに満たず、経営者報酬の決定にあたって、新たな製品・市場・サービスをつくりだした、研究開発・知的財産の開発に成功したなどといったイノベーションを考慮している企業はわずか13パーセントにすぎない（注60）。

これほどＣＥＯを短期業績に注力させるために適したインセンティブ・スキームを設計することは、やろうと思ってもできるものではない。つまり、正常化しようとすれば、これまで行って

（注58） "New Executive Compensation Research: Peer Group Benchmarking Inherently Flawed and Inflationary," press release (IRRC Institute, September 22, 2012).
（注59） "Alignment Gap."
（注60） 注59と同。

きたことの逆をやればよいのだ。もっと評価期間を適切に設定すればよい。評価軸のバランスを考慮するべきであり、経済的な価値（資本コストを上回る投下資本利益率）が持続的に創出されているのかを評価しなければならない。また、その企業が将来の利益をどのように伸ばすかがわかる手法を取り入れる必要がある。

(4) 短期売買や投機に重点を置くのではなく、長期投資を奨励しよう

資本市場では、企業価値に基づく投資よりも株価に基づいた株式の売買が奨励されている。その潮流を反転させる方法について述べよう。

キャピタル・インスティテュート（Capital Institute）のティム・マクドナルド（Tim MacDonald）は長期投資家のために、いままでとは異なるオーナーシップ形態について提案している。彼は、映画のバック・トゥ・ザ・フューチャー式に現代の金融エンジニアリングと伝統的な直接投資のオーナーシップを合成することによって、年金基金、大学基金、保険会社、政府系ファンド、その他の大型長期投資家が上場株式への投資を減らし、彼が「株価情報による支配（tyranny of the trading tape）」と呼ぶものから逃げ出すべきだと主張している。「常緑直接投資（evergreen direct investing）」と自らが名付けるマクドナルドのアイデアは、投資家に対して企業への直接投資を勧めるものである。企業にとってリスクが高く、成長のための資本を必要とす

る時期が過ぎれば、年金ファンドの当該企業への投資は、時間の経過とともに株式から債券に姿を変え、長期にわたってキャッシュフローを生むようになる。その過程において、事業執行者の保有株式の割合が増大するから、事業執行者は長期のオーナーのように考えることを促される。投資を実施するファンドの組成契約に従って投資期間に限りのある伝統的なプライベートエクイティとは異なり、常緑直接投資は投資期間の制限はなく、したがって、恣意的な売買をする必要もない。常緑直接投資は長期のキャッシュフローに重点を置くものであり、機関投資家にとって、個人が過去にどれだけの富を獲得したかではなく、将来どれだけの収入を得るのかに基づいて、引退できるかどうかを把握しようとすることと同じである（注61）。

(5) 高頻度取引の優遇をやめよう

２０１２年９月、ニューヨーク証券取引所は一部の者に市場価格データをほかの者より早く配信したとして５００万ドルの罰金を科された。ニューヨークタイムズ紙は「市場価格データへの不適切な早期のアクセスは、たとえそれが１０００分の１秒単位の差であったとしても、現実的に重大な競争優位になりえ、個人投資家や長期投資家に相応な不利益を与える」と報じた（注

（注61） Capital Institute, "Evergreen Direct Investing: Co-creating the Regenerative Economy," September 2013.

62）。

皮肉なことに、SECはその2カ月前に、ニュージャージー州モーウォーのニューヨーク証券取引所のデータセンター内に高頻度取引業者が発注端末を置くことに対し、同取引所が月に何千ドルもの請求を行うことを承認したばかりであった（注63）。1秒間に10億回の売買を行うときには、発注端末がデータセンターの近くにあることが非常に重要なのである。高頻度取引業者が他の参加者よりも早く情報を仕入れることができるということは、確実に「個人投資家や長期投資家にとって不利益となる」。SECの元委員長であるエリス・ウォルター（Elisse Walter）は高頻度取引に関する姿勢について問われ、規制当局の対応は「一貫性を欠いていた」ことを認めた（注64）。

（注62） Ben Protess, "New York Stock Exchange Settles Case over Early Data Access," *New York Times*, September 14, 2012.

（注63） Securities and Exchange Commission, "Order Approving a Proposed Rule Change Amending the NYSE Amex Options Fee Schedule to Provide for Additional Co-location Services and Establish Related Fees" (August 15, 2012), www.sec.gov/rules/sro/nysemkt/2012/34-67665.pdf.

（注64） Elisse Walter, comments at PricewaterhouseCoopers Investors' Exchange, Chicago, IL, September 24, 2013.

(6) 投資家を守る新しい取引プラットフォームを支援しよう

起業家のなかには、当局が高頻度取引にどう対応するかを待たずに、ＩＥＸといわれる新取引所を立ち上げた者もいる。それは機械売買に対して３５０マイクロ秒の遅れを導入することで、高頻度取引業者の意図をくじくものである。ＩＥＸはほかの取引所のように、取引量と流動性を厚くするために高頻度取引業者にリベートを支払うこともない。ＩＥＸは投資信託の運用会社その他の長期投資家から支援を受けており、高頻度取引業者に与えられている優位性に対して不満を抱えている投資家を、適切な流動性を提供するために十分な数だけ引き込みたいと考えている（注65）。この試みがうまくいくかどうかはわからないが、より長期の投資家が正当に扱われる場所を見つけようという基本的な考えは、間違いなく他のイノベーションを引き起こす力となるであろう。

(7) 高頻度取引を適切に規制しよう

学術的な事例研究のいくつかは、高頻度取引業者が一般の市場参加者の前に価格データを入手

（注65） Jacob Goldstein, "Putting a Speed Limit on the Stock Market," *New York Times*, October 8, 2013.

することができるということは、高頻度取引業者が「マーケットメイカー」として機能していることを意味するものであるから、情報の非対称性を利用することは法的に許されないとの見解を示している。最近の研究は、数学・物理学によってだれがマーケットメイカーなのかを判別する基準をつくることが可能であると示唆しており、それは参加者すべてにとって公正な売買システムが確保できることを意味している（注66）。

(8) 集団行動を利用して運用会社を全体の利益にフォーカスさせよう

前述のとおり、複数の資産運用会社がシステム全体にかかわる大きな問題に取り組めば、たとえ個々の運用会社はそれによって競争上、他社より優位に立つことはないとしても、市民である投資家は恩恵を受ける。最近、機関投資家に対して、よいオーナーになることを促す取組みが行われている。これは経済学者ジョン・ケイが２０１２年にイギリスのビジネス・イノベーション・スキル省（Department of Business, Innovation and Skills）に提出した調査報告書の主題であった。これを受けて、運用業界は1年後、企業の取締役会の長期にわたる優良な経営に向けた、投資家の影響力を集めるために設計された投資家フォーラム（Investor Forum）の青写真を

（注66） Khaldoun Khashanah, Ionut Florescu, and Steve Yang, "On the Impact and Future of High Frequency Trading" (Stevens Institute of Technology, May 10, 2014).

提示した。イギリスでの他の取組みとしては、シェアアクション（NGOs ShareAction）、カーボン・ディスクロージャー・プロジェクト（Carbon Disclosure Project）、商業プラットフォームF&C（commercial platform F&C）、ハーミーズ・エクイティ・オーナーシップ・サービス（Hermes Equity Ownership Service）などがある（注67）。アメリカでは１９８５年から機関投資家会議（Council of Institutional Investors）にアメリカの大きなファンドが集結しているほか、投資家の注意を気候変動などの特定の問題に向けさせることを目的とするセリーズ（Ceres）のようなグループが存在する（注68）。同じような投資家連合がオーストラリア、オランダ、イタリア、ブラジルその他にも存在する。グローバルレベルでは、国際コーポレートガバナンス・ネットワーク（the International Corporate Governance Network）や、国連の責任投資原則（ＵＮ ＰＲＩ）が、投資家が政策的課題について株主として集団行動をとることを促している（注69）。

　これらすべてのグループは、資産運用会社が集団行動をとることで「フリーライダー」問題を緩和することを意図している。理論的には、すべての運用会社がシステミックな問題に取り組む

（注67）　www.shareaction.org.uk（２０１３年8月16日にアクセス）：www.cdproject.net（２０１３年8月16日にアクセス）：www.fandc.com. 著者のデイビッド・ピットワトソンはハーミーズＥＯＳの創設者である。著者のステファン・デイビスは同社のノン・エグゼクティブ・ディレクターである。

（注68）　Ceres, www.ceres.org（２０１３年8月16日にアクセス）。

（注69）　ICGN Global Governance Principles, www.icgn.org.

コストを負担すれば、フリーライダー問題はなくなる。それは現実には不可能だが、企業へのエンゲージメントのコストを広く共有することで、それぞれのメンバーのコストを低減することは可能である。

(9) 今日の技術進歩を活用しよう

機関投資家が責任あるオーナーとして行動することがむずかしいのなら、個人がそのように行動することはほとんど不可能である。しかし、テクノロジーはその状況を変えることができるかもしれない。

アーガス・カニンガム（Argus Cunningham）は、アメリカ海軍でパイロットを訓練する仕事に従事しており、同時に個人投資家でもある。彼は彼のような個人投資家にとって、投資先企業の問題を理解することがむずかしいことをよく知っている。彼は投資先企業とやりとりしようとしても、できないことにイライラしていた。質問を投げかけても、ＩＲ担当者から無視されることが多かったのだ。

そこで、カニンガムとその小さなチームは余暇を使って「シェアゲート（Sharegate）」というウェブサイトを立ち上げ、個人投資家や機関投資家の持株を合計することで、投資先企業の注意をひこうとした（注70）。シェアゲートの目的は「上場企業のステークホルダー間の交流に、現代のコミュニケーション方法を導入すること」にある（注71）。ユーザーが企業に質問を送るときに、シェアゲートは自動ですべてのユーザーの持株数を合計し、企業に対して回答がより大きな割合の株主間で共有されることを知らせるようにしたのだ。本書執筆時点においてこのサイトはまだ収益が出ていないが、最初の機関投資家として１５００億ドルを超える運用資産をもつフロリダ州投資委員会（the Florida State Board of Administration）を誘致することに成功した。シェアゲートはまた、オンラインの株主コミュニティ用に設計された、オーナーシップの共有に向けたいくつかの機能を備えている。

テクノロジーの進歩によって、個人投資家は自らのオーナーシップの権利を再び主張できるようになるかもしれない。個人投資家は平均的に企業の株主の27パーセントを占めているが、株主としての責任を果たし、権利を行使するという点において、機関投資家よりも控えめになりがちである。機関投資家の90パーセントが議決権を行使するのに対して、議決権を行使する個人投資家はたったの29パーセントである（注72）。理由の一つは、議決権行使の複雑さにうんざりするからである。情報は複雑でわかりにくく、投票のプロセスには時間がかかる。株式銘柄の分散し

（注70）　www.sharegate.com（２０１３年11月11日にアクセス）。
（注71）　注70と同。
（注72）　John Endean, "The Untapped Power of Individual Investors," *Wall Street Journal*, October 5, 2014.

たポートフォリオを保有している場合、情報収集、議決権行使という作業を20回も30回も行わなければならない。しかし、テクノロジーの進歩によって、個人投資家は個々の議案を精査することなく、自らの選好に従って投票することが可能になった。「事前投票指示（Advance Voting Instructions：ＡＶＩ）」によって、投資家は自動的に現経営陣に賛成または反対の議決権行使を行うことができるし、巨大年金基金であるカルパース（CalPERS）のような有名な第三者、あるいは議決権行使助言業者の推奨に従って議決権行使を行うこともできる。ＡＶＩはまだ広く普及していないが、ＳＥＣや中規模企業の業界団体であるアメリカ商業会議（American Business Conference）の精査を受けている最中である（注73）。

　まだシェアゲートやＡＶＩが成功するかどうかを予測することはできないが、われわれは、それらは疑いようのない事実を先駆けて示唆するものであると考えている。疑いようのない事実とは、テクノロジーが投機を促進し、責任あるオーナーシップをくじくこともしばしばだが、その反対にも使われうるということである。

（注73）　注72と同。

⑽　税制を活用しよう。ただし、マイルドに

役員報酬の増加を抑制するために設計された税制が、意図しない結果をもたらしたということは一つの警告であるが、税制を活用することを完全にあきらめるべきではない。オーナーシップの精神を増幅することに資する、二つのよく考えられた税制改革を示そう。多くの国で、長期投資のキャピタルゲイン（一定期間、通常は1年以上保有した場合）に課せられる税金には通常の所得よりも低い税率が使われる。しかし、これはまずいやり方だ。一定の保有期間を過ぎるとある税率が適用され、その期間よりも前に売却すると、別の税率が適用される。その方式よりも、長く保有すればするほど、キャピタルゲインにかかる税金が安くなっていくという制度はどうだろうか。このやり方のほうがよほど長期投資を促進することができるはずである。また、どうしてキャピタルロスを他の所得と相殺できないのだろうか。キャピタルロスが出た場合はキャピタルゲインと相殺できるが、現在、アメリカにおいてキャピタルロスと相殺できる通常所得の上限は年間３０００ドルにすぎない。その上限金額を引き上げること、もしくは撤廃することは、投資家にリスクテイクを促す。リスクをとることは、富を創出するための共通の必要条件である。アスペン研究所によって集められた、ビジネス、学術、投資界のリーダーたちの委員会が推奨するプランはこのようなものである（注74）。

⑾ 金融派生商品を闇から引きずり出そう

100年前、アメリカ最高裁判所のルイス・ブランダイス（Louis Brandeis）判事は、日光が最高の消毒剤であると喝破した。それと対照的に、金融派生商品は複雑で一貫性のない情報開示ルールによって守られ、影に隠れている（注75）。たとえば、企業に影響力を行使したい場合には「コール・オプション」、すなわち、その企業の株式を買う権利を買うことができる。投資家はオプションを行使することで実際に株主になることができるという意味で、この企業の「隠れたオーナー」なのである。より重要なことは、スワップのような金融派生商品を使うことによって、いわゆるオーナーが経済的リスクを分離して空の議決権を行使するかもしれないという事実を隠すことができるということだ。理論上、規制当局はこのような、いわゆる変形オーナーに情報開示を求めることができるし、金融派生商品によって経済的な利益を処分した場合、もしくは株価下落によって利益を得る場合に、そのような名ばかりのオーナーの議決権行使を排除することも可能である。しかし、実際にその規制を徹底するには、仲介業者の連鎖をたどって、だれが

（注74） Aspen Institute, "Overcoming Short-Termism: A Call for a More Responsible Approach to Investment and Business Management" (Aspen Institute, September 9, 2009).

（注75） Hu and Black, "New Vote Buying."

何を所有しているのか、何株について議決権があるのかを特定する必要があろう。しかし、解決法はある。アメリカその他の国で、上場企業の5パーセント以上の議決権をもつオーナーにはそれを開示する義務がある。このルールを拡大して、経済的利益も開示させればよいのではないか。言い換えると、5パーセントの議決権をもつ場合、実際に保有する株式数だけではなく、その株式にかかわる金融派生商品の保有高も開示しなければならないことにすればよいのだ。同様に5パーセントの経済的利益をもつなら、それも開示させるべきだ。信じがたいことだが、現在はだれにも知られないまま、金融派生商品によって企業に対する5パーセント、あるいは10パーセントもの経済的利益をもつことが可能なのである。

将来へ向けて

世界の大企業のほとんどは、一部の大金持ちではなく、年金その他を目的としてお金を貯めている何百万人もの人々によって保有されている。しかし、長く連なった仲介業者、相対パフォーマンスによる競争、不適切な権利関係、かつてないほどに複雑化した金融派生商品の結果として、空のオーナーシップや実質的にオーナーのいない企業が生まれている。これは、われわれの貯蓄にとっても、経済全体にとっても悪いことだ。ここまでみてきたように、解決策の一部は企業のガバナンス改善にある。しかし、われわれはまた、われわれのお金を管理・運用する者たちのガバナンスやインセンティブも改善しなければならない。

まとめ

・実効性のある金融システムの第1原則は、われわれがお金の管理・運用を託する者たちが、われわれのために仕事をすることである。それはきわめて基本的な要請のようにみえるが、その意味するところは巨大である。

・われわれの貯蓄は、企業の株式を含めたいろいろなタイプの金融商品に投資されている。これらを合計すると非常に巨額になるので、総体として大企業の過半を所有しているのは、われわれ国民ということになる。もしこれらの企業が適切に運営されるなら、われわれのために運営されているはずである。すべての大企業のＣＥＯが上司に仕えるように、われわれに仕えている姿を想像してほしい。革命的に聞こえるかもしれないが、現代のシステムはそのように運営されるべきなのである。

・近年、企業を取り巻くさまざまな力によって、企業はオーナーに仕えるという責任を果たせなくなっている。

・企業がオーナーに仕えるという責任を果たせなくなっている原因の一つは、短期的な証券売買がもてはやされていることと、そこでの短期的な株価を重視する見方が報酬スキームを通じて経営の現場に持ち込まれたことにある。
・企業がオーナーに仕えるという責任を果たせなくなっているもう一つの原因は、貯蓄者であるわれわれと、われわれの貯蓄によって資金を得ている企業の間に介在する、仲介業者の増殖である。
・オーナーシップと経済的利益の分離が金融派生商品の利用を通じて増大している。さらに悪いことに、投資家は金融派生商品によって、企業がうまくいかないときでも儲けることができると同時に、同じ企業に対して支配権を行使することができる。
・慢性的な利害の不一致によって、「オーナーのいない企業」が発生するという脅威が増している。

第4章

私のお金ではやめてくれ

われわれは、間違ったインセンティブの仕組みによって、非常に多くの貯蓄者と、われわれがお金の管理・運用を託している先との間に断絶ができているということを前章でみてきた。そこから次の問いが生まれる。金融システムに説明責任を果たさせることはできるのだろうか。

この問いに対する答えは、われわれが時間をかけて積み立てていくお金の総額とわれわれが株式を保有する企業のパフォーマンスに大きな影響を与える。より広い意味において、アカウンタビリティ（説明責任）にどう取り組むのかということは、いわゆる自由企業体制（free enterprise）に対する公共の信頼を左右する。隠された失敗が白日のもとにさらされれば、当然に資金の出し手からすぐにわかりやすい反応があるだろう。「私のお金ではやめてくれ」と。

本章では、われわれの貯蓄を取り扱う仲介業者におけるさまざまな種類のガバナンスがもたらす帰結について検証する。そして、市民である投資家がファンドや年金プランにお金を預けるとき、市民である投資家はどのような役割を実際に果たすことになるのかについて分析する。最後にそれらガバナンスがもたらす問題の解決策を提示するが、そのなかには新しい潮流、すなわち、ソーシャルメディアが引き起こす市場の変革と新しいかたちの「市民経済」の形成を通じて、貯蓄者がどのように力強いオーナーシップの感覚を取り戻すのか、という内容が含まれる。

情報の空白

われわれが自分のお金を託す仲介業者のガバナンスや運営について知ろうとすると、必ず情報を入手することが困難であるという問題に直面する。多くの金融市場において、われわれが託したお金がどのように投資されているのか、どのように議決権が行使されているのかを知るのは困難だ。だれがそのファンドの監督責任を有しているのかを特定したり、利益相反の管理方法を理解したり、ファンドマネージャーの報酬が顧客の利益を増やしたかどうかで決められているのか、それとも自分の利益を増やしたのかどうかで決められているのかを調べたりするのはむずかしい。第2章に書いたとおり、貯蓄者は自らの口座に課されている手数料の詳細すら知らされないことがある。課されている手数料がわからないなら、われわれが自分のお金で投資したものの公正価値がどうなっているのかを知らされないとしても、あまり不思議ではない。

少額投資家を保護する規制もたしかにある。たとえば、アメリカでは、投資信託はすべてでないが、多くの手数料を開示しなければならない。しかし、金融セクターの広い範囲において、手数料は単純に知らされていないか、比較可能なかたちで知らされていない。投資金額の大きな投資家であっても、自らの投資リターンから差し引かれている費用や手数料について正確に知ろうとすると、不透明性さの壁にぶつかる。何十億ドルという資金を運用している年金プランですら、プライベートエクイティファンド、ヘッジファンド、その他の代替投資におけるパススルー費用（自動的に付け回される費用）や、いくつかの手数料について、正確な情報を入手できていない。ある調査レポートは「ネットのリターンに確実に影響を与えるこれらの手数料は、年金ファンドや機関投資家によって、手数料として報告されないこともしばしばである。なぜなら、これらの情報を集めるために非常に多くの手作業が必要になることに加え、多くの年金ファンドがこれらのコストを、固定の運用手数料とは異なる利益シェアリングとして考えているからである」と報告している（注1）。もし年金プランが情報を受け取っていないなら、それを加入者に報告することはできない。

　年金プランや年金プランのためにお金を管理・運用している資産運用会社が、上場企業に対してガバナンスについてもっと開示するように圧力をかけていることは皮肉である。機関投資家は、企業がどのように経営者報酬を決めているのか、どのようにリスクを評価しているのか、取締役をだれにするのか、どのように取締役会を運営するのか、などを開示するよう要求してき

（注1） Funston Advisory Services, "Fiduciary Audit Report of the South Carolina Retirement System Investment Commission" (Funston Advisory Services, April 18, 2014). 著者のジョン・ルコムニクはこの調査に参加した。

た。こうしたファンドは、取締役の選任決議を意味のあるものとすることによって、取締役会の説明責任を強化することを要求してきた。よりよい会計監査を求めてきた。これらすべての要求は、透明性を向上することがリスクを低減し、リターンを改善するという前提に基づいている。にもかかわらず、今日、自分たちが企業に要求している開示基準や説明基準を満たしている年金ファンドは数えるほどである。

長年行われてきた改革の結果、多くの国において企業はガバナンスに関する要覧を提出するように求められており、それによって投資家は、だれが責任者で、報酬はいくらで、その企業は自らが直面しているリスクと事業機会をどう考えているかについてすぐに理解することができる。企業は取締役会を組成し、それについて説明しなければならない。どのように取締役が選ばれるのか、その取締役の能力やプロとしての経歴を記述しなければならない。社内取締役と独立した社外取締役の数、取締役会の1年当りの開催頻度、各取締役の出席率、監査委員会のような主要な委員会メンバーは必要な資質を備えているのか、を株主に説明しなければならないのだ。取締役会は財務統制やCEOの報酬のような重要な問題に関して、どのように取り組んでいるのかを詳細に説明しなければならない。取締役会が外部議長によって議事されているのか、CEO兼議長によって議事されているのかについても説明する必要がある。気候変動リスクにどう向き合っているのかについて説明を求められることもある（注2）。また、経営陣の報酬決定方法についいて大量のデータを求められたりもする。

これらの情報開示義務の背景には、資本主義の根幹にかかわる教義がある。すなわち、企業の取締役は企業のオーナーである株主の受託者であるから、投資家（株主）は、取締役会が適切に任務を遂行しているかを判断するために十分な情報の提供を受ける権利がある、というものである（注3）。しかし、同じような教義は世界的に、われわれのために株式を保有している多くの受託者には適用されていない。

主として個人投資家を顧客とする投資信託や銀行などの商業機関については、ガバナンス、報酬、フィデューシャリー・デューティー（受託者責任）に関するなんらかの情報開示ルールがたしかに存在する。しかし、年金ファンドにおいては、その受給者が企業における株主と同じよう

（注2） Ben W. Heineman Jr., and Stephen Davis, *Are Institutional Investors Part of the Problem or Part of the Solution?* (Committee for Economic Development and Yale School of Management-Millstein Center for Corporate Governance and Performance, October 2011), 13.

（注3） 機関投資家は株式を所有していたとしても、正確には上場企業のオーナーとはいえないと主張する学者もいる。Lynn A. Stout, *The Shareholder Value Myth: How Putting Shareholders First Harms Investors, Corporations and the Public* (Berrett-Koehler Publishers, 2012). イェール大学ロースクールのジョン・マーシー（Jon Macey）のような学者は、これに対して、株主の法的な組成の違いに関係なく、上場企業にとって株主価値は既定の目的であると主張している。2013年5月1日に行われた、アメリカン・エンタープライズ公共政策研究所（American Enterprise Institute）における議論を参照のこと。www.aei.org/events/2013/05/01/shareholder-value-theory-myth-or-motivator/.

な立場にあるにもかかわらず（これについては議論があるかもしれない）、これらの情報開示ルールの一部しか適用を受けない。機関投資家が投資先の企業の取締役会に対して自らが出したお金を増やすことを求めるのと同じように、従業員は年金プランに対して自らの虎の子のお金をできるだけ増やすことを期待する。そして、個人投資家は、投資信託や保険会社に対して、自分たちのために行動するように期待してもよいはずだ。しかし、市民である投資家がそれらの受託者がきちんと仕事をしているかをチェックする手段の数は、年金ファンドがポートフォリオにある企業をモニターするときに使う手段の数より少ない。

　世界的に起こっている確定給付型年金（退職後の月々の給付額が決まっている年金）から確定拠出型年金（退職後の給付額が、各個人がいくらをどれほどうまく投資したかによって変化する年金）への移行は、機関投資家のアカウンタビリティ（説明責任）が置かれた状況に関するよい事例を提供してくれている。確定給付型企業年金の場合、そのプランを提供しているスポンサー企業が支払われるべき年金額を確保する責任を負う。退職者への最終的な年金額の支払は、プランを提供している企業または団体の義務なのである。このような状況においては、掛け金がどのように運用されるのかということに関する情報が欠落することは、問題ではあるものの、受給者にとって最終的には関係がない。すべては年金受給時期が到来したときにその企業が約束の金額を支払えるのかどうかにかかっているので、関係する情報開示とは、その企業自身の財務報告書が提供する情報なのである。しかし、確定拠出型年金の場合、受給者が退職後にいくら受け取ることができるかは、受給者本人の問題である。したがって、確定拠出型年金のガバナンスにおいては、受給者に対する説明責任がより強化されてしかるべきとも思われる。

しかし、現実は逆である。たとえば、あまたあるアメリカの確定拠出型年金を例にとってみよう。確定拠出型の年金プランは伝統的な確定給付型年金と違って、代議員会（a board of trustees）をもつことが義務づけられていない。かわりに、通常はスポンサー企業の人事部の幹部職員が、単独の運営者（administrator）として、プラン運営の任にあたる。運営を統治する機関がないことによって、透明性が低下し、説明責任がますます果たされにくくなっている。たとえば、法律によって雇用主はプランに加入する従業員が利用できる投資商品のメニューを示すことを義務づけられているが、メニューにあるファンドがどのように選ばれたのかという情報は開示対象になっていない。ということは、説明責任を果たすことによって年金プランのパフォーマンスがよくなったのかを調べたいと思っても、データがないということだ。他の国の状況も似たり寄ったりである。

データ収集者たち

しかし、あきらめない研究者たちの努力によって、このガバナンスの空白がわれわれに強いているコストの大きさについて、いくつかのことが明らかになっている。彼らは得られた情報を詳しく分析し、長く隠されていた投資の仲介業者の行動に関する証拠のかけらを明らかにした。最も先鋭的な研究の一つは、トロント大学ロットマン経営大学院（University of Tronto's Rotman School of Management）のキース・アムバクシア（Keith Ambachtsheer）とその2人の同僚によってなされた。その研究では、年金プランのガバナンスの質とその年金プランが受給者へもたらしたパフォーマンスとの結びつきが明らかにされた。彼らは、基金の透明性や受給者への説明責任を示す、ガバナンスに関する45のテストを行った。そのなかには、代議員会が存在しているか、それが必要な能力を備えているか、パフォーマンスを定期的に評価しているか、代議員会メンバーの報酬が受給者に開示されているか、利益相反が認識・管理されているかなどの要素が含まれている。アムバクシアのチームは、２０００年から２００３年の間において、ガバナンスにおいて最も高い評価を受けた基金が、「最も低い評価の基金を年率平均で２・４パーセントもアウトパフォームした」という結論を出した（注４）。この「アムバクシアの格差」は毎年累積するので、ガバナンスの優れたプランに毎年掛け金を拠出している老後に向けた貯蓄者が得る年金原資は、ガバナンスの劣ったプランに加入し続けなければならない貯蓄者の年金原資に比べて、20年たつと30パーセントも大きなものになる（注５）。

アカウンタビリティが運用パフォーマンスを改善することを示す証拠は、ゆっくりとではあるが積み重なっている。２０１０年にオーストラリア政府の行ったクーパー・レビュー（Cooper Review）でも、よりよいガバナンスをもった基金は相当なリターンをあげる見込みのあることが示された（注６）。学者たちは、ソブリンウェルス・ファンドでも同様の結果がみられることを

（注４） Keith Ambachtsheer, Ronald Capelle, and Hubert Lum, “The Pension Governance Deficit: Still with Us”（Social Science Research Network, 2008）, http://papers.ssrn.com/sol3/papers.cfm?abstract_id=1280907. この研究でファンドのガバナンスとパフォーマンスの間に相関があることがわかったとしても、因果関係はよくわからないという正当な批判がある。言い換えると、アウトパフォーマンスがよいガバナンスをもたらしたのであって、その逆ではないかもしれない。また、研究者たちが調べた4年という期間は、退職後の期間の長さを考えると短すぎることも否定できない。

（注５） 理論上の予測数値を現実の世界にあてはめて説明しよう。30歳で年5万ドルの賃金を得て、４０１（ｋ）への平均的な額の拠出を始める勤労者について数値を代入してみよう。彼女はガバナンスが貧弱なファンドでは退職までに31万８０００ドルしか貯められないが、ガバナンスが良好なファンドであれば40万４０００ドルを貯めることができる。拠出開始時点で10万ドルを稼ぐ勤労者の20年後の貯蓄額は、75万３０００ドルという望ましい金額に対して、59万ドルでしかない。今後の調査でも「アムバクシアの格差」が正しいと確認されれば、標準以下のアカウンタビリティしかないファンドの金銭的な劣後性は相当なものだといわなければならない。

報告している（注7）。モーニングスターが独自のスチュワードシップ・ランキングを使って、40以上の投資信託に対して行ったテストでは、投資信託のガバナンスと5年以上の運用リターンには相関があることがわかった（注8）。オックスフォード大学（Oxford University）のゴードン・クラーク（Gordon L. Clark）は確定給付型年金と確定拠出型年金の両方を参照しつつ次のように記述している。「脆弱な組織と明白な能力不足が重なったときに、多くの年金基金は良心のない金融サービス業者の餌食となるのだ」と（注9）。

　どうしてよいガバナンスが運用リターンを改善するのだろうか。多くのファンドの透明性の低さという、ここで議論されている問題そのものが障害となって、確実な答えを出すことは不可能

（注6） *Super System Review Final Report—Part One Overview and Recommendations*（Super System Review, June 30, 2010）, www.afr.com/rw/2009-2014/AFR/2010/07/05/Photos/od280174-87d8-11df-bbdo-8f855dd2fda9_SSR%20Final%20Report%20Part%201.pdf, section 6.1.

（注7） Kathryn L. Dewenter, Xi Han, and Paul H. Malatesta, "Firm Values and Sovereign Wealth Fund Investments," *Journal of Financial Economics* 98, no. 2（November 2010）: 256-78.

（注8） Lauren Pavlenko Lutton, Katie Rushkewicz, Kalin Liu, and Xin Ling, *Morningstar 2011 Mutual Fund Stewardship Grade Research Paper*（Morningstar Fund Research, March 2011）, http://corporate.morningstar.com/us/documents/methodologydocuments/MethodologyPapers/StewardshipGradeMethodology.pdf.

（注9） Gordon L. Clark, "Pension Fund Governance 1: Expertise and Organisational Form"（Pennsylvania State University, College of Information Sciences and Technology）, February 16, 2004, http://citeseerx.ist.psu.edu/viewdoc/download?doi=10.1.1.198.5727&rep=rep1&type=pdf.

である。しかし、もっともらしい一つの説明として、説明責任を果たさせるようにガバナンスが機能すれば、仲介業者たちが貯蓄者への説明責任を思い出し、自分たちの利益よりも受給者の利益を優先するということはいえるだろう。

バーモント大学ロースクール（Vermont Law School）のジェニファー・タウブ（Jennifer Taub）は、アメリカの投資信託が、彼らが宣伝しているとおり受益者の利益を優先する投資家として行動しているのか、もしくは自らの関連会社の商業的な利益を守ろうとしているのかを見極めようとした。そのために彼女は、両方の利害が一致しないケースとして、投資信託が上場企業の株主総会でどのように議決権を行使するかを調べた（注10）。タウブは、その投資ファンドまたは投資信託が企業の運営する４０１（k）（アメリカにおけるスタンダードな確定拠出型年金スキーム）に頼る構造であればあるほど、企業経営陣を批判するような株主決議に賛成票を投じない傾向があることを発見した。その企業が慢性的に株主資本を毀損していたとしてもそうなのだ。これは、投資信託のなかには、こっそりと自らの運用会社としての利益を受益者の利益よりも優先するものがあることを示している。

これとは非常に異なったやり方で、２人の別の学者が似たような結論を導いている。ローレ

（注10）Jennifer Taub, "Able but Not Willing: The Failure of Mutual Fund Advisers to Advocate for Shareholders' Rights," *Journal of Corporation Law* 34, no. 3（2009）: 844-93.

ン・コーエン（Lauren Cohen）とブレーノ・シュミット（Breno Schmidt）は、投資信託の議決権行使ではなく、銘柄選択を調査し、われわれを不安にするような事実を発見した。それは、投資信託が、４０１（ｋ）で自らが運営管理機関を務めている企業の株式のポートフォリオ組入割合を高くしているというものである。その企業がトラブルに見舞われて、ほかのファンドが株式を売っているときにおいてさえそうなのである（注11）。コーエンとシュミットは、４０１（ｋ）を主宰する企業サイドが、契約している投資信託によって「潜在的に株価が買い支えられるという恩恵」を受けていると結論づけている。そして、「このことによる投資信託の受益者の損失は……大きいかもしれない」といっている。この結論に驚く経済学者はいないだろう。アカウンタビリティが「利権の追求（rent seeking）」を低減させ、受託者が経済システムから利益をかすめとることを防ぐことができるというのは、よく知られた事実である。したがって、アカウンタビリティの欠如は利己的な行動に結びつき、最終的な受益者である貯蓄者の利益を阻害すると推論することは合理的である。

　ファンドのガバナンスと運用パフォーマンスに関する限られた知見をめぐる、われわれの旅の

（注11）Lauren Cohen and Breno Schmidt, “Attracting Flows by Attracting Big Clients: Conflicts of Interest and Mutual Fund Portfolio Choice,” www.chicagobooth.edu/research/workshops/finance/docs/Cohen_AttractingFlows.pdf.

最後に、二つの研究成果を紹介しよう。２００９年にマーティン・クレマーズ（Martijn Cremers）と３人の共同研究者は上記とは別のやり方で、投資信託を適切に監督することが、リターンにプラスの影響を与えることを発見した。彼らは、投資信託の取締役が、自らが監督している投資信託を個人的に保有しているかどうかでパフォーマンスに違いがあるのかどうかを調べた（注12）。違いはたしかにあった。「ファンドの取締役が自ら買っていない投資信託、つまり個人的な関与が乏しい投資信託のパフォーマンスは明らかにアンダー・パフォームしていた」。言い換えると、この研究者たちは、結果に対して小さな利害関係しかもっていない取締役は、運用会社が投資家のために小さな価値しか生み出すことができない傾向に関係していることを発見したのだ。また、フィオナ・スチュワート（Fiona Stewart）とユアン・エルモ（Juan Yermo）は、いくつかの先進国で行った年金プランの研究において、ガバナンスの欠陥が運用パフォーマンスの劣後に関係していることを発見した（注13）。このガバナンスの欠陥には、意思決定機関における

（注12） Martijn Cremers, Joost Driessen, Pascal Maenhout, and David Weinbaum, "Does Skin in the Game Matter? Director Incentives and Governance in the Mutual Fund Industry," *Journal of Financial and Quantitative Analysis* 44（2009）: 1345-73.

（注13） Fiona Stewart and Juan Yermo, "Pension Fund Governance: Challenges and Potential Solutions," OECD Working Papers on Insurance and Private Pensions no. 18（OECD Publishing, 2008）, doi: 10.1787/241402256531.

代表制度の不備、代議員への不十分な教育、利益相反に関する制御の甘さなどが含まれている。
投資家は投資先企業に対して、利害の一致やガバナンスの強化を絶え間なく求めてきた。このことと同じ文脈で、われわれは自らの長期資産を預ける者たちに対して同じことを求めるべきではないだろうか。しかし、最終受益者であるわれわれとわれわれのために投資するべき運用機関の間にある利害の不一致は、広く注目の的となることを免れてきた。

以上から、どのようなことがいえるだろうか。世界経済フォーラム（World Economic Forum）の論文がうまく表現している。「ガバナンスは、一見すると長期投資とは関係のないことのように思えるかもしれない。……（しかし）両者はとても密接にかかわっている。ガバナンス体制は、投資の基準やレポーティング方法を決めるだけではなく、投資行動や投資戦略の土壌となる、その運用機関の組織文化や報酬システムをも規定するものなのだ」（注14）。

（注14） Josh Lerner, Ann Leamon, and Vladimir Bosiljevac, "Measurement, Governance and Long-Term Investing" (World Economic Forum, March 2012), www3.weforum.org/docs/WEF_IV_MeasurementGovernanceLongtermInvesting_Report_2012.pdf.

ファンドのガバナンス

ボブ・ガラット（Bob Garratt）はかつて企業に関する著作のタイトルを『魚は頭から腐る：重役会議室の危機（The Fish Rots from the Head: The Crisis in Our Boardrooms）』とした。われわれの受託者である金融仲介業者のリーダーシップも同じレンズを通してみることができるかもしれない。監督の仕組みに不備があると、利益相反、不注意、判断ミス、利害の不一致、無能力から生じる金融不正のリスクが高まる。どのようにすれば、あなたの受託者である金融仲介業者にこれらの問題のうちのどれかが起こっていると察知できるのだろうか。学者であり、実務家でもあるサイモン・ウォン（Simon Wong）によると、その兆候は「トレーディングと短期リターンの追求を促す金融上の取決め、ポートフォリオの過度な分散、株式のオーナーシップの鎖の伸長によって「オーナー」としてのマインドセットが弱体化すること、フィデューシャリー・デューティー（受託者責任）の誤った解釈により、計量的なデータを過度に尊重し、質的な要素をないがしろにすること」に現れる（注15）。

これらの失敗は多くの企業年金プランにおいて観測される。前述のとおり、これらの年金ファンドは従業員の利益のために企業が設立するものである。確定給付型年金から確定拠出型年金への移行は運用パフォーマンス・リスクをプラン設立母体である企業から従業員に付け替えたが、ファンドの運営権は引き続き企業の手にしっかりと握られている。プランがスポンサーである企業の管理職、たいていはＣＦＯ（最高財務責任者）か人事部門の長によって運営される場合、彼もしくは彼女は受益者の利益のために最善を尽くすかもしれないが、潜在的な利益相反があることは明らかである。明らかではないのは、プランを運営する管理職が、年金のパフォーマンスに直接の影響を受ける人間によって監督されていない場合、しっかりとプランの運営を行わないかもしれないということである。悪名高いポンジ・スキームの天才であるバーナード・マドフ（Bernard Madoff）の詐欺ファンドを、カストディアンが年金「資産」に組み入れることを拒否したにもかかわらず、採用してしまった企業年金プランがあったことは、残念な事例の一つである（注16）。

年金プランを運営する権限をもつ人間が、そのプランの受益者の利益のために行動することを保証するためにはどうすればよいかが問題である。プランの運営にあたる人間が、その受益者に

（注15） Simon C. Y. Wong, "Why Stewardship Is Proving Elusive for Institutional Investors," *Butterworths Journal of International Banking and Financial Law* (July-August 2010), http://papers.ssrn.com/sol3/papers.cfm?abstract_id=1635662.

（注16） Jonathan Stempel, "NY Mets Owner Wilpon Sued over Madoff Losses" (Reuters, July 30, 2010).

対する説明責任をもたない場合、こうした監督がそもそも行われるのか、行われるとしても、いつ、どの程度の頻度で、どれほどの熱意で、どの程度効果的に行われるのかを、確実に知ることは困難である。

たとえプランが受益者に対して義務を負っている代議員会によって監督されていたとしても、その能力と知識が大きく不足するケースもある。たとえば、イギリス政府がスポンサーをした研究によれば、小規模な企業年金においては、ファンド運営の責任をもつ管理職の3分の2が、手数料がファンドに課され、加入者の貯蓄から控除されていたことに気づいていなかった（注17）。アメリカの公共セクターや多角化企業の「タフト・ハートレー法」に基づく確定給付型年金は、代議員会を有しているが、法的に必要とされている能力は最低限のものであり、代議員の報酬は名ばかりかゼロであり、代議員会の多くは、専門的なアドバイザーや、自らの任命権をもつ政治的な後援者や労働組合の言いなりであるとみられている。顧客のために民間サービスとして年金のガバナンス監査を行うファンストン・アドバイザリー・サービシズ（Funston Advisory Services）は、２０１１年にさまざまな年金ファンドを比較分類するなかで、どの基金も無能な代議員を罷免するプロセスをもっていないこと、またほとんどの基金で正式な理事長職の承継プ

（注17） A. Wood, D. Wintersgill, and N. Baker, "Pensions Landscape and Charging: Quantitative and Qualitative Research with Employers and Pension Providers" (Department of Work and Pensions, 2012).

ロセスが存在しないことを発見した（注18）。これと比較するために必要な、市場全体をカバーする公的なデータは存在しない。しかし、状況はイギリスでも決してよくない。政策研究センター（Centre for Policy studies）のマイケル・ジョンソン（Michael Johnson）は、イギリスの地方自治体の年金スキームを研究するなかで、「全体としてのガバナンス体制はあきれるばかりであり、関与している人間の多くが受益者の利益に関する鋭い質問をする能力がなく、利害関係にとらわれているために有益な回答を要求することもできない」と述べている（注19）。

代議員会（trustee boards）に元気がない理由の一つは、メンバーに報酬がない、あるいは、あっても非常に少ないからかもしれない。ここから監督する機関が真剣でなく、プロフェッショナルでもないという暗黙のメッセージを受け取ることによって、投資決定に影響を与えることで報酬を得ている仲介業者に対して弱腰になってしまうのである。ゴードン・クラークは、「年金ファンドの代議員たちがその責任の重さに見合った報酬を受けていないという事実は、それら代議員たちのモチベーションが金融サービス供給者とまったく異なることを意味している」と述べている（注20）。別の言い方をすれば、商業的な運用会社が顧客を集めることで経済的な報酬を

（注18） 共著者であるステファン・デイビスとジョン・ルコムニクはファンストン・アドバイザリーの関係者である。

（注19） "Local UK Pension Schemes Waste Millions on High Fees," *Financial Times*, March 29, 2015.

受け取っている一方、真面目な代議員たちでさえ、しっかりとした監督の役割を果たすことに対する報酬をほとんど受けていない。クラークによれば、「プラン加入者は年金ファンドのガバナンスにおいても、運営状況の監視や代議員会の意思決定においても、積極的な役割を果たすことがまったく、あるいは、ほとんどない。本人－受託者関係を規律する伝統的なメカニズムである、退出、発言、忠誠心という方法を、加入者が直接的に利用することはほとんどできない。代議員たちは受益者の「代表」であるかもしれないが、われわれが代表制民主主義で考えているような意味での直接的なアカウンタビリティがないのである」。

要するに、企業のガバナンスを改善するうえでわれわれが頼りにしているアカウンタビリティ（説明責任）という概念が、われわれのお金を受託者として運用する金融仲介者の間には広く根づいていないのである。

解決策の探究

アカウンタビリティ（説明責任）の空白を解決するさまざまな手法が、世界のあちらこちらで

（注20）Clark, "Pension Fund Governance."

現れている。それらの解決手法は自然な流れで、政府、機関投資家のような見慣れた領域にみられるし、ソーシャルメディアを利用したイノベーターや市民社会の組織が関係する場合もある。それらが一緒になって、資本主義の新しいかたちを提案している。以下では、そうした近未来をのぞいてみよう。

(1) 政　府

政府が市民である投資家を保護するべく打ち出すかもしれない新しい手法についてみる前に、われわれはまず、政府がわれわれの利益を保護するためには何が必要かを理解しなければならない。これは決してささいなことではない。次章では、規制の誤った設計と適用が、資本市場と貯蓄者に対してどのように悪い影響を与えるのかを検証する。本章では規制当局がその責任をまっとうできる体制にないときに、間違った方向に進んでしまう可能性があることに触れておけば十分だろう。

よい規制の前提条件の一つは、協調的なアプローチであろう。他の国と同様にアメリカにおいても、貯蓄の監視・保護は規制の空白地帯となっている。連邦労働省は1974年に、年金プランを監督する仕事を手渡された。それ以来、ほとんどの退職給付は伝統的な確定給付型年金から確定拠出型年金へ移行し、後者の枠組みを通じて従業員は主として投資信託に投資している。投資信託は、異なる公的機関である証券取引委員会（ＳＥＣ）によって監督されている。また、労働省の命運は時の政権に大きく依存する。労働省は典型的には民主党政権下であれば甘やかされ、共和党政権下では干される。そして、両党が拮抗しているときには予算がころころ変わる。会計検査院の一連の調査において、労働省は貯蓄者を保護するための規制を実施するには力不足だと指摘されている（注21）。もう一つの欠点を抱えた母体であるＳＥＣには証券市場で優先しなければいけない政策課題がほかにもたくさんあり、年金プランの面倒をみるという特定されたマンデートはない（注22）。連邦議会もほとんど助けになってこなかった。退職給付制度の全面的な改革を目指した最後の大きな立法上の努力として、故エドワード・ケネディ（Edward Kennedy）上院議員によって発議された「２００２年アメリカ年金保護法（Protecting America's Pensions Act of 2002)」がある。これは１００人以上の受益者を擁するすべての４０１（ｋ）プランにおいて、同数の雇用主代表と従業員代表からなる代議員会を設立しようというものだったが、議会の委員会において廃案となった。

（注21）*Pension Plans: Additional Transparency and Other Actions Needed in Connection with Proxy Voting.* Government Accountability Office GAO 04-749（August 2004), www.gao.gov/assets/250/243646.pdf.

（注22）イギリスでも、年金の規制当局とＦＣＡ（金融行為規制機構）の間で似たような分裂がある。前者は、問題が発生する前に介入する権限をもたず、「馬が外に逃げたあとで馬小屋の戸を閉める」ことしかできないと批判されている。

しかし、アメリカの規制は上記以上に複雑骨折した状態である。アメリカの退職に向けた貯蓄と所得保障のために重要な役割を担う、もう一つの存在である保険会社は、州ごとに異なる50の規制当局の監督を受けている。貯蓄の手段としての預金を取り扱う銀行は、州、連邦通貨監督庁（Office of the Comptroller）、連邦預金保険公社（Federal Deposit Insurance Corporation）、連邦準備銀行（Federal Reserve）の監督を受けている。別の言い方をすれば、あなたや私の貯蓄を守るために、すべての規制当局がかかわっているともいえるし、逆にだれも責任をもっていない状態であるともいえるのだ。

アメリカ以外のいくつかの国では改善が進んできた。世界で4番目に大きな運用資産規模（１・７兆ドル）を誇るオーストラリアでは、先進的な改革が行われてきた。ジェレミー・クーパーの２００９年から２０１０年にかけて行われた調査によって基本的な論点が提起され、オーストラリア健全性規制庁（Australian Prudential Regulation Authority：ＡＰＲＡ）による一連のファンド・ガバナンスに関する指令が、自主規制団体である金融サービス協議会（Financial Services Council：ＦＳＣ）の拘束力のあるルールとともに導入された。ＡＰＲＡが導入した基準は、代議員会のメンバーの交代から、パフォーマンスの点検、運営能力、ポートフォリオマネージャーの報酬に対する監督、内部告発者の保護に至るまでの年金ファンドのガバナンスにかかわるすべてを網羅している（注23）。この基準のなかでは、それぞれの年金ファンドが独立した議長によって主宰される代議員会をもつこと、代議員会メンバーの過半数が加入者や年金プランのスポンサーから独立していること、報酬の約束をすべて開示すること、年金ファンドによる議決権行使の記録を加入者に公開することなどが義務づけられている。やはり強い年金システムをもつオランダでは、２０１３年に同様の立法がなされた。すべての退職給付プランにおいて代議員会をもつことが義務づけられたほか、その監督機関には現在の従業員や企業の代表のみならず、退職者の代表を含まなければならないこととされた（注24）。経済協力開発機構（Organization for Economic Co-operation：ＯＥＣＤ）は２００９年に、年金ファンドのガバナンスに関する広汎な原則を策定した（注25）。

ほかの国では、年金ファンドのガバナンスに関する規制はあったとしても、せいぜいツギハギだらけだ。受益者が自分で投資決定を行い、その結果についてリスクを負わなければならない確定拠出型年金において、ガバナンスに関する規制はとくに脆弱である。クーパー・レポートがそ

（注23） www.apra.gov.au/Super/PrudentialFramework/Documents/Final-SPS-510-Governance-November-2012.pdf and *FSC Superannuation Corporate Governance Policy—Raising the Bar*, http://fsc.org.au/downloads/file/submissionsfile/fscsupercorporategovernancefinal.pdf.

（注24） www.rijksoverheid.nl/nieuws/2013/07/09/wetsvoorstel-versterking-bestuur-pensionenfondsen-aanvaard.html.

（注25） *OECD Guidelines for Pension Fund Governance* (Organisation for Economic Co-operation and Development, June 2009), www.oecd.org/daf/fin/private-pensions/34799965.pdf.

の課題を次のように要約している。「代議員会はスーパーファンド（訳注1）の加入者に提供される金融商品について、より深く分析する責任を負っている。外部の第三者によって選ばれた投資商品のメニューを仕切っているだけの代議員会では、そうした責務を果たすことは不可能である」（注26）。この指摘は非常に重要である。受益者が能動的に自身の財政状態を監視せず、受益者の利益を最優先することを確実にする代議員会が存在しないならば、サービスの供給業者は受益者の利益を犠牲にして儲けようとする大きな誘惑に駆られるであろう。

（訳注1）ここでスーパーファンドとは、オーストラリアにおける公務員を含む全従業員を対象とする強制加入の年金プラン（おもに確定拠出型年金）、スーパーアニュエーションの年金ファンドを指すと思われる。オーストラリアの年金制度は、①国が雇用主に強制拠出させ、企業や産業セクターなど中核4分野の年金基金群に運営をアウトソースしたスーパーアニュエーション、②スーパーの残り1分野を含む金融機関による任意加入年金、③国庫負担での低所得者の生活扶助（エイジ・ペンション）からなる3層構造となっている。

（注26） *Review into the Governance Efficiency, Structure, and Operation of Australia's Superannuation System: Final Report*（2010）, www.afr.com/rw/2009-2014/AFR/2010/07/05/Photos/od280174-87d8-11df-bbdo-8f855dd2fda9_SSR%20Final%20Report%20Part%201.pdf,p.11.

(2)　機関投資家

アカウンタビリティの空白に対する解決策の2番目は、機関投資家の世界そのもののなかに存在している。先進的な年金ファンドの団体は商業的な利益相反が受益者の利益に沿わない状況を助長することを認識し、いくつかの最新の解決策を実際に試している。以下、五つの解決策を紹介しよう。

鏡をみる（自己評価）：多くのガバナンス専門家が指摘しているように、企業の取締役会を改善する最も強力な原動力は、取締役が自らの姿を鏡に映してみることである。取締役が自らのパフォーマンスを、個人レベル、そしてグループレベルで、定期的・徹底的・客観的に検証することにより、改善が必要な点が発見されることが多い。いくつかの国の政策当局が自己評価の必要性に対応している。たとえば、イギリスでは、銀行の取締役は少なくとも3年に1回は外部の評価を受けなければならない。しかし、機関投資家の世界では、受託者責任に関する完全な評価はまれである。アメリカの投資信託の取締役会は２００４年から自己評価をすることが必要とされているが、こうした評価は実効性というよりは方針、手順の遵守に焦点を当てており、評価の質に関しては改善の余地が大きい。比較的新しい「フィデューシャリー監査」というコンセプトには、大きな可能性がある。これは、年金プランが受益者のために価値を創出する義務をどの程度果たしているのかを評価するものである。こういった監査はアメリカで始められており、カリフォルニア州の公務員年金基金であるカルパース（California Public Employees' Retirement System: CalPERS）が最も有名な導入事例となっている。２０１１年、損失計上、接待スキャンダル、そして徹底した改革への執拗な要求を受けて、カルパースの代議員会議長ロブ・フェクナー（Rob Feckner）とＣＥＯのアンネ・スタウスボウル（Anne Stausboll）は、同基金の代議員会のガバナンスに関する評価を外部に依頼した。調査には、カルパースのガバナンス実務をアメリカの同じような年金基金のガバナンス実務と比較することまで含まれていた（注27）。ガバナンス実務に関する情報は一般に公表されていないため、調査は骨の折れるものだった。カルパースの代議員会は外部機関の調査に基づく勧告に従って、広範囲にわたる一連のガバナンス改革を実施することを承認した。１年後には、ガバナンスに関する独立した評価を隔年で行うこととなった。ほかのアメリカの公的な年金ファンドも外部評価のメリットを知って、独立したガバナンス評価を依頼することになり、多くの具体的な勧告を受けることにつながった。サウスカロライナ州などのいくつかの州は、このようなフィデューシャリー監査を義務づけている。

（注27） *Achieving the Right Balance: CalPERS Board Governance Study-Final Report*（Funston Advisory Services, September 2011）. www.calpers.ca.gov/eip-docs/about/board-cal-agenda/agendas/boardgov/201110/item3attachb.pdf. 本書の共著者のうち２人、ルコムニクとデイビスはこの研究に関与している。

双方向のコミュニケーション：年金ファンド、保険会社その他の、市民である貯蓄者のための運用受託機関（fiduciaries）は、一般的に受益者に対して、どのような投資を必要としているかとか、受益者がそのプランを信頼しているのかということについて、いちいち尋ねたりはしない。しかし、それを行う運用機関もある。おそらくその最もよい例は、１０００億ユーロの資産規模と２００万人の加入者をもつオランダのヘルスセクターの年金ファンドＰＦＺＷ（Stichting Pensioenfonds Zorg en Welzijn）と、その運用機関であるＰＧＧＭであろう。この二つの組織は２０１１年半ば、「ブランド・トラッカー」という四半期ごとの受益者調査を始めた。この調査では、ファンドが受益者からどのように思われているのか、そして、ファンドが受益者のニーズを満たしているのかに関するデータが定期的に収集される（注28）。その結果は、戦略にも影響を与えている。たとえば、ＰＧＧＭは、その調査結果を、同社がこれまで行ってきた長期にわたるスチュワードシップ活動を支持するものとして引用している（注29）。やはりオランダに本拠を置くトリオドス銀行（Triodos Bank）もまた、顧客である預金者と預金の投資先とをつなげよ

（注28）　ＰＦＺＷとＰＧＧＭの好意により、２０１２年4月にデイビスに提供されたレポートによる。

（注29）　２００８年の学術研究によれば、オランダの年金加入者は、投資が社会的な責任を果たすために必要であれば、より高い保険料、あるいはより低い年金受給額を受け入れるであろうとされる。Derk Erbé, "StilleKapitalisten: Eensociologischonderzoek over de invloed en controle van deelnemers op het beleggingsbeleid van hunpensioenfonds" (University of Amsterdam, 2008).

うとしている。シェアアクションによると、「トリオドス銀行に預金口座をもっている顧客は、同行の貸出先の事業やプロジェクトについて、インタラクティブなオンライン地図や記事をみることができ、貸出先を個人的に訪問することもできる。そのような技術革新によって、抽象的でわかりにくい金融の世界を具体的で意味のあるものに変えることができ、それが人々の貯蓄を通じたエンゲージメントを活発にする。しかし、このような取組みは、年金業界ではまだほとんどみられない」とのことである（注30）。オンタリオ州教職員年金（Ontario Teachers' Pension Plan）、カルパース、政府が作った補完的な年金プランであるイギリスの全国雇用貯蓄トラスト（National Employment Savings Trust：NEST）なども、受益者の意見を集めている。しかし、こういった取組みを行う年金ファンドはまだ少ない。

受託者責任のDIY：フィデューシャリー・デューティー（受託者責任）は典型的には立法、規制、判例を通じて定義される。しかし、昔ながらの解釈が変化する市場にあわないことから、その定義は常にあいまいである。そこで、押し付けられたものではなく、一定の範囲において、自分自身で受託者責任とは何かを定義して実践する「自作（do it yourself）」アプローチをとる年金ファンドがいくつかある。

（注30） Triodos Bank, www.triodos.co.uk.

２０１２年のある会議で、カルパースのＣＥＯであるアンネ・スタウスボウルは「年金ファンドの受託者責任は、受益者の金銭的利益に直接関係すると通常考えられている領域の外側にある事柄にも拡張するべきである」と述べ（注31）、さらに、「投資家、企業、政策当局が気候変動その他の社会の持続可能性にかかわるリスクと機会に積極的かつ創造的に取り組むことを確実にすることが受託者としての役割である」と語った。この考え方はカルパースの次のような行動指針に埋め込まれた。「カルパースの投資意思決定は、それが受益者に対する受託者責任と整合的である限りにおいて、より広いステークホルダーの考え方を反映する」（注32）。運用機関は、たとえそれがかつては受託者責任の範囲外にあると考えられていたとしても、投資の結果に影響を与えるリスクを考慮に入れなければならない。

　オックスフォード大学の法学研究者であるクレア・モリナーリ（Claire Molinari）はこのアプローチに賛同している。持続可能な投資（sustainable investment）が受託者責任に対する違反であると考える金融仲介業者もあるが、彼女はそうした投資のアプローチは「忠誠心、慎重さ、分散、公平性といった受託者としての義務の内容にかなったものであると考えることもできる」と

（注31）　www.top1000funds.com/analysis/2013/08/16/calpers-a-new-framework-of-economy/.

（注32）　*CalPERS Beliefs: Thought Leadership for Generations to Come* (June 2014), p. 5. www.calpers.ca.gov/docs/board-agendas/201501/full/day1/item01-04-01.pdf.

述べている（注33）。このアプローチは２０１５年に、公的な後押しを受けることになった。国際連合の関連組織と責任投資原則（ＰＲＩ）が合同で、投資家が投資意思決定を行う際に、環境、社会、ガバナンスのＥＳＧ課題を考慮に入れることが、受託者責任の範囲内なのかという議論に「終止符を打つ」ことを目的として、詳細な法的分析を明らかにしたのである。この報告の明白な結論は、論争を根底から覆そうとするものだった。すなわち、「投資活動において、環境、社会、ガバナンスという長期投資における価値増加の重要な要素を考慮しないなら、受託者責任をまっとうしていないことになる」というのである（注34）。

パフォーマンスに対して支払う：ファンドマネージャーの報酬の決め方は、市民である投資家と運用機関の利害の不一致という慢性的な症状をもたらしている。貯蓄者の利益になる長期的な価値創造を行ったマネージャーではなく、運用会社を利する短期的な利益目標を達成したマネージャーにインセンティブ報酬が支払われるような構造になっている。そのような業界慣行に反発して、いくつかの運用会社が手数料体系を変えようとしてきた。ジェネレーション・インベストメント・マネジメント（Generation Investment Management）は「持続可能な資本主義（Sustain-

---

（注33） Towers Watson, *We Need a Bigger Boat* (August 2012).
（注34） United Nations Global Compact, UNEP Finance Initiative, Principles for Responsible Investment, *Fiduciary Duty in the 21st Century* (September 2015).

able Capitalism）」という論文を発表し、そのなかでファンドマネージャーの報酬と投資家の長期的利益の一致を提唱した。その論文には、「ほとんどの報酬スキームは短期的な行動を不釣合いなくらいに強調しており、ファンドマネージャーや企業経営者による……長期的な意思決定についての説明責任を確保できる仕組みになっていない。そうではなく、意思決定の結果が実現する期間と平仄をあわせて金銭的な報酬が支払われるべきであり、報酬額は長期的な価値を引き上げるファンダメンタルな要素に基づいて決められるべきである。パフォーマンス評価において、毎年、複数年度にわたる中間目標（milestone）を決めて、その達成度合いを測定すればよいのだ」と書かれている（注35）。他の運用機関にお金を預けている受益者も、同じような報酬基準を使うように要求することができるだろう。

ベンチマーク：機関投資家は、ファンドが上場企業の株式のオーナーとしてどのように振る舞うべきかに関する国家機関が定めたコードに対してしばしば好意的に反応してきた。たとえば、機関投資家は「スチュワードシップ」原則に関して建設的な協調行動をとってきた。いまではスチュワードシップ原則は、イギリス、南アフリカ、オランダその他の金融市場の骨格をなすまでになっている（注36）。これらのコードは、投資家が投資先企業といかに建設的な対話をすべき

（注35）Generation Investment Management, "Sustainable Capitalism" (February 15, 2012). www.generationim.com/media/pdf-generation-sustainable-capitalism-v1.pdf.

かについて述べている。しかし、ファンドそのものの内部ガバナンスに関する原則ということになると別の問題となる。アドバイザーも抵抗をおそれてか、雇い主である運用機関の内部ガバナンスについて問題を提起することに及び腰である。あるコンサルタントは優れたガバナンスをもったファンドの諸特徴を見事に示したが、そこでは受益者とのコミュニケーションや説明責任については触れていない。注目に値する例外は国際企業統治ネットワーク（International Corporate Governance Network：ＩＣＧＮ）だ（注37）。ＩＣＧＮは年金ファンド、運用会社などをメンバーとする投資家主導の職業団体であり、メンバーの運用資産規模は18兆ドルに及ぶ。ＩＣＧＮは２０１３年に、機関投資家の責任についての声明を採択した（注38）。そのうち六つは投資先企業に対するファンドの行動に関するものであり、残りの六つはファンド自身のガバナンスに関する野心的なガイダンスであった。これはとりわけ、受益者や個人投資家に対する機関投資家の

（注36） イギリスのコードについては次を参照。www.frc.org.uk/Our-Work/Codes-Standards/Corporate-governance/UK-Stewardship-Code.aspx; オランダについては次を参照。www.eumedion.nl/en/public/knowledgenetwork/best-practices/best_practices-engaged-share-ownership.pdf; 南アフリカについては次を参照。http://c.ymcdn.com/sites/www.iodsa.co.za/resource/resmgr/crisa/crisa_19_july_2011.pdf?hhSearchTerms=%22reponsible%22.

（注37） 著者のステファン・デイビスとジョン・ルコムニクはＩＣＧＮの創立者であり、デイビッド・ピットワトソンは同団体のディレクターである。

（注38） Institutional Investor Responsibilities (2013). https://www.icgn.org/policy/guidance.

説明責任に焦点を当てたものであり、本章で触れたほとんどの事項について言及している。ICGNの声明は機関投資家自身のガバナンスに関する初の国際的な基準として歴史的であり、「沈黙の第三者」であった受益者を各段階で明示的に参加させることにした最初のものである。

(3) ソーシャルメディア

ここまで、アカウンタビリティ（説明責任）を確保するための伝統的な手法をみてきた。すなわち、よりよい情報と、よりよいガバナンスである。しかし、ソーシャルメディアにおいても、アカウンタビリティの空白に対する別の解決策が登場している。かつて上場企業は投資家の重要度を、その持株の割合の大きさでランクづけすることができた。企業経営者は企業情報を簡単に管理することができたし、不満を抱えた従業員が企業にとって大きな問題にならないように押さえ込むこともできた。しかし、ソーシャルメディアがそれらの前提をひっくり返してしまった。今日ではインターネットカフェで独りタブレットを叩いている消費者、1株しかもっていない個人株主、ウィキリークスにひそかに情報を持ち込もうとしている不満を抱えた従業員たちが、ウォールストリートの巨大企業の命運を左右する潜在的な力をもっているのである。

フェイスブック、ツイッターその他のソーシャルメディアは、サイバー空間の前例のないほどの強力な増幅効果により、投資家、消費者、コミュニティのアクティビズムを加速することができる。ソーシャルメディアは資本市場で自らの意見を述べるための低コスト、高インパクトの道具になりえ、劇的にそうしたキャンペーンのコストを下げることができる。たとえば、ユナイテッド航空は２００９年に乗客のクレームに苦しみ、後にソーシャルメディア攻撃の犠牲になった企業の研究事例となった。ある乗客が荷物の移動の際に楽器を壊されたことについて平凡な不満を抱き、これを「ユナイテッドがギターを壊した」との題名でユーチューブにアップしたのだ（注39）。ユナイテッド航空はこのビデオの拡散により不意打ちを食らい、レピュテーションがひどく傷ついてしまった。

　投資家もクレーマーより頻繁ではないが、この手の騒動に参加することがある。ヤフーが最もよく知られた例であろう。２００７年にわずかな株数しかもっていない個人投資家であるエリック・ジャクソン（Eric Jackson）が彼のソーシャルメディア運動「ブレイクアウト・パフォーマンス」を通じて、大規模な株主反乱を引き起こしたのだ。２０１３年にはアクティビスト投資家のカール・アイカーン（Carl Icahn）がデル（Dell）の買収をめぐる争いにおいてツイッターを使い始め、瞬く間に７万６０００人のフォロワーをひきつけた（注40）。さらに、自宅アパートで

（注39）　www.youtube.com/watch?v=5YGc4zOqozo.

（注40）　David Benoit, "Carl Icahn Wants to Create Twitter Movement," *Wall Street Journal*, September 9, 2013, http://blogs.wsj.com/moneybeat/2013/09/09/carl-icahn-wants-to-create-twitter-movement/.

ブログを書いている、デイビッド・ウェブ（David Webb）という香港の個人投資家がいる。人々は彼に企業の不正に関する内部情報を提供する。香港の主流のメディアは国か、力のあるファミリーによってコントロールされているために、こうした情報は主流のメディアでは取り上げられないのだ。ウェブのブログは拡散し、いまでは大きな投資家も彼のブログを読むようになった。

しかし、ソーシャルメディアと金融セクターへの不満が組み合わさると、どれほど強い力になるのかを知るには、ロシアの例をみるのがよい。国家権力の好意で富がもたらされたり、面倒くさいジャーナリストが謎の死を遂げたりするこの国において、最も有力な反体制派の政治家は資本市場の濫用と腐敗についてブログで発信することからキャリアをスタートした。弁護士兼ブロガーから政治家に転じたアレクセイ・ナワリヌイ（Alexei Navalny）は、少数株主の権利と公平な資本市場を擁護することで著名になった。彼は、コメント、ニュース解説、裁判を通じて企業から引き出した内部文書を、ブログを通じて発信することで（注41）、ネットでの地位を確立した。透明性を確保しようとする彼の試みは、企業が好むと好まざるとにかかわらず、投資家の警戒だけでなく一般市民の抵抗を触発した。ナワリヌイは巧みなソーシャルメディアの活用によっ

（注41） http://navalny.livejournal.com/.

て全国的に有名な存在になったが、同時にそれが原因となって訴追され自宅監禁となったのかもしれない。彼のブログは引き続き国内外でフォローされており、ロシア政府が定期的にブロックしたとしても、それをかいくぐってソーシャルメディアを通じて発信されている（注42）。

力の強い者に対抗しようとするときに、ソーシャルメディアの水平化効果（leveling effect）が有効であることを知っている人もいるだろう。ソーシャルメディアのチャネルは日々変化しており、急速に勃興している。いくつかの例をみてみよう。

・ツイッターは資本市場で多くの情報交換や行動を引き起こすハッシュタグを有している。これらのハッシュタグには、#企業統治（corpgov）、#報酬への意見（sayonpay）、#議決権行使の委任状（secproxy）、#取締役会の運営（boardroom）、#フィデューシャリー（fiduciary）、#倫理（ethics）、#ＣＳＲ、#ダイバーシティ（diversity）、#ガバナンス（governance）、#報酬（compensation）といった特定の企業の動向や注目のトピックに関するストリーム（訳注2）が含まれている。

（訳注2）　ストリームはコンピュータ用語で、コンピュータが送られてきた順に処理するリアルタイ

（注42）　"Access Blocked to Major Opposition Sites and Navalny's Blog," *Moscow Times*, March 14, 2014, www.themoscowtimes.com/news/article/access-blocked-to-major-opposition-sites-and-navalnys-blog/496148.html.

ム性が高い連続データを指す。

・フェイスブックはガバナンスに詳しいコメンテーターを起用し、各コメンテーターがガバナンスにかかわる問題やイベントについてのメディア記事、ビデオへのリンク、意見を発信している。フェイスブック・グループは対話や集団行動を促進している。

・リンクトインは職業人を対象としたソーシャルネットワークだが、企業統治に関する双方向の対話を主宰するグループを起用している。そのうちカナダ発の対話サイトは、２万人以上の参加者を擁する。

・ハーバード大学ロースクールの企業統治と金融規制に関するフォーラムは、アメリカにおける企業統治に関する学術論文やコメントの重要な情報源となっている。スポンサー企業はツイッターのサイト@HarvardCorpGovで定期的に告知を掲載することにより、世の中への浸透力をおおいに高めてきた（注43）。

・企業統治に関するソーシャルメディアの先駆者は、カリフォルニア在住のジェイムス・マクリッチー（James McRitchie）によってつくられたwww.corpgov.netである。彼は１９９５年からニュースや分析を投稿し、サイト上での対話を促してきた。実質的に有史以前に起源をもつ

（注43） http://blogs.law.harvard.edu/corpgov/.

ようなものである。

・ブラジルにおける「キャピタル・アベルト（Capital Aberto）」や、アメリカにおける「取締役会メンバー（Corporate Board Member）」「取締役の心得（Directorship）」といった雑誌は、オンラインでの存在感を高めており、記事に関するオンライン対話を促している。

・ユーチューブにおいて「コーポレートガバナンス」で検索すると10万件以上のビデオがヒットする。

・ほかには集団行動を促進するために私的なプラットフォームを運営するグループがある。たとえば、責任投資原則（ＰＲＩ）は加盟した団体間の取引や協働のためにオンラインのクリアリングハウスを運営している。

資本市場に関するソーシャルメディアでの活動は、ほとんどが機関投資家および個人投資家を企業活動に注目させようとするものだった。機関投資家そのものに照準をあわせて扇動活動を開始する人々は数えるほどしかいない。時間がたてば、機関投資家のアカウンタビリティがソーシャルメディアの話題になると考えることは、合理的に思える。しかし、それは異なる道のりをたどるかもしれない。特定の事項について、アメリカの投資信託の議決権行使に影響を与えようとする草の根の運動がすでに勃興し始めている。

ソーシャルメディア騒動の種は企業の内部にある。強大な組織は時々、ソーシャルメディアの不満をかき立てる。したがって、顧客や従業員による、運用機関を対象とした情報のリークやキャンペーンといった脅威が考えられる。組織の内部をカバーするメディアはすでに存在する。人気のある金融ブログ「ディールブレイカー（Dealbreaker）」は、生意気かつ辛辣でタイムリーなコメントとともに、金融セクターの些細な過ちを、意表を突くようなかっこうで取り上げることから（注44）、ウォールストリートからロンドンのシティに至るまでの、ほとんどの金融マンの必読メディアになっている。

本書を書いている間にも、上記のようなキャンペーンがエネルギー業界にねらいをつけて進行中である。環境団体350.orgは大学生のソーシャルメディアを使い、大学基金（エンダウメント）に対して化石燃料に投資する企業やファンドを投資対象から外すように働きかけてきた。350.orgと責任あるエンダウメント連合（Responsible Endowments Coalition：ＲＥＣ）が使うおもなテクニックは、大学基金の運営委員会に学生代表が参加することと、大学基金の投資活動の透明化を要求するというものだ。あなたが脱化石燃料投資に賛成か反対かは別として、350.orgやＲＥＣが使う手法はすばやく、簡単かつ安価にいろいろな状況に適用することができるということは明らかだ。

（注44）　www.dealbreaker.com.

スマートフォン（スマホ）のアプリは少なくともいままでは、運用機関のアカウンタビリティを強化する目的では使われてこなかった。しかし、関連する分野での実例によって、どのように変化が起こるのかを想像することはできる。たとえば、２０１３年に発行された無料アプリのバイコット（Buycott）は、消費者の価値観と購買行動を結びつけることを目的としている。そのアプリは「あなたが使ったお金が、あなたが望まないものの財源になっていると想像したことがありますか」と尋ねてくる。スマホでアプリを起動すると、ユーザーは、バングラデシュでの労働者の安全などのキャンペーンを選んだり、そうしたキャンペーンを始めたりすることができる。キャンペーンを選んで買い物をしていると、開発者から次のような指示が来る。「アプリでバーコードをスキャンしてください。われわれのデータベースと照合し、だれが所有者かを調べます。その後、バイコットは親会社まで商品のオーナーシップをトレースし、その会社が、あなたが参加したキャンペーンの価値観に反していないかどうかをクロスチェックし、反しているかどうかをあなたに伝えます」。このアプリの明らかなリスクは、バイコットのデータベース上の情報が、ユーザーによるウィキペディアスタイルの検証活動に依存していることから、正確ではないかもしれないということだ。しかし、われわれは次のような質問をするアプリが開発されることを容易に想像できる。「あなたが貯めたお金が、あなたが望まないことに使われていると想像したことがありますか」。このアプリは、ユーザーが選択した基準に基づいて年金基金あるいは確定拠出型年金プラン同士を比較し、ユーザーに対して、運用機関の規約が市民である投資家の利益にどれくらい沿ったものかを教えてくれるのだ。

(4) 市民社会

地域団体、職業団体、調査機関、共通の信条で結ばれた団体、権利擁護団体、労働組合、メディアなどの市民社会団体（Civil Society Organizations：ＣＳＯｓ）が、健全な民主主義の文化にとって重要であることを説いている本はたくさんある。２０１０年、ヒラリー・クリントン（Hillary Rodham Clinton）国務長官は市民社会の支援をアメリカの外交政策の明示的な優先課題とした（注45）。国務省は「民主主義が繁栄するためには堅固な市民社会が必要である」と主張し、クリントンは、ＣＳＯｓが「民主的な統治と広範な繁栄の両方を支えるものである。こうした団体を構成する市民が力を得て、共通の利益を、共通の善を目指した共通の行動に転化できるとき、社会が前進する」と論じた（注46）。

（注45）　ヒラリー・ロダム・クリントン国務長官による民主主義共同体（Community of Democracies）でのスピーチ（クラクフ、２０１０年7月3日）。http://iipdigital.usembassy.gov/st/english/texttrans/2010/07/20100703224911ptellivremoso.4888836.html#axzz3nyrKbWVZ.

（注46）　*Fact Sheet on Non-Governmental Organizations in the US*, January 12, 2012, http://iipdigital.usembassy.gov/st/english/texttrans/2012/01/20120130171036romao.1718823.html#axzz2eKQtP9A8.

資本市場におけるＣＳＯｓの存在感は急速に増している。ＣＳＯｓは長年、市民の関心をＣＥＯの報酬、取締役会の多様性、気候変動、政治献金、職場の安全などの問題に向けてきた。次のフェーズにおける市民社会の行動は、ソーシャルメディアと同様に、機関投資家の振る舞いに向けられるかもしれない。これまで、ＣＳＯｓは株式、不動産、コモディティの所有者としての運用機関に焦点を当てていた。新しく台頭してきたＣＳＯｓは、運用機関の説明責任と透明性、つまり内部ガバナンスの特性に照準をあわせている。すでにいくつかの市民団体は、市民である投資家に対する運用機関の説明責任に注意を向けることを呼びかけている。

民間企業が社会的責任を果たすべきだと考える市民団体が、最初に突破口を開いた。２００７年に広まった、興味深いビデオをみてみよう（注47）。ある男性と女性が、彼らの運用ポートフォリオについてアドバイザーと相談している。そのアドバイザーがエネルギー株とテクノロジー株で儲かったことを説明し、２人はバインダーをめくっている。アドバイザーが「不動産で少しやられましたが、大量殺戮でそれ以上に取り返しましたよ」という。殺された子供たちの写真に目を落とし、びっくりしている２人をちらっとみて、そのアドバイザーは安心させるように頷きながらこういう。「そうです。あなたたちはダルフールで殺人に関与しているのです」。

（注47）“You're Making a Killing in Darfur” (Save Darfur Coalition, October 1, 2007), www.youtube.com/watch?v=y3lTNgu-Nf4. 次も参照。Investors Against Genocide at www.investorsagainstgenocide.org.

フェードアウトする画面とともに「あなたの投資信託は大量殺戮の資金源になっていますか」というアナウンスが流れる。このビデオの製作者である「ダルフールを救う同盟（Save Darfur Coalition）」は、この大胆なメッセージによって、この団体が大量殺戮に関与していると考える企業への投資を行うアメリカの投資信託へ、お金を預けないように注意喚起しようとしたのだ。

ほかの団体も同じような手段を使って、市民による運用機関への圧力を喚起しようとしている。アセットオーナー情報開示プロジェクト（The Asset Owner Disclosure Project：ＡＯＤＰ）は、気候変動問題への取組状況について機関投資家をテストし、最終的な受益者が、気候変動リスクについて認識し、その課題に取り組んでいるファンドと、そうでないファンドを見分けることができるようにしている（注48）。３４８の機関投資家が二酸化炭素の排出に価格をつけるよう求めたあと、ＡＯＤＰは世界最大の運用会社１０００社（運用資産総額70兆ドル）に対して、彼らのポートフォリオに含まれている高炭素資産がいくらかを尋ねた（注49）。同様にアメリカの環境団体のセリーズ（Ceres）は、気候変動問題に関する投資信託の議決権行使状況を比較す

（注48） www.aodproject.net.

（注49） Megan Darby, "No Greenwash: Investors Urged to Disclose Climate Strategy" (Responding to Climate Change, September 9, 2014), www.rtcc.org/2014/09/30/no-greenwash-investors-urged-to-disclose-climate-strategy/.

るレポートを定期的に公表している。それによって市民がその資産を運用・管理しているファンドに対して、気候変動問題について取り組むよう働きかけることを促したいのだ（注50）。また、350.orgはすでにいくつかの大学基金に対して化石燃料にかかわる投資をやめるよう働きかけ、実際にやめさせることに成功した（注51）。アメリカ労働総同盟・産業別労働組合会議（ＡＦＬ-ＣＩＯ）は企業における過剰なＣＥＯ報酬という問題について、似たようなアプローチをとっている（注52）。ＡＦＬ-ＣＩＯは、組合員は自分の資産を預けている運用機関に対して、この目的に沿って行動するよう求めるべきだと主張している。

他のグループは単一の問題に焦点を当てるのではなく、アカウンタビリティの空白を最優先課題としている。２００５年に当初フェアペンション（FairPensions）として設立されたイギリスのシェアアクション（ShareAction）は、「年金の受益者が年金運用のあり方にもっと関心をもち、投資業界が年金受益者、個人投資家に対してもっと透明性をもち、説明責任を果たすように

（注50） たとえば、次を参照。"New Study: More U.S. Mutual Fund Companies Supporting Climate Change Resolutions, but Big Firms Still Lagging," Ceres media release (June 5, 2013), www.ceres.org/press/press-releases/new-study-more-u.s.-mutual-fund-companies-supporting-climate-change-resolutions-but-big-firms-still-lagging.
（注51） www.350.org.
（注52） "Mutual Funds and CEO Pay" (AFL-CIO Executive Paywatch), www.aflcio.org/Corporate-Watch/CEO-Pay-and-You/Mutual-Funds-CEO-Pay.

なることを強く望む」といっている（注53）。この団体は、貯蓄者が草の根レベルで「自らが属する年金スキームに責任ある投資家になるよう訴えてほしい」といっている。「加入者は年金スキームに対し、環境的、社会的、金銭的な責任を果たしてもらいたいと考えていると主張することが必要なのだ。それは別の見方をすれば、あなたと未来の世代が住む世界をかたちづくるために、あなたが拠出する資本がどう使われるかに、あなた自身が責任をもつということなのだ」と。アメリカのプロクシーデモクラシー（ProxyDemocracy）も同様のやり方を採用している。この団体は投資信託の議決権行使内容を公表し、計量的な基準によってそれぞれの投資信託の「アクティビズム・スコア」をはじき出している（注54）。この団体のウェブサイトは「われわれの仕事は、あなたが投資している投資信託がちゃんとあなたを代表しているのかをわかるようにすることだ」と説明している。「もしあなたがそう思わないなら、その投資信託にそのことを知らせるか、あなたを代表してくれる新しい投資信託に乗り換えましょう」。カナダの研究と教育のための株主協会（Shareholder Association for Research and Education：ＳＨＡＲＥ）は、運用機関が市民投資家のために議決権を行使しているか、とりわけ、ガバナンス、環境、社会問題についてはどうかをチェックしている（注55）。イギリスの労働組合会議（Trade Union Congress）

（注53）　www.shareaction.org. 共著者のステファン・デイビスはシェアアクションの社外トラスティである。
（注54）　www.proxydemocracy.org/fund_owners.

は、労働者ベースの代議員ネットワーク（Trustee Network）に出資することにより、ファンドのガバナンス良化に広く取り組んでいる（注56）。証券アナリストを認定する、由緒正しいＣＦＡ協会は「年金代議員行動規範（Pension Trustee Code of Conduct）」を流布することで一定の役割を果たしている（注57）。

１９８０年代に南アフリカのアパルトヘイトに反対する投資忌避運動を支持したように、大学生たちはここでもよくやっている。すでに言及した責任あるエンダウメント連合（ＲＥＣ）は責任ある投資を呼びかけるだけではなく、ガバナンス改革を要求している。「より広い範囲の大学コミュニティ、特に学生と卒業生は、大学基金の管理・運用方法について、一定の発言権を確保しなければならない」と（注58）。

オックスフォード大学のより積極的な学生団体は、２０１３年12月に「あなたの両親の背中を押そう」と銘打ったキャンペーンを打ち出し、市民運動の新たな前線を切り開いた（注59）。プ

（注55） Shareholder Association for Research and Education, www.share.ca.

（注56） Trade Union Congress: Member Trustees, https://www.tuc.org.uk/economic-issues/pensions-and-retirement/member-trustees.

（注57） CFA Institute, "Pension Trustee Code of Conduct," www.cfainstitute.org/ethics/codes/pension/Pages/index.aspx.

（注58） Responsible Endowments Coalition, www.endowmentethics.org.

ロジェクトの開始前に暫定的に流していたタイトル、「ねぇ、お母さん、お父さん、あなたたちの年金が僕たちの将来を×××（台無し）にしているってこと、知っていた?」は、もっと表現力に富んでいた。この団体の設立者たちは、家族の資産を運用する運用機関が説明責任を果たしていないことを両親に警告したいのだ。彼らは、両親が自分たちのお金を預けたファンドの管理・運用方法について発言することを望んでいる。

新しいＣＳＯｓは間違いなく、運用機関のアカウンタビリティの改善に向けて、新しいアプローチを採用するだろう。たとえば、政策アントレプレナー（訳注3）のマーシー・マーニンガン（Marcy Murninghan）は、「市民スチュワードシップ連盟（Civic Stewardship Leagues）」という構想を地方支部と一緒に打ち出した。これは、女性有権者連合（League of Women Voters）がアメリカの政治についての議論を促したのと同じやり方で、市民に対して、納税者によって支えられている公的基金や財団基金が行う投資が環境、社会、ガバナンスに与える影響について考えることを促すものだ（注60）。そのほかにも、よく考えられた試みが定期的に出現している（注61）。おそらく、この分野が成長していることを示す、最も確実な兆候は、機関投資家のアカウ

（注59） www.pushyourparents.org.

（注60） *Murninghan Post,* August 29, 2013, http://murninghanpost.com/2013/08/29/lets-bend-the-arc-of-money-and-power-toward-justice/.

ンタビリティ促進をビジネスチャンスと考える企業が現れていることである。たとえば、市場分析会社モーニングスター（Morningstar）とブライトスコープ（BrightScope）は、ガバナンスに関する基準によってアメリカの投資信託を比較するツールを提供している。コンサルティング会社のマーサー（Mercer）やタワーズワトソン（Towers Watson）は、ファンド・ガバナンスについて助言を行う部門を立ち上げた。ほかにも、より専門的な民間サービスが登場しそうだ。

（訳注3）政策アントレプレナー（policy entrepreneur）とは、政治過程において、新たな政策を考案して実現に向けて働きかける役割を果たす者を指す。

市民に力を与えようとするこれらのアイデアは、単純な常識にのっとったもののように思える。市場が機能するために、われわれは明確な情報をもつべきだし、金融セクターが顧客のために生産的に働くように、規制当局が努めるべきことも当然だ。しかし、そうした条件が満たされることはまれである。われわれは、間違ったインセンティブが顧客のためにならない行動を促進することを許してきたし、資本市場に短期売買が蔓延することを容認し、市民である投資家が有する運用機関に影響力を行使する権利を無視してきた。われわれはまた、次章でみるように、市場を規制する方法を完全に間違えてきた。

（注61）たとえば、Paul Woolley at the Centre for the Study of Market Dysfunctionality, London School of Economics. 次を参照。www.lse.ac.uk/fmg/researchProgrammes/paulWoolleyCentre/home.aspx.

まとめ

・資本主義における責任あるオーナーシップとは、金融システムが最終受益者の利益を反映する必要があるということである。この原則がインベストメント・チェーンのなかのすべての金融仲介業者に適用されなければならない。

・インベストメント・チェーンのなかでおそらく最も重要な金融仲介業者である運用機関と、運用機関が奉仕すべき受益者の間には、だれがだれに対して説明責任を果たし、果たされるかの関係でつながったアカウンタビリティのチェーンの空白が存在する。

・標準的なガバナンス体制の不十分さのために、資産運用業界は自らが奉仕するべき者の利益を反映していない。われわれの貯蓄をコントロールする者がわれわれの利益を代表することはほとんどなく、時には利益相反を起こし、われわれの貯蓄を管理するのに十分な能力を備えていないことさえある。

・規制や資産運用業界での自主的な動き、ソーシャルメディアによって促進される革新的な市民運動に、これらの問題の解決策がみられる。

第5章

新たな規制の配置

２００８年の金融危機は、世界の経済から富を消失せしめる一方で、金融規制のブームをもたらした。崩壊の余燼がくすぶるなかで、こうした危機が再び起こらないようにすることを目的にして、数多くの法律や規制が承認された。それは、気が遠くなるほど広範かつ複雑な活動である。アメリカで、ドッド・フランク法（Dodd-Frank Act）と呼ばれる規制の主軸は８４８ページにわたり、４００の新たな規制の制定を義務づけ、それらは続いて2万ページの規制を生み出すと見込まれている。ヨーロッパでは、銀行による新規制の遵守を確保するためだけに、７万人の職員を新たに雇い入れる必要があると試算するアナリストもいる（注１）。

２０１２年８月、各国の中央銀行総裁たちはワイオミング州、ジャクソンホールで開催された

（注１） P. Harle, E. Luders, T. Pepanides, S. Pfetsch, T. Poppensiekr, and U. Stegemann, "Basel Ⅲ and European Banking", McKinsey Working Papers on Risk no. 26 (McKinsey, 2010). 経済学者のアンディ・ハルダンは、１９２９年の大恐慌への対応であるグラス・スティーガル法（Glass-Steagall Act）は37ページだったと記している。１９８８年のバーゼルⅠは30ページ、２０１０年のバーゼルⅢは６１６ページだった。バーゼルⅠのリスクウェイトは5区分で、紙とペンがあれば計算できた。バーゼルⅢでは、数百万回の計算が必要になる。それは経営判断にとってかわるものではなく、経営判断をサポートするためのものだった。１９８０年のイギリスでは、８０００人の金融機関職員に対して1人の規制担当者がいる計算だった。今日では、３００人に対して1人の割合になっている。１９３０年に米国通貨監督庁（ＯＣＣ）への報告項目は80ほどだったが、１９８６年にはエクセルで５４７列になり、２０１１年には２２７１列になった。２０１２年８月31日に行われた、ワイオミング州、ジャクソンホールでのアンディ・ハルダンの講演「犬とフリスビー（The Dog and the Frisbee）」による。

年次シンポジウムに集まり、イングランド銀行（中央銀行）の金融安定化局長、アンディ・ハルダンによる研究結果の発表を心待ちにしていた。ハルダンは簡単な問いを提示していた。「こうした新たな規制は、先の金融危機をより正しく予想し、回避するのに役立ちえただろうか」。彼はとりわけ、銀行の「支払能力（solvency）」、すなわち、銀行が将来の危機に際してもちこたえられるだけの自己資本を有しているかを計算するために使われる国際的なルールを取り上げていた。１９８０年代、それはバーゼルⅠとして知られる取決めに記されており、簡単な経験則に基づいて計算されていた。２０１２年までに、バーゼルⅢ合意は、貸出金が不良化する可能性に応じて自己資本を積ませるために、バーゼルⅠよりはるかに洗練されたシステムを打ち出した。こうした何年間にもわたる努力の末に、バーゼルⅢはバーゼルⅠよりどれほど改善したのだろうか。ハルダンが告げたのは、二つの悪い知らせだった。第一に、どちらのルールも破綻を予想するのにあまり役に立つものではない（注２）。第二に、バーゼルⅢはその洗練度にもかかわらず、実際には銀行の破綻を予想する能力においてバーゼルⅠより劣り、バーゼルⅠは簡単な財務指標よりも劣る。言い換えると、金融規制のブームは金融システムの予見可能性と信頼性を増すことに役立つどころか、その正反対の事態をもたらした（注３）。

危機の前でも後でも規制当局の対応が無力だったことから、将来、経済的なショックが起きれば、金融システム、ひいては市民が再び損害を被る可能性がある。ルールのためのルールではなく、システム全体が最高の成果を生み出すことに役立つ、新たな規制の枠組みが必要である。しかし、その枠組みを紹介する前に、われわれは一歩退いて、別の基本的な問いに答えておく必要がある。「規制はなんのためにあるのか」という問いである。

規制はなんのためにあるのか

われわれは通常、「市場経済」のもとで活動していると思っている。つまり、売り手と買い手が、何が生産されるべきか、それがいくらで売られるべきかを決めるということである。しか

（注2）銀行破綻の原因についての、より示唆に富む洞察として、ブリーリー（R. A. Brealy）、クーパー（I. Cooper）、カプラニス（E. Kaplanis）の論文がある。彼らによれば、重要な要素はアメリカの銀行との親密度、単純なレバレッジレシオ、資金調達構造の脆弱さ（つまり、貸し手が資金を引き揚げる可能性）であった。彼らは、バーゼルⅢの根本的な問題は、そのコントロールしようとする対象が間違っているところにあると指摘している。バーゼルⅢは、リスク（risk）、すなわち各銀行にとって「発生するかどうかわからないが、発生しうることがわかっている事象（known unknowns）」に焦点を当てており、不確実性（uncertainty）、すなわちシステム全体にとって「発生しうるかどうかもわからない事象（unknown unknowns）」については不問に付している。R. A. Brealey, I. Cooper and E. Kaplanis, "International Propagation of the Credit Crisis: Implications for Bank Regulation", *Journal of Applied Corporate Finance* 24, no. 4 (2012): 36-45.

（注3）Haldane, "The Dog and the Frisbee."

し、この市場経済は数多くの規制の影響を受けている。水道の蛇口からコップ1杯の水を出すときも、その水の品質についての規制がある。水を届けるためのパイプについても規制がある。自動車のエンジンをかけるときも、その燃料やすべての部品について規制されている。家を増築するときも、用途地域や建築についての規制をクリアしなければならない。そして、当然のことながら、たいていの金融取引は契約に基づいて行われ、その契約が有効かつ執行可能であるためには契約法が必要とされる。

規制の対象となるのは、われわれが購入する製品やサービスだけではない。それらが製造、販売されるプロセスも規制の対象となる。われわれが加工食品を購入するときに、どのような情報が提供されるべきかについても規制が決めている。クレジットカードを使うとき、年金商品を買うときに、しばしば取引の進行に沿って複雑で長ったらしい情報提供が行われるのも、規制がそれを命じているからだ。また、規制は、独占を禁止することによって、製造業者が顧客を食い物にすることを防いでいる。

このように、われわれの生活が営まれる市場経済は多くの規制のもとにある。では、こうした規制の目的はなんだろうか。

市場を規制する理由は、自動車のエンジンを規制する理由と同じく、それがきちんと機能するようにするためである。市場では、だれもが消費者、あるいは、職業人として、自分が買いたいものを買い、自分が支払いたい値段を支払えるようにしなければならない。同様に、市場では、何を供給するか、それにどのような対価を求めるかが製造者自身で決められなければならない。適切な競争が行われれば、こうした自律的な決定は、消費者が自身にとって最高の取引を選択しうることになる可能性を高め、製造者の間で十分な競争が行われるならば、供給は製造コストを反映した価格で行われることになるだろう。

以上は、一定の条件が満たされた場合にのみ現実のものとなる。条件の一つは、生産と消費が他に影響を与えないことである。たとえば、製造過程で他の人が使う水が汚染されることがあってはならない。市場がこうした「外部経済性（externalities）」をもたらす場合（商品の価格に含まれないコストや便益が存在する場合）、他の人の使う水が汚染されたという損害が製造者にも消費者にも転嫁されないために、市場はうまく機能しない。同様に、購入者が何を購入しているかを認識していない場合、購入者はひどい品物を買わされてしまうかもしれない。ここでも市場はうまく機能しない。

理論的には、こうした問題は市場自身に解決させることができる。製薬業界に対する規制を例にとろう。われわれのほとんどは、病気を治すために飲んでいる化学物質が実際にどのように身体に影響を及ぼしているかを知らない。したがって、ひどい製品を買わされて危害を受けることがありうる。したがって、われわれは製薬業界を規制する法律を制定するわけだが、必ずそうしなければならないというわけでもない。詐欺師と倫理的な製薬業者を一緒に競争させて、患者が医者の処方箋に従うかどうかを決める前に、競合する薬について医学的な研究を読むことができるようにすればいい。しかし、個々人がそうした研究を見つけて評価するのにかかるコストは甚大であろう。経済学者なら、「取引費用（transaction costs）」が高すぎるというだろう（注4）。製薬業者が薬の便益と安全性を主張するときには一定レベルの審査を通過していなければならないという法律をつくるほうが、コストがかからないだろう。

当然、規制はなるべく少ないほうがいいと主張する人もいる。本書執筆時点で、イギリス政府は、「規制の負荷（burden of regulation）」（注5）を軽減するための重要なプログラムに取り組んでいる。しばしば規制は、ばかげた、どうでもいいもののようにみえる。規制を遵守するだけではなく、遵守状況を文書化して報告するためにもコストがかかる。加えて、規制がない分野では

（注4）　同様に大きなコストがかかるが、「外部経済性」の問題は、人々すべてに清浄な空気に対する権利を付与し、汚染者がその権利を買い取ることを可能にすることによって解決されうる。もっとも、そうするための取引費用はとても大きいだろう。より詳細には次を参照のこと。R. H. Coase, *The Firm, the Market, and the Law* (University of Chicago Press, 1988).

（注5）　２０１２年12月19日にアップデートされた「ビジネスに対する規制の影響削減に向けて」を参照。ここでは、ビジネスに対する規制において「一つの規制の導入時には二つの規制を廃止する（one on two out）」というルールの適用が約束されている。www.gov.uk/governmentgovernment/policy/reducing-the-impact-of-business-on-regulation.

市場が規制の空白を埋めることができる。友人、あるいは消費者向けの雑誌（Yelp、Trip Advisor、Edmundsなど）やウェブサイトから得た情報は、われわれが最良の製品を購入すること、あるいは最良の取引をすることに役立つ。企業は自社の製品にブランドを付与し、それが期待された品質基準を満たすことを約束する。そして、ブランドを守り、評判が傷つくことを避けるために多大な努力を傾ける。モバイル・コンピューティングの発達により、商品をその場で比較して購入することばかりか、商品やサービスのレビューをクラウド・ソースでリアルタイムで閲覧することが可能となり、規制なしで問題を解決しようとするアプローチに革命的な進化がもたらされた。

　規制をめぐる中心的な疑問の一つは、何が市場に委ねられ、何が規制されるべきなのかという自然な問いである。金融危機後、振り子は規制をかける方向に大きく揺れた。しかし、規制は市場を代替するものではない。規制は、市場がなすべきことをなすように助けるものだ。市場がなすべきこととは、消費者が望む商品、サービスを、最低のコストで、消費者自身やほかの人たちに与える悪影響が最も小さくなるようなやり方で、提供することである（注6）。

　市場がよりよく機能するために規制があるという基本的な点について合意ができたとしても、

（注6）　実際、企業や産業が民営化されたときに、規制当局が設置される例をしばしば観察することができる。

規制がどのように組み立てられるべきかについては他の問いが残されている。市場が期待どおりに動いているかをどのように決めるのか、そして、期待外れがどの程度の水準になったときに規制が介在すべきなのか。

今日、規制はどのように行われているか

今日、支配的な規制のアプローチは、問題を特定、分離し、その再発を防ぐべく規制するというものである。個々の取引、あるいは個々の主体を考慮した結果、何か問題が起きている、あるいは起きそうだと考えられる場合に、問題の発生を防ぐために規制が行われる。このアプローチを「局所的な規制（atomized regulation）」と呼ぶことができる。

ハルダンの論文が焦点を当てた銀行の場合であれば、危険は、銀行が信用リスクの高い人々に高い金利で貸し付けることによって、短期的にはたくさんのお金を稼ぐことができるところにある。初期に債務不履行はあまり起きないため、この行動は一時的にとても儲かるようにみえる。しかし、不況が来れば、借り手は返済に行き詰まり、銀行も預金者に払い戻すことができなくなる。この事態に対処するため、バーゼルの国際的な規制当局は、さまざまな種類の貸付に対して適用される、かつてないほど複雑なリスクの分類をつくりあげた。リスクをカバーするために、

さまざまな種類の貸付について、それぞれ異なった水準の自己資本を積むことが要求される。

個々の製品、サービスに着目する、こうした局所的なアプローチは金融規制において典型的である。たとえば、クレジットカード取引の公正さを確保するため、規制当局は、消費者が当該取引に関するすべての取決めを知る必要があると考えた。その結果、アメリカでクレジットカードをつくろうとすると、31ページにわたる詳細な法定書類を受け取らなければならなくなった。30年前、それは1ページ半だったのである。これを進歩といえるだろうか。熱心に消費者の権利を擁護する活動を行っているエリザベス・ウォーレン（Elizabeth Warren）上院議員は、ハーバード大学で契約法を教えているにもかかわらず、自分のクレジットカードの契約書を理解することができなかったといっている（注7）。

この局所的なアプローチによれば、規制当局がどんどん増殖することは明らかである。危機が起こるたびに、すでに終結した戦いを遂行するために編成された一連の新たな法律が成立するのだから。

このアプローチにはほかの問題もある。

第一に、このアプローチは、システムの各部分がうまく設計されていれば、システム全体もう

（注7）　次のインタビューを参照。www.pbs.org/now/shows/501/credit-traps.html.

まく機能することを前提にしている。それは、最初の人がエンジンを選び、2番目の人が最初の人の選択とはまったく独立にトランスミッションを選び、3番目の人が車台を、4番目の人がブレーキを、といったかたちで自動車を設計すれば、最後には最高の自動車をつくることができると考えることと同じようなものだ。これは、しばしば「合成の誤謬（fallacy of composition）」と呼ばれる。つまり、システムの各部分が機能すれば、システムそれ自体も機能するというわけだ。次のように考えてもいいだろう。われわれは、鎖の強度は、その最も弱い環の強度によって決まることを知っている。そこで、規制当局は「弱い環（week links）」を強くしようとする。ところが、すべての環を太くしてしまうと、鎖が柔軟さを失う可能性が高くなる。それぞれの環は強くなったかもしれないが、大きすぎて隣接する環とうまく連動することができないのだ。現実には、鎖は壊れやすくなっているだろう。すべての環が強くなったとしても、鎖は曲げようとすると壊れてしまうだろう。金融においても、それぞれの金融市場が「安全（safe）」であるように局所的に規制されていたとしても、それで金融システム全体が安全であるとは限らない。あるいは、個々の市場参加者の間で発生する予測されない事態に柔軟に対処できるとは限らない。

　局所的な規制の第二の欠点は、数学的なリスク管理モデルを使って、ある程度正確に将来を予測しなければならないことだ。しかし、第2章で述べたように、こうしたモデルは役に立たない。予測モデルは経済にストレスがかかった時期、平常ではない時期にこそ最も必要とされるのに、そうした時期には機能しなくなる。また、銀行や積立貯蓄口座のような単一の主体において機能しないモデルが、どうして借り手と貸し手が織りなす複雑なシステムの状況を見通すことができるといえようか。以前の規制が前回の危機を防げなかったのと同じように、そうしたモデルが次の危機を防げると期待することはできない。

第三に、個々の主体にフォーカスして「これをしろ」「あれをするな」と命じるだけのアプローチは、個人や団体がそもそもなぜ望ましくない行動に出るかに関心を寄せることがない。かわりに、そうした規制は、規制の対象者が規制をくぐり抜ける、あるいは迂回するように仕向けてしまう。ウォーレン上院議員が、クレジットカード業者がいまや提示しなければならない29ページも増えた情報について語ったように、そこには「ごまかしと罠（tricks and traps）」がある。規制対象者の1人がそうした「ごまかしと罠」を見つけて利益をあげると、ほかの対象者もすぐにそれを真似する。そのうち、ますます多くの人が抜け穴を見つけてそれを利用するようになる（注8）。

第四に、規制当局が重い責任を引き受けるようになるにつれ、システムのなかの人々は規制当局の文書に従ってさえいれば、自分の責任は果たしたと感じるようになってしまう。この現象は

（注8）　注7と同。

次に、システムを安定化させ、その有効性を維持するのに役立つチェック・アンド・バランスの機能を低下させる。重役たちは、法律を遵守してさえいれば、規制対象団体の行動についての自分たちの責任は免除されたと考えてしまうようになる。

ここから第五の問題が生ずる。市場はダイナミックであり、常に変化しているにもかかわらず、ルールはその性質上、硬直的であるために、局所的なアプローチは時間とともに機能しなくなってくる。規制は新しい製品やサービスが安全なのか、有害なのか、それともその中間なのかを迅速に決定しなければならない。問題が生じたとき、規制当局はジレンマに直面する。彼らは新たな規制を提案しようとするが、政治の現実に阻まれて、それは不可能か、時間がかかるものになってしまう。その結果、規制はいつも市場に遅れ、その遅れはしばしば何年間にもなってしまう。あるいは、規制当局は既存の規制を、その起草者が夢にも思わないようなかたちで新しい状況に拡張適用することもできる。これは現実にあわず、意図せざる結果を生む。オバマ（Obama）大統領のサイバー・セキュリティ担当特別顧問、マイケル・ダニエル（Michael Daniel）が、迅速に変化するある分野について述べたように、「速く動いて悪い奴らに追いつくのはむずかしい」のだ（注９）。

（注９）２０１４年10月13日、ワシントンＤＣにおける、全米取締役協会（National Association of Corporate Directors）に対するマイケル・ダニエルのスピーチ。

われわれは公正でダイナミックな経済にもっと適したシステムをつくりあげることができるだろうか。規制当局は、システムを構成する主体に指示・命令することにばかり血道をあげるのではなく、主体たちの構造と相互作用に目を向け、逸脱を自分自身で是正する行動を促すポジティブな倫理観とシステムの仕組み（注10）をつくりだすことができるだろうか。われわれは、それは可能だと信じている。

よりよいアプローチ：「全体的な規制」

こうしたシステムは部分的な修正ではなく、総体としてデザインされなければならない。川の沿岸で洪水が起きないように制御することを使命とする水利エンジニアを考えてみてほしい。上流で新しい農業技術が採用されれば、嵐のたびに川はあふれて堤防を破り、沿岸を水浸しにす

（注10）これは経済学における一般均衡論の前提となる仮説ともいえ、規制に対するある種の局所的なアプローチを支持する根拠となりうる。われわれとしては、逸脱しても自分自身で均衡に戻るポジティブな行動は当然のものではなく、そのような仮説が多かれ少なかれ成り立つようなシステムの構築を支援することこそが規制当局の仕事であるということに注意を促したい。それは、世界で最も優秀なサイバー・セキュリティの規制当局が採用するアプローチである。彼らは厳格なルールをつくろうとするかわりに、枠組みと仕組みをつくりあげた。素早く変化する環境では、厳格性は脆弱性を意味することを知っているのだ。

る。エンジニアが最初にやることは、すべての家の周りに防水壁をつくることだ。しかし、本当に大きな嵐がやってきたら、これらは役に立たない。そこで、新しい堤防をつくることになる。しかし、それは、あふれた水をより下流に流すだけだ。エンジニアの仕事にはきりがない。洪水を制御するために次から次へとプロジェクトを任されるが、それらは一時しのぎにすぎない。結局のところ、川沿いの地域を守るためには、新しい農業技術が下流で副作用を引き起こさないように、農業技術そのものを変更するしかない。エンジニアは個々の土地・建物が水浸しにならないように配慮するだけではなく、川のシステム全体を考慮しなければならない。

　金融規制についても同じことがいえる。システム内の問題のある取引や特定の会社に注意するだけではなく、金融システム全体を視野に入れなければならない。規制の目的は、金融システム全体を機能させることにあるのだから。そこで、次の質問が提起される。「機能する」とはどういうことなのか。製薬会社の成功を薬の瓶を何個つくったかで計測することができないのと同じように、金融システムの成功をそこで行われた取引の数で判断することはできない。製薬会社の成功は、その会社がつくった薬が最終的にどれだけの病気を治したかにかかるはずだ。ある産業のお金を稼ぐ力は物差しにはなりえない。それは、成功の結果にすぎない。成功したかどうかは、その産業が社会にどれだけの価値を提供したか、言い換えると、活動の成果によって測られる。われわれは金融市場についても同様の基準を適用しなければならない。

こうした出発点を設定すると、現在よりもさらに多くの規制が課されるようになると反対する人がいるかもしれない。実際には、この30年間で爆発的に増えた規制の数を考えれば、それより規制の数ははるかに少なくてすむだろう。さらに、特に自由市場の信奉者にとって、われわれの考え方の筋道は必然であるはずだ。われわれの目的は、自由市場を正当化する諸特性を回復することにあるからである。

金融市場が機能しているかどうかをどのように計測すればいいのだろうか。第1章において、われわれは金融システムの目的について議論した。それは、投資家・貯蓄者にとってのリターンを最大化し、お金を借りようとする人の費用を最小化するようなやり方で、投資家・貯蓄者と借り手をマッチングすること、お金を安全に保管し、支払システムを提供すること、法律が尊重され、株主から委ねられた権限が適切に行使されるように、会社のガバナンスを監視することにあった。こうしたサービスを、公衆に費用を押しつけるような外部経済性を生じさせずに、最も低い費用で提供できる度合いに応じて、システムの有効性が測られるべきである。したがって、GDPの5パーセントを占める金融システムは、同じサービスをGDPの10パーセントで提供する金融システムより望ましいということになる。

規制が行き届いた金融システムでは、金融サービス産業が最低のコストでその機能を提供する。そうなっていないとしても、新しい規制が必要になるわけではない。規制が必要かもしれないが、反射的に必要だと考えられるべきではない。言い換えると、市場の失敗は規制の必要条件だが、十分条件ではない。規制には費用がかかる。個人の行動をむやみに規制すべきではないのと同じように、市場を軽々しく規制すべきではない。また、イノベーションや競争を制限すべきではない。規制当局は、取締りの目的を明確に表現しなければならない。そして、違反が生じた後に取締りを強化するのではなく、まずは規制対象者に正しい行動をするインセンティブがわくように制度を設計しなければならない。規制当局は、規制が成功したかどうかを、システムが成功したかどうか、システムが正しい行動と結果をもたらしているかどうかによって判断すべきである。われわれは、こうした大局的な見方を「全体的な規制（systemic regulation）」と呼ぶ。

さらにいえば、規制当局の選択は、単純な「市場か、規制か」ではない。市場は、参加者の性質に応じて非常に異なる振る舞い方をする。業者がどのように競争するか、顧客はどれだけ賢いか、情報の適切さ、信頼性、入手しやすさはどうかといったことに左右されるのだ。規制は行動を制限するだけではなく、結果を導く市場の制度を形成するためにも使うことができる。水利エンジニアのたとえを再び用いると、その仕事はたんに堤防をつくることだけではない。川のシステム全体への影響を考慮して、どんな農業技術が適切なのか、水害を防ぐための囲いをどのように環境に埋め込んでいけばいいのか、個人の自発的な行動を許容する一方、人々が持続可能性に配慮した行動をするよう、どのようにシステムを運営していけばいいのかを考えることである。

以上は当然のことのように思えるかもしれないが、先の金融危機に対する規制当局の反応は、こうした点にあまり関心を払っていなかった。局所的な指示命令型の規制が、いまだに支配的な形態となっている。複雑な一連の規制は、本人と受託者（principal and agent）の関係が織りなすシステムの複雑さに対応している。そして、アンディ・ハルダンがジャクソンホールに集まった中央銀行関係者に対して報告したように、単純にそうした規制のやり方は機能しない。

「常識（commonsense）」に基づいた銀行と資産運用の制度が設立され、繁栄し、イノベーションを起こすために、規制当局はどのようにシステムを設計すればいいのだろうか（注11）。

三つの重要な規律

規制の具体的な手法の背後には、三つの重要な規律がある。受託者をめぐる法のシステム、責任と透明性を促進するようにデザインされた制度、経済システムの行動経済学的な側面への注目である。

（注11）この記述において、われわれは特定の成果を求めているわけではない。そうではなく、競争が金融システムの目的にかなった仕組みを生み出すようなシステムの必要性を強調している。

(1) 受託者をめぐる法の修正

うまくデザインされた金融システムの「外」にいる顧客に対して価値をもたらす。顧客、その受託者（エージェント）、その受託者からの受託者が顧客のお金をどのように運用するかを決定するときには、顧客の利益に最もかなうように決定しなければならない。古典的な自由市場では、必然的にそうなる。なぜなら、顧客は常に自分に最も利益をもたらす取引を選択することができるからである。しかし、第2章で議論したように、今日の金融市場では、受託者は顧客に利益をもたらさず、自分にとって最も利益となるように行動することができる。

こうした性質は、金融市場に特有のものではない。受託者はあらゆる状況でそうすることができる。医者は患者の費用で自分の利益を図ることができる。教師は生徒を搾取することができる。両親は子どもを搾取することができる。しかし、他人の利益に対して誠心誠意に奉仕しなければならないと感じることから、たいていの人はそのような行動をしない。法律用語で、そうした心情は「フィディユーシャリーの責任（fiduciary responsibility）」と呼ばれる。われわれは、ファンドマネージャーが自分のためではなく、われわれのためにお金を運用してくれると信じるからこそ、ファンドマネージャーに自分のお金を預ける（注12）。システムが期待どおりに機能するために、金融サービスに携わるマネージャーは、専門家として、忠実である義務、顧客の利益を優先する義務、利益相反を避ける義務、サービスのコストを合理的で透明なものにする義務（注13）を受け入れなければならない。

誠心誠意の関係のシステムは、多くの金融機関が成功を収めてきた核心的な要因である。多くの貯蓄金融機関は、構成員すべてが利益を共有する相互会社として出発したため、当該機関が顧客を犠牲にして利益を追求することになんのメリットもなかった。宗教団体あるいは職能団体として設立された機関もある。受託者が誠心誠意に行動することは、金融システムの成功にとって必要不可欠な要素である（注14）。

（注12）イギリス王立社会科学協会（Royal Society of Arts）のもとで行われた一連の市民陪審による政策評価において、無作為に選ばれた市民の多くは「退職するまで、お金を自分のためにきちんと運用してくれる人に預けることのできる」システムを望んでいる。こうした表現は、フィデューシャリー・マネジメントの概念にきわめて類似している。

（注13）これらは、ジョン・ケイがイギリス政府への報告書のなかで使ったフィデューシャリー・デューティーの定義に編集作業を加えたものである。資産運用業界でこのトピックがどのように扱われているかをもっと詳しく知りたい人は、国連環境計画・金融イニシアティブ（UNEP Finance Initiative）のレポートと、イギリスのシェアアクション（前フェアペンションズ）の活動を参照されたい。www.unepfi.org/fileadmin/documents/fiduciary Ⅱ.pdf; www.fairpensions.org.uk/redisovering-fiduciary-duty.

（注14）Francis Fukuyama, *Trust: The Social Virtues and the Creation of Prosperity*（Penguin 1996）の次の一節を参照。「国の経済生活における実験を通じて、われわれが学ぶことができる最も重要な教訓の一つは、たった一つの共通の特徴の浸透にかかっている。それは、どれだけ社会に信頼が浸透しているかということである」。

したがって、商売上の取引を誠心誠意に行うことを要求されている人々を規制するために、法的な義務が設定されたとしても驚くべきことではない。こうした法的な保護は何世紀にもわたって存在し、そうした法的な保護があるからこそ、われわれは自分が所有している資産のコントロールを他人に任せることができるのである。それは封建時代には、王座につくべき子どもが小さすぎたために摂政が任命され、子どもが成長したら、摂政は権限を明け渡すというかたちで使われた。これと同じように、われわれは年金資産を受託者に預け、運用してもらって、退職するときに正当なリターンを返してもらわなければならない。

いくつかの金融サービスについては、ほかのサービスよりも特に多くのフィデューシャリーの行動基準を必要とする。会社の株式を所有する人は、その株式の価値は会社の業績に依存するわけだから、会社の取締役やその株式の運用について裁量をもつ人に対して、広範なフィデューシャリーの義務を負うことを求める。われわれが年金ファンドにお金を拠出するときには、そのお金をわれわれのために運用するにあたって裁量を与えるわけだから、年金ファンドに対しては、われわれが預金口座を保有する銀行に対して要求するよりも、広範な義務を要求する。

一方で、年金ファンドも銀行も、われわれに対して、忠実である義務、われわれの利益のために行動する義務、思慮深く慎重である義務、適切な専門性とバランス感覚をもって行動する義務を負う。こうしたフィデューシャリー・デューティーは、特定の行動を命じるものではないことに注意しよう。もしそうなら、契約をすれば足りる。実際、会社とその会社にお金を貸した人との間の関係は、フィデューシャリー・デューティーではなく、契約法によって規律されている。住宅ローンを組んだことのある人なら、どんなにたくさんの書類が必要で、契約条項がどれほど細かいかを知っている。フィデューシャリー・デューティーはそのようなものではない。それは行動を命じるのではなく、行動を「導く（guide）」ものである。当該責任を負う受託者は、自分が受け入れた広範な義務の範囲内で、何が最良の行動かを自分で決めることができるのである。

フィデューシャリーのシステムは強力だが、弱点もある。第一に、顧客に忠実である必要がないほうが儲かるので、市場では自らをフィデューシャリーと位置づけるインセンティブが限定的にしか働かない。多くの金融機関が当初、信条を同じくする者の集まりとして設立され、多くの年金ファンドが従業員の福利厚生を願う雇用主によって設立されたのは、そのためである。こうした創設者たちの動機は、自己利益を超えたところにあった。人々の移動が激しくなり、忠実さが減少した今日の社会では、これらの機関の多くが伝統を断ち切り、目的において競争相手と区別のつかない営利会社になってしまった。

第二の問題は、すでに述べたように、規制が失敗するたびに別の規制をつくる傾向があることである。こうした規制は、市場や人々の期待が変化しているのに、行動を固定化してしまう。同じことはフィデューシャリー・デューティーについても起こった。フィデューシャリーを規律する法の展開が資本市場の発展に遅れた結果、フィデューシャリーたる機関は本来あるべき姿より近視眼的になってしまった。フィデューシャリー・デューティーの法は、利害調整のための隠し味として使われるため、その要求水準が低下してしまい、いまでは投資家である市民に帰属するはずの価値を受託者がかすめとることが許されてしまっている。

同じように、フィデューシャリーは法の枠内から足を踏み外すことがないように、他人からアドバイスを求めようとする傾向がある。たとえば、受託者は「注意義務（duty of care）」の遵守を確かなものとするために、しばしばアドバイスを求めて、自分がほかの受託者と同じことをしているかどうかを確認する。年金の専門家で法律家でもあるキース・ジョンソン（Keith Johnson）が指摘するように、これは「レミング・スタンダード（lemming standard）」（訳注1）を生み出す。つまり、ほかのだれもが同じように行動すれば、愚かな行動でも法的に許容されることになる（注15）。ここから、成功する確率は高いが、従来どおりでない解決策を試すのは危険であり、「従来どおりの行動で失敗」したほうがよいという考え方が導かれる。

（訳注1）レミング（lemming）とは、タビネズミのこと。タビネズミは数が増えすぎると餌が足り

（注15）たとえば、Keith L. Johnson and Frank Jan de Graaf, *Modernizing Pension Fund Legal Standards for the 21st Century*（February 2009）を参照。www.oecd.org/corporate/corporateaffairs/corporategovernanceprinciples/42670725.pdf.

なくなるので、生存数をコントロールするためにある一定の周期で崖から飛び降りて集団自殺するといわれている。

フィデューシャリー・デューティーをめぐる現代的な論争は、国連環境計画（ＵＮＥＰ）による金融イニシアティブと国連責任投資原則（ＵＮ ＰＲＩ）のメンバーによって開始された。彼らは、年金プランの代議員（トラスティ）たちがアドバイスを受けた結果、投資先を考えるにあたって短期的な業績にしか目を向けなくなっているのではないかと心配していた（注16）。フレッシュフィールド（Freshfield）法律事務所による記念碑的な研究は、こうした短期的な見方がまったく間違っていることを明らかにした（注17）。しかし、フィデューシャリーな行動基準の狭い解釈が金融機関の行動に動脈硬化を起こし、われわれのお金を運用する人たちが最終顧客のニーズではなく、狭い法的な解釈によって影響されるおそれがあることは否定できない。

２００９年、こうした懸念から、オーストラリアの年金・会社法担当の大臣は、退職給付プランのガバナンスと効率性に関して研究することを諮問した。そこでは、「退職給付プランは個々にあるいは集合体として、メンバーに対して十分な説明責任を果たしているか」が問われた。最終報告書では、フィデューシャリーな推奨事項の詳細なメニューが提案されている。1年後、地

（注16）著者の1人であるデイビッド・ピットワトソンは、国連環境計画・金融イニシアティブの共同議長だった。
（注17）http://www.unepfi.org/fileadmin/documents/fiduciary II. pdf

球の反対側では、イギリス政府が経済学者のジョン・ケイに対し、投資活動の連鎖（インベストメント・チェーン）の機能不全あるいは切断により、投資家や投資先の企業が短期的な視野でしか行動しなくなっているという有害な結果が生まれているかどうかを諮問した。ケイは「資産の保有者や運用会社の法的な義務と責任、そして資産運用に従事する金融機関の連鎖における手数料と報酬の構造が、資産の保有者の長期的な目的と整合的なものになっているかどうか」を検証しようとした（注18）。

２０１２年に公表されたケイの最終報告書を受けて、イギリスの法務委員会はフィデューシャリー・デューティーの概念を再検討することにした。2年近く後に同委員会が出した結論は、改革論者の主張を繰り返すものだった。フィデューシャリーはメンバーの利益のために広い範囲で行動する権限をもっている。フィデューシャリーは彼のために行動する他の人を任命したり、その人と契約を結んだりしたからといって、こうした権限、そして義務を免除されることはない。そして、フィデューシャリーは他の人と異なるアプローチを採用したほうがよいと判断したことによって、法的責任を追及されるリスクをとったと感じるべきではない（注19）。

（注18） *The Kay Review of UK Equity Markets and Long-Term Decision Making: Final Report* (The National Archives, July 2012), http://webarchive.nationalarchives.gov.uk/20121204121011/http://www.bis.gov.uk/assets/biscore/business-law/docs/k/12-917-kay-review-of-equity-markets-final-report.pdf.

別の改革も、フィデューシャリーの責任を強化するために役立つ。

公平さを保持する義務の再発見：金融機関はしばしば、フィデューシャリーの行動基準を満たすことは、短期的に最大の利益をあげることを意味すると主張する。しかし、自分の口座から毎月お金を引き出す必要のある投資家がいる一方で、何十年間も口座を動かさない投資家もいる。改定後の政策では、長い間忘れられてきた「公平さを保持する義務（duty of impartiality）」を復活するべきである。すなわち、金融機関はこうした異なる受益者の利害を調整する義務を負う（注20）。これを「世代間の衡平（intergenerational equity）」と呼ぶ人もいる。若い世代の投資家による長期にわたる資本投下のニーズと、退職した世代の短期での払戻しのニーズとの間でバランスをとる必要がある（注21）。公平さを保持する義務は、その違反を主張する裁判が起こされて、当該義務に焦点を当てた判決が下されれば、裁判所において自然に形成されうる。しかし、フィデューシャリーの法理を信奉する者のほとんどは、空白を埋めるために立法または規制が必

（注19） http://lawcommission.justice.gov.uk/areas/fiduciary_duties.htm

（注20） *Code of Conduct for Members of a Pension Scheme Governing Body* (CFA Institute Centre for Financial Market Integrity, May 2008), www.cfainstitute.org/learning/products/publications/ccb/Pages/ccb.v2008.n3.1.aspx.

（注21） James Hawley, Keith Johnson, and Ed Waitzer, "Reclaiming Fiduciary Balance", *Rotman International Journal of Pension Management* 4, no.2 (Fall 2011), www.reinhartlaw.com/Publications/Documents/art111020%20RIIS.pdf.

要だと主張している。

金融仲介業者にもフィデューシャリー・デューティーを課す：退職に向けた貯蓄を守るためにつくられた法律は、現代のように数多くの機能を担う金融仲介業者が投資家・貯蓄者の資産の価値に影響を与える、複雑な市場が登場する前に起草されたものである。こうした仲介業者はフィデューシャリー・デューティーの基準の適用外とされており、受益者の究極的な利益のために行動する義務を負っていない。バンガードの創設者であるジョン・C・ボーグルはかねてより、フィデューシャリー・デューティーによって、「資産運用会社がお金の持ち主に奉仕しなければならないという基本原則を確立すること」を求めてきた（注22）。イギリスでは、ケイの報告書がフィデューシャリー・デューティーを金融仲介業者にも拡張して適用することを求めている。オバマ大統領に促されて、アメリカ労働省はフィデューシャリー・デューティーのいくつかの要素をファイナンシャルアドバイザーや証券会社にも適用することを提案した。規制案が公表されると、金融業界の一部は猛烈に反対した。彼らは顧客に対して負う義務を契約書に記述された内容に限定したかったのだ（注23）。

（注22） Stephen Davis, Jon Lukomnik, and David Pitt-Watson, "Active Shareowner Stewardship: A New Paradigm for Capitalism", *Rotman International Journal of Pension Management* 2 no.2 (Fall 2009), http://papers.ssrn.com/sol3/papers.cfm?abstract_id=1493279.

フィデューシャリー・デューティーの範囲を広げて、短期的には計量がむずかしいが、実現の可能性が低いとはいえないリスクと機会にも適用されるようにする：環境、社会、ガバナンス（ＥＳＧ）課題への配慮がポートフォリオマネージャーの一般的に受容された責任から除かれている限り、多くのマネージャーはそれらを自由に無視するばかりか、無視することが法的な義務であると感じるだろう。しかし、こうした要素は実際にリターンに影響を与えるのである。５００億ドル近い運用資産をもつハーミーズ・インベストメント・マネジメント（Hermes Investment Management）のセイカー・ヌセイベ（Saker Nusseibeh）ＣＥＯは、それらを考慮に入れると、年5パーセントのリターンを上乗せできると見積もっている（注24）。

オーストラリアの業界団体である金融サービス協議会（ＦＳＣ）も改革の道筋を示した。そこ

（注23）　フィデューシャリー・デューティーを証券会社（ブローカー）に適用することに対する業界の反対論は2段構えだった。第一は、ブローカーは金融商品を販売しているにすぎないというものだった。しかし、これはブローカーと顧客の間に存在する情報の非対称性を無視している。第二は、アメリカのような訴訟社会でフィデューシャリーの基準を遵守する費用を負担しなければならなくなると、アドバイスを与えないブローカーが出てくるかもしれないというものだった。そうかもしれない。しかし、問題は、現在どのような種類のアドバイスが与えられていて、将来どのようなアドバイスが与えられるようになるかということである。アドバイス全体の数が減ったとしても、利益相反がなく、顧客に利益をもたらすアドバイスばかりになれば、そのほうが望ましいかもしれない。

（注24）　“ESG Rethink Can Add 40 Basis Points per Month: Hermes”（Top 1000 Funds, May 18, 2014）, http://www.top1000funds.com/news/2014/05/16/esg-rethink-can-add-40-basis-points-per-month-hermes/.

では、資産運用ファンドの取締役会が投資に影響するＥＳＧリスクへの対処方針を作成、承認、公表すべきだとされている。同協議会は、ＥＳＧ課題は投資成績に「重要な（major）」影響を与えうるのだから、それらをモニターすることは「代議員たちが年金加入者に対して負う義務を果たしたと評価されるための重要な要素である」と述べている。さらに、当該対処方針では、「環境、社会、コーポレートガバナンスについての投資先企業とのエンゲージメント（対話）のプロセスを文書化し、議決権が適切な注意を払って調査を実施したうえで行使されるように工夫すべきである」としている（注25）。ＦＳＣの姿勢は、オーストラリア財務省の政策を反映するものである。同財務省は公的資金を社会的責任投資アカデミー（Responsible Investment Academy）に拠出して、ファンドがＥＳＧリスクに目を向けることを支援している。同アカデミーは現在国連責任投資原則（ＵＮ　ＰＲＩ）の一部になっており、資産運用会社のファンドマネージャーがオーナーとしてのスキルを学ぶためのオンライン・トレーニングを提供している（注26）。

　最後に、規制当局は金融サービスを提供する者が「フィデューシャリー」という言葉を濫用しないように気をつけるべきである。その言葉は心地よい響きをもつために、たとえば、イギリスでは、金融仲介業者が顧客とともに署名した契約書を超える義務を負わない場合でも、自らを

（注25）FSC Standard No. 20, *Superannuation Governance Policy*（Financial Services Council, March 2013）.
（注26）このサービスの名称は責任投資原則アカデミー（PRI Academy）に変更された。www.priacademy.org.

「フィデューシャリー」と称するのが普通になっている。こうした誤解を招く行動は取り締まられるべきである。

よりよい規制環境をつくるための第一歩は、フィデューシャリーの義務を再度強調することである。しかし、こうしたシステムが機能するためには、望ましい行動を促進する制度が必要である。

(2) うまく設計された制度

経済システムは、その成功のために、チェック・アンド・バランス、しっかりした情報、説明責任を果たす文化といった特徴が重要である点において、政治システムと似ている。もちろん政治システムは時々、機能不全を起こすが、自動的に修復する。そこでは法が重要な役割を果たすが、それなしでは市民が政府を信用しないような、もっと基本的な原則がある。それは次のようなものである。

・**責任**：結果について責任のある個人が特定されるように、責任の体系が十分に明確化されている。

・**アカウンタビリティ（説明責任）**：受託者に説明をさせるメカニズムがある。

・**適切で偏向のない情報**：説明責任のメカニズムは、自由で妨害を受けないメディアや、独立で正確な統計の情報源からの、適切かつ信頼のおける情報を必要とする。

・**厳しい監視**：市民はシステムに注意を払い、説明責任のメカニズムを活用しなければならない。

経済システムにも同じ特徴がなければならない。フィデューシャリーの義務が金融システムの法的な骨組みをなすとすれば、これら基本的な原則は筋肉を提供することになる。こうした要素に注目することにより、規制当局は自らの有効性を評価し、自主的に欠点を修復するという建設的な手法を得ることができる。

1世紀前の経済学者にとって、システムをうまく規制するには、うまくデザインされた制度（institutions）が必要であるということは自明であったろう。彼らは自らの研究対象を「政治経済（political economy）」と呼び、制度の構造と文化が市場経済に与える影響を研究した。政治経済学の目的は、建設的な結果を生み、よい行動に報酬を与え、悪い行動を防ぐような制度を設計することにあった（注27）。市場参加者のモチベーションは、システムが機能するか否かに密接に関連している。自主規制だけで十分なシステムはほとんど存在しないために、信頼のおける行動を促進するような制度を生み出す規制をどのようにつくりだせばよいかが問題になる。

（注27）　たとえば、次を参照。Alfred Marshall, *Principles of Economics*, bk. 4, chap. 7（Macmillan, 1920）.

ここにおいて、金融市場における最終受益者は、市民全体と同じ利害をもっているという事実が大きな助けになる。ほとんどの西欧諸国において、銀行、保険会社、資産運用会社の最終的な株主、預金者、顧客は、年金などの運用を通じて数百万人の市民になっている。規制当局の課題は、株主、貸し手、顧客が報われるようなシステムをつくるためにはどうすればいいかということになる。資本主義が有効に機能する仕組みをどのようにつくったらいいのか。答えを見つけるために目を向けるべき分野の一つに、行動経済学と呼ばれる、心理学と金融論の結合体がある。

(3) 行動経済学

もし規制の目的が望ましい行動を生み出すことにあるのだとすれば、別の研究領域が考慮されてしかるべきである。すなわち、文字にされた規制と実際の行動の関係である。たとえば、われわれは速度制限の標識が制限を超える速度での運転を防止できないことを知っている。では、どうすれば防止できるのか。

伝統的な経済学者はこう答えるかもしれない。われわれが制限速度を超過するかどうかを決めるときには（安全の問題は脇に置くことにする）、法律を破ることによって得る便益と、捕まったときに支払わなければならない罰金と、捕まる確率を考慮する（注28）。その便益が罰金額に捕まる確率を掛けた値を超えるならば、われわれは法律を破る（注29）。言い換えると、伝統的な経済学者にとって、われわれは自らの便益を最大化しようとする、倫理感のない、合理的な生き物なのだから、解決策は方程式の項を変化させることにある。つまり、路上にもっと多くの警察官を配置して捕まる確率を引き上げるか、罰金額を引き上げることになる。どちらがより効果的かをテストする方法はあるのだろうか。

心理学者であり、行動経済学者でもあるダン・アリエリー（Dan Ariely）は、まさにこの問題を研究するための実験を行った（注30）。被験者は、質問に正しく答えるたびに1ドルをもらえる試験を受けるように依頼された。彼らは自分で採点し、試験用紙をシュレッダーにかけ、自分の点数を申告するのである。言い換えると、彼らは好きなだけインチキをすることができる。実験者はほかのグループで同じ試験を行っているので、平均点がどのくらいになるかを知っている。いうまでもなく、点数を自己申告したグループの点数は平均点よりも高かった。実験者が知りたかったのは、それは少数の人が大きな嘘をつくからなのか、それとも多数の人が少しずつ嘘

（注28）こうしたモデルは、ノーベル賞を受賞した経済学者であるゲーリー・ベッカー（Gary Becker）を想起させる。しかし、同じような計算は、ジェレミー・ベンサム（Jeremy Bentham）にとってもおなじみだったろう。

（注29）このアプローチの構造は、利他的な行動を好む個人の性向、あるいはリスク回避に対する個人の性向を導入することによって、もっと複雑なものにすることができる。しかし、基本的な論理は同様である。

（注30）Dan Ariely, *The Honest Truth about Dishonesty* (HarperCollins, 2012).

をつくからなのかということだ。

先に進む前に、読者はこの問いが何を意味するかについて考えてみたいかもしれない。なぜなら、それは金融規制のシステムの設計方法に重要な関連性があるからだ。規制は平均的な市場参加者の行動を変える必要があるのだろうか、あるいは少数の腐ったリンゴに注意するだけでいいのだろうか。アリエリーは前者であることを発見した。多くの人々が少しずつ嘘をつくのである。実験はアメリカと同じように、中国、イタリア、トルコ、カナダ、イスラエル、イギリスで行われたが、国による違いはほとんどなかった。これを速度制限の問題に類推すれば結果は明らかである。制限速度が時速30マイルだとすれば、ほとんどのドライバーは時速40マイルで走り、時速90マイルで走るドライバーはほとんどいないということになる。

規制当局は人々が嘘をつかないようなシステムを設計しなければならない。一つの方法は、監視である。人々は監視されていることを知っているとき、あまり嘘をつこうとしない。責任、アカウンタビリティ、透明性をもたらす制度の目的は、監視していることがはっきりわかるようにすることにある。

アリエリーは、同じように嘘を減らすための別の方法を発見した。単純に人々に倫理的な義務を思い出させることである。アリエリーは、参加者が試験を受ける前に宣誓して署名をすると、嘘をつくことが少なくなることを発見した。できるだけ多くの十戒を思い出すようにいわれただけでも、人々は倫理的な価値を想起して嘘をつくことが少なくなった。

　何が不正直さを促進するのだろうか。一つは、他人が不正直に行動したり、不正直な行動によって利益を得たりするのをみることである。その他人が被験者と「同じグループ」の一員であると認識されているときは特にそうなる。もうひとつは、不正直な行動を許す文化があることである。また、アリエリーは、人々がお金をとるという行為から離れると、より嘘をつくようになることを発見した。会社の文房具を入れてある棚から紙をとっていく人の多くは、会社の小銭を入れてある箱からお金を盗もうとは夢にも思わないだろう。クリエイティブな人は嘘をつきやすいが、疲れているときにはすべての人が嘘をつきやすくなる。嘘をつくことが他人の利益になると考えられるときには、人々はより嘘をつきやすくなる。そして、驚くべきことではないが、人々は利益相反に直面しているときには嘘をつきやすくなる（注31）。

　アリエリーの発見は、銀行のトレーディングデスクや年金・投資商品の販売現場で、なぜ好ましくない行動が頻繁にみられるのかを説明してくれる（注32）。そこには、小さな、緊密に結びついたグループのなかで、ボーナスと成果報酬をめぐる、きわめて激しい競争が行われるという文化が存在している。彼らはしばしば、自分たちが管理しているお金の持ち主である顧客と、ほ

（注31）　注30と同。

とんど、あるいは、まったく関係をもたず、嘘をつくことについて大きな金銭的なインセンティブをもっている。彼らはよく、仲間うちの別のだれかが嘘をつくことで利益を得ているのではないかと疑っている。これでは、どんな聖人でも誘惑されてしまうような、不正直さの温床があるといわれても仕方がない。規制当局はその仕事の一部として、伝統的な経済学者と行動経済学者の両方を満足させるような条件をつくりださなければならない。つまり、正しいインセンティブを与えるとともに、正直な文化を醸成しなければならない。

（注32） たとえば、わずか1カ月足らずの間に公表された、ＪＰモルガン・チェースに対する主要な規制当局による摘発事項のリストをみればいい。２０１３年8月、連邦住宅金融庁（Federal Housing Finance Agency）は、約３３０億ドルのモーゲージ・デリバティブの裏付資産であるローンが審査基準を満たしているという嘘の主張をしたことを理由に同行を訴えた。証券取引委員会（ＳＥＣ）と検察局（US Attorney's Office）は、市場での存在感から「ロンドンのくじら（London whale）」という風変わりなあだ名で呼ばれたトレーダーによる、60億ドルの損失の公表について同行を訴追している。また、ＳＥＣは、同行が政治的な人脈をもつ中国人の子息を雇い入れた経緯を贈賄容疑で調査している。検察局は、同行が犯罪について承認も否定もせずにエネルギーの規制当局に対して4億１０００万ドルの和解金を支払った後でも、引き続き同行によるエネルギー市場の操作の疑惑について調べている。一方、ニューヨーク州とコネチカット州の司法長官（attorneys general）は、何兆ドルもの契約において、だれがどれだけの負債を負うかを左右する指標金利であるLibor（ロンドン銀行間取引金利）の不正操作についての捜査の一環として、同行に召喚状を発布した（バークレイズ、ドイツ銀行、ＵＢＳ、ロイヤル・バンク・オブ・スコットランド、ＨＳＢＣホールディングスも召喚状を受領したと報じられている）。

よりよい規制

経済モデルが前提とする人間の行動ではなく、現実の人間がどのように行動するかを考慮したとき、規制はどのような姿になるだろうか。

第一に、金融機関と規制当局という二つの明確に分離した主体があるという考え方は廃棄されるだろう。規制される金融機関の変化に応じて、規制の性質も変化する。よい結果を生むようにルールを設計すれば、「これをしろ、あれをするな」という横やりはもっと少なくてすむ。金融機関は規制され、説明責任を負わされるべきだが、市場の自主規制団体の一員としても機能しなければならない。市場、制度、そして規制当局は、顧客がよい取引をできるようにするために存在する。

第二に、規制当局は法律に目を向けるばかりではなく、制度の設計、そしてルール、監視、制裁が市場参加者の行動にどのような影響を与えるかを考慮しなければならない。ここから、今日の慣行の延長線上において、いくつかのアイデアをすぐに導き出すことができる。それらは便宜上、うまく機能するシステムの四つの特徴というかたちで分類することができる。最終受益者への責任、アカウンタビリティ（説明責任）、情報開示、そして市民社会による監視という原則である。

(1) 最終受益者への責任

各主体とも、それぞれの主体によって究極的に奉仕される立場にある者の利益を図るように働くということが、責任の中心となる。金融機関の場合、それは、資本の提供者としての顧客であり、株主である。銀行その他の機関は、利益相反を避け、自分たちが何をしてきたかを説明し、顧客に適切に奉仕してきたことを証明できなければならない。

すでに述べたように、規制当局はこうした責任をまっとうさせるための一つの方法として、フィデューシャリー・デューティーを強化する仕組みをつくることができる。まず、業務を下請けに出すことで同義務が免除されることがないように、金融仲介業者にもフィデューシャリー・デューティーを課すべきである。さらに、フィデューシャリー・デューティーを果たすためには独立の判断が必要であり、短期的な株価のパフォーマンスによって自動的に答えが出るようなものではないことを明確にすべきである。なぜなら、株価という単一な物差しに頼ることは、必ずしも顧客の利益にならないからである。

次に、透明性である。監視が嘘を減少させることをすでにみた。したがって、規制当局は手数料を全面的に開示させるべきである。金融仲介業者は、顧客からどのように支払われているか、顧客のお金から他の業者にどれだけ支払ったかを洗いざらい述べなければならない。

さらに、医療機関の思想を金融機関も借用したらどうか。医者がヒポクラテスの誓い（訳注2）に署名して、それを守るように、他人のお金を管理する者も顧客に対して明示的な約束をすべきである。行動経済学者が示したように、人々に倫理的な義務を思い起こさせると、行動は実際に望ましい方向に変化する。いまや多くの学校が試験の前に、学生たちに倫理規定に署名させるのはそのためである。こうした約束は、宣誓が行動の前に行われるときに最も効果的である。販売員に対しては、投資商品を販売した後で、顧客に対して十分な情報を提供したことを宣言する内容の書類に署名させるよりも、取引が始まる前に約束をさせたほうがいいだろう（注33）。アメリカのほとんどすべての金融サービス業者が倫理規定やコンプライアンス方針をもち、主要な従業員は毎年、それを受け入れていることを表明しなければならない。他人のお金を管理する人々にも毎年、自分がフィデューシャリーであることを再確認させたほうがいいのではないだろうか。

（訳注2）ヒポクラテスの誓い（Hippocratic oath）は、医師の倫理・任務などについての、ギリシア

（注33）アリエリーが保険の告知書に記入する人について実験した結果、最初に自分は正確な情報を申告すると書いた人は、最後に自分は正確な情報を申告したと書いた人より、ずっと正確な情報を申告する割合が高かった。

神への宣誓文。現代の医療倫理の根幹をなす患者の生命・健康保護の思想、患者のプライバシー保護のほか、専門家としての尊厳の保持、徒弟制度の維持や職能の閉鎖性維持などもうたわれている。

(2) アカウンタビリティ（説明責任）

受託者が責任を果たすためには、だれかが監視していなければならない。受託者に対し、自分が行ったことについて正確かつ公平に報告することを求めるだけではなく、その説明を受け取り、受託者が適切な行動をとらなかったことが判明したら、是正措置をとる権限がだれかに与えられなければならない。監査基準が重要ということになる。

銀行がリスクをとりすぎないように、また、銀行に株主と預金者の利益を考慮させるために、銀行は毎年、会計監査を実施しなければならないという法律上の義務が導入された（注34）。監査基準の原則の一つに、価値の計算は「保守的に（prudently）」なされる必要があるというものがある。何年か前に、この「保守的」という考え方は、銀行の利益が過小評価される結果、その

（注34）最初の法定の会計監査は、1878年のシティバンク・オブ・グラスゴー（City Bank of Glasgow）の破綻を受けて、ジョイント・ストック制の銀行（joint stock banks）に導入された。同銀行は有限責任ではなかったので、株主が銀行の債務について責任を負った。

株価が投資家から正しく評価されなくなるかもしれないという懸念から、脇に追いやられた（注35）。会計の主要な目的が株価を決めることにあるのだとしたら、それでいいだろうが、そうではない。２００８年の金融危機の前、多くの銀行は実際には債務超過すれすれだったのに、勘違いして自分が利益をあげていると信じ込み、銀行の管理職たちはボーナスを授与された。政府が救済しなければ、預金者は損失を被っていただろう。会計監査人が銀行の債権者に対する説明責任を重視し、利益を保守的に決定する必要性に注意していたら、金融危機は大幅に緩和されたか、回避された可能性さえあると主張する論者もいる（注36）。

さらに、株価を重視すると、長期的な価値の創出よりも短期的なトレーディングを重視するようになってしまう。アメリカの会計監査に対する規制当局の長であるジェームズ・ドーティ（James Doty）のような有力者でさえ、問題を認めて、少し違った言い方でこう述べている。会計監査人は「コンプライアンスではなく、当初のフィデューシャリーの役割に回帰」したほうが

（注35）　会計監査における保守主義の原則に関して、いまだに議論があることを注記しておく。その原則が廃棄されたと著者たちが記述したのは、何よりも国際会計基準から外されたことを指す。２００８年の金融危機後、保守主義の原則を再導入しようとする動きもあったが、その優先度合いは保守主義の原則が歴史的に担ってきた重要性より低い扱いにとどまる。

（注36）　"UK and Irish Banks' Capital Losses—Post Mortem"（LAPFF Forum, 2011）, www.lapfforum.org/Publications/latest-research/files/LAPFF_Post_Mortem_report.pdf/view.

よいと（注37）。

会計監査人の目を全体的な姿に向けさせようとしている規制当局は、ドーティだけではない。イギリスでは2014年に、監査報告書の記載内容を拡大し、会社の健康状態の評価とその評価の根拠を記載するようになった。会社が直面するリスクについて、もっと多くの定性的な情報を記載することにより、監査報告書はコンプライアンスの履行以上のものになる。

そして、役員の報酬について、規制当局が追加的な説明を求めることが考えられる。なぜCEOの業績が短期的な株主へのリターンだけで計測されるのか。第3章で述べたように、アメリカの会社において、100万ドル超の役員報酬は、その報酬が「業績（performance）」連動であれば、損金算入が認められる。しかし、「業績」とは何を意味するかを調べた人はほとんどいない。それは株価の上昇以上のものであるはずだ。株価は、国際政治から始まって経済の状態に至るまで、ありとあらゆる事象の影響を受けるため、経営者がとった行動との関連性はあるとしても、弱いものでしかない。業績の意味は、会社の長期的な姿を改善する行動を促すように、そして、経済の成長を助けるように定義されるべきである。そして、それは12カ月ではなく、過去3年ないし4年の移動平均で計測されるべきである。

（注37） James R. Doty, speech to Weinberg Center at the University of Delaware, October 8, 2014.

(3) 適切なバイアスのない情報

アカウンタビリティ（説明責任）と情報の間には密接な関係がある。外部者が情報を利用できるというだけではなく、報告するということ自体が行動を変化させる。何か疑問のある行動をするたびに報告しなければならないとしたら、そうした行動をそもそもしようとは考えなくなるだろう。

規制当局はシステムを改善するために、どのように情報を使えばいいだろうか。全般的な原則は、システムが濫用されそうな状況では、最大限の透明性を確保するということだろう。

一つの例を述べよう。クレジット・デフォルト・スワップ（CDS）と呼ばれる、巨大な市場がある。これは、企業が債務を履行しなかったら買い手にお金を支払うというもので、実質的に企業の破綻（死亡）に備える保険契約である。生命保険と同じように、CDSはどんな人にとっても有用であり、とりわけ企業が破綻したら困難に見舞われる、その企業にお金を貸した人にとって有用である。しかし、生命保険と違い、CDS契約は、その生命に保険をかけられた者の同意を必要としない。だれがCDSを保有しているのかを知っている者はなく、CDS市場の規模を正確に知っている者さえいない。悪いことを考えている人があなたの生命に保険をかけることが危険であるという理由から、われわれはだれがCDSを保有しているかを知る必要がある。

どんなＣＤＳがあって、それがどこにあるかを規制当局に知らしめることは、金融システムの安定性を維持するという規制当局の仕事の役に立つ。

ほかの金融商品も、ウォーレン・バフェットの記憶に残るフレーズを使えば、「金融の大量破壊兵器」になりうる。あらゆる金融商品について、それが取引ないし転売可能となる前に、その契約条件が公衆に対して開示されていることを要求すべきだろう（注38）。国際スワップ・デリバティブ協会（International Swaps and Derivatives Association：ＩＳＤＡ）のおかげでＣＤＳの契約条項は標準化されつつあるが、ＣＤＳの中央清算機関はまだできていない（注39）（訳注3）。

（訳注3）アメリカではドッド・フランク法に基づく商品先物取引委員会（Commodity Futures Trading Commission：ＣＦＴＣ）の規則により、２０１３年からアメリカとヨーロッパの企業の負債を参照債務とするＣＤＳのインデックスについて清算集中が義務づけられ、インターコンチネンタル取引所（ICE Clear Credit）などが中央清算機関（ＣＣＰ）の役割を担っている。

規制当局をさぼらせないために、情報を使うこともできる。世界の金融システムが機能するこ

（注38）このルールを、航空会社が燃料費をヘッジするための契約のような、定期的に行われる契約に適用する必要はない。こうしたディスクロージャー・ルールに、開示が必要となる最低金額のルールを組み込んでもよい。

（注39）Stephen Davis, Jon Lukomnik, and David Pitt-Watson, "Towards an Accountable Capitalism," Private Sector Opinion, Issue 13 (2009), Global Corporate Governance Forum, International Finance Corporation.

とを望むのであれば、規制当局の国際的な格付があってもいいのではないか。投資家はより信頼できる市場に引き寄せられるから、こうした格付は最下位になるための競争ではなく、最上位になるための競争をもたらす助けになるかもしれない。金融安定理事会（Financial Stability Board：ＦＳＢ）はすでに「健全な金融システムの主要な基準（Key Standards for Sound Financial Systems）」を特定している（注40）。しかし、ＦＳＢはまだ、それぞれの市場がどれだけその基準を遵守しているかを市場ごとに評価する文書を公表するとは表明していない。

⑷ 用心深く監視すること

「自由の対価は、永遠に警戒することである」。トーマス・ジェファーソン（Thomas Jefferson）はこういったと伝えられる。機能する金融市場についても同じことがいえる。

第3章で述べたように、ファンドマネージャーは株式のトレーダーであるだけではなく、株式のオーナーでなければならない。アメリカの投資信託における年間の売買回転率は89パーセントから１３０パーセントの間である。つまり、コアとなる投資資産の保有期間はもっと長いとはいえ、多くの投資信託は平均的に1年未満しか株式を保有していないということになる（注41）。

（注40） www.financialstabilityboard.org/cos/key_standards.htm.

世界的には、機関投資家における平均的な年間の売買回転率は72パーセントである（注42）。資産運用会社や資産保有者は、短期的な売買を行うことによって危険を回避できるような気になる。そのために、彼らは金融システムに最終受益者への責任とアカウンタビリティ（説明責任）をもたらすよう、用心深く監視する役割を担おうとはしなくなってしまう。いくつかの市場慣行により、頻繁な売買が可能となっている。まず、売買の費用が安くなった。コンピュータが自動執行する取引において1000分の1秒の節約を可能にするために、高頻度取引業者の端末を取引所のサーバーの隣に置かせることで、取引所が収益をあげることが許されている（注43）。こうした措置はトレーダーの利益になるが、市場における監視を弱めることにもなる。そして、高頻度取引業者が超高速の取引で儲けることができるという状況は、市場の公平さと信頼性に関し

（注41） James Saft, “The Wisdom of Exercising Patience in Investing,” (Reuters, March 2, 2012), http://www.reuters.com/article/2012/03/02/us-patience-saft-idUSTRE8210O620120302. これは新しい現象ではない。四半世紀を通じ、投資信託の平均保有期間は1・2年から1・5年の間であまり変化していない。“The Mutual Fund Industry in 2003: Back to the Future”（バンガード・グループの創始者、ジョン・C・ボーグルによる、マサチューセッツ州、ボストンにおける2003年1月14日の発言）。

（注42） “Investment Horizons: Do Managers Do What They Say?” (IRRC Institute and Mercer, February 2010).

（注43） “Colocation: NYSE Euronext's US Liquidity Center” (NYSE Technologies, 2010), www.nyse.com/pdfs/Colocation-NYSE-Euronext-US-Liquidity-Center.pdf.

て根本的な疑問を提起させる（注44）。いまこそ規制当局と立法者にとって、取引の速度が上がることがシステム全体にとってよいことなのかどうかを考え始めるべき時である。

用心深い監視は、ほかの分野でも大きな役割を担うことができるだろう。その会社を買うか売るかを示す証券会社の調査には、多額のお金が支払われている。証券会社に対して、われわれの投資対象である企業の長期的な戦略やガバナンスについてレポートするように求めるべきではないか。金融業界のメディアが果たす重要な役割も、もう少し注目されていい。発展途上国においては、ジャーナリストがメディアを通じて適切な監視機能を果たせるよう、コーポレートガバナンスの重要性についてジャーナリストを教育するために世界銀行が経営資源をつぎこんでいる。皮肉にも、アメリカ、ヨーロッパ、そして日本では、こうした努力がなされていない。

全体的な規制を実現する

現在の「これをしろ、あれをするな」という局所的な規制のアプローチは機能しない。そして、絶えず新たなルールを追加しているために、市場参加者の負荷がますます重くなっている。

（注44） Khaldoun Kashanah, Ionut Florescu, and Steve Yang, “On the Impact and Future of HFT” (IRRC Institute, May 10, 2014), http://irrcinstitute.org/projects.php?project=73.

もっぱら自分自身のためではなく、顧客に対して価値を提供することに集中する、自己矯正的な金融システムを構築するための、新たなアプローチが必要とされている。これは新しい考え方ではまったくない。本質的に、建設的な成果をもたらす経済システムをデザインすることに焦点を当てた「政治経済学」に回帰しようという呼びかけである。

皮肉なことに、こうしたシステムは規制がなくとも、有用であるがゆえに自然に生起しうる。たとえば、イギリスには株主を保護する強力な法律があるとしばしば指摘される。とりわけ、株主は会社の取締役を4週間足らずの期間を置いた通告によりクビにすることができる（訳注4）。ロンドン証券取引所に上場する会社の株主はしばしば多数にのぼり、それぞれの株主の持分は小さいため、規制がなければ会社の経営に対して小さな影響力しか行使できないはずだ。株主に法律上、強力な権限が与えられているから、所有の分散が可能になったとしばしば考えられている。しかし、ジュリアン・フランクス（Julian Franks）と2人の共同研究者は、素晴らしい研究によって、所有の分散が規制に先立って存在したことを明らかにした。なぜ取締役は所有の分散を悪用しようとしなかったのだろうか。それはどうやら、分散した株主たちの出身地域、あるいは宗教的な信条が会社やその取締役の出身地域や信条と同じためであるらしい。取締役が株主をだまさないのは、法律がそれを禁ずるためではない。彼らが株主と倫理や名誉の文化を共有しているためなのである（注45）。

（訳注４）「世界における株主権の現状：投資家のための手引き」（ＣＦＡ協会、２００９年）によれば、イギリスでは10パーセント以上の株式を保有する株主は、株主総会を召集する権利を与えられている。取締役は、多数決により理由なく解任されうる。年金基金やヘッジファンド、プライベートエクイティはこのような権利を活用し、あるいはこれらを武器に、企業側に新しい戦略の実行や人材入替えを迫り、業績の悪い企業が立ち直るための支援を行ってきた。https://www.cfasociety.org/japan/publications/SORM-JP.pdf

　何人かの政策当局者の発言から、彼らがこの点を理解していることがわかる。銀行に対するバーゼルのルールは、三つの柱から成り立っている。ハルダンが研究した最低自己資本の要求、監督当局による監視、そして市場規律である。しかし、多くの金融規制と同じように、バーゼルのルールは、市場規律を情報の開示を超えるものとは考えていない。実際には、規制当局は、市場規律が最終受益者への責任、アカウンタビリティ、情報開示、そして警戒を通じて、どのようにフィデューシャリーな行動を生み出すことができるかを考えなければならない（注46）。これは極端な要求ではないだろうし、規制当局が理解できない要求でもないはずだ。では、なぜこうした価値観が規制に反映されないのだろうか。

　第一の理由は、規制改革を主導すべき者がはっきりしないという単純なものだろう。われわれ

（注45） J. Franks, C. Mayer, and S. Rossi, "Ownership: Evolution and Regulation," LSE seminar paper, January 2003.

が述べたプランを実現するためには、だれかが金融システムの目的を定義し、それに見合った規制を調整しなければならない。そのためには、政治的なビジョンと権限が必要である。金融システムに何を望むかを明確に定義する勇気のある政治家はほとんどいない。批判していたほうが楽である。この空白に足を踏み入れる権限をもつ規制当局もいない。だから、彼らは自分の縄張りで局所的なアプローチを続けることになってしまう。

金融セクターがロビー活動に多大な努力を傾けていることも、変化の大きな障害になっている。個々の金融機関や業界団体が豊かな政治的影響力を行使するとき、その目的はほとんど常に、新たな規制を延期したり、適用除外にしたり、適用範囲を厳しく制限することにある（注47）。規制の構造が局所的で、論点が複雑そうにみえるとき、業界がロビー活動を行うと、利害を調整して一定の目的を目指して改革を行うことはとてもむずかしくなる。市民団体その他の、

（注46） 市場規律は、情報開示のみに焦点を当てるかたちで限定的に扱われている。バーゼルIIは基本的に金融システム全体ではなく、そこで活動する金融機関を対象にしているため、それも理解できる。次を参照のこと。"International Conversion of Capital Measurement and Capital Standards" (Basel Committee on Banking Supervision, June 2006).

（注47） たとえば、ドッド・フランク法（２００８年の金融危機後、アメリカで成立した、銀行を規制するための主要な規制）が議会で審議されている時、金融セクターに流れる豊富な収入が途絶えることのないよう、６０００人のロビイストが雇われたと報じられている。次を参照。http//:thenation.com/article/174113/how-wall-street-defanged-dodd-frank.

投資家である市民を代表し、市場のアカウンタビリティを擁護するために設立された団体は、しばしば打ち負かされてしまう。

解決策が講じられないもうひとつの理由は、経済モデルが限定的にしか通用しないということにある。いくつかの仮定を満たせば、買い手と売り手の間の取引は双方に利益をもたらすものとなる。しかし、現実にはこうした仮定が常に成り立つとは限らない。次章でみるように、「外部経済性」、本人－受託者のエージェンシー問題、そして行動上のバイアスのために、現実の世界は経済学の学術誌のなかの世界よりずっと複雑である。

われわれは局所的な規制が廃棄されるべきだと主張するものではない。全体的なアプローチと組み合わせることによって、市場ベースの自主規制の制度をデザインして継続的に自己矯正を行わせる一方、伝統的な指示命令型の規制をもって大きな不正に対処し、悪い慣行をやめさせることを可能にしようとするものである。両方を用いることによって、規制当局は市場が常に変化し続けるなかで、過度の制限とまったくの自由放任の間を縫って進んでいくことができる。目的は完全なシステムをつくることではない。正確に間違うより、だいたい正しいことを目指すべきである（注48）。

まとめ

・金融システムがうまくいかない理由の一つは規制のやり方にある。

・規制当局は何千件ものルールをつくって、金融機関の行動を細部まで規制しているが、一歩下がって「どうすれば金融システムにその本来の目的を果たさせることができるだろうか」と問うことはしなかった。

・現在の規制は全体的（システミック）ではなく、局所的（アトミスティック）である。

・法律によって金融サービスの供給者に責任を果たさせ、チェック・アンド・バランスの働く制度をつくり、行動経済学の成果を応用して受託者（エージェント）にわれわれの最善の利益を目指して行動させることは可能である。

・こうした計画の実行はもちろんのこと、提案した規制当局さえ存在しない。

・新たなアプローチは金融セクターの生産性と復元力を高め、それが社会にもたらす便益を増加せしめる。

（注48） Nassim Nicholas Taleb, *The Black Swan: The Impact of the Highly Improbable*, 2nd ed. (Random House, 2010), 284.

第6章

女王陛下の質問

クリーム色のスーツを着た小柄な82歳の老婦人は、世界的に著名な経済学者たちと同じ部屋にいることに気がついた。リーマンショックの金融危機が世界各国の市場で荒れ狂っていたさなかの２００８年11月4日のことだ。突然発生した暴落に不安を覚えていた彼女は、ちょうどよい機会とばかりに、とても困ったようすで質問を投げかけた。「なぜ暴落をだれも察知できなかったのですか」と（注1）。経済学者たちはひどく困惑した。それから4年後。２０１２年のヨーロッパ債務危機のさなか、年金受給者でもあるこの老婦人は再び、多くの経済学者たちが集まった部屋に入っていった。今回は紫色の洋服を着て、前回と同じように、とても困ったようすだった。彼女は問いかけた。「人々は少し気が緩んでいたのでしょうか」「独善的に振る舞っていた市場に問題があったのでしょうか」「市場を監督する規制当局の権限が弱かったことが問題だったのでしょうか」と。経済学者たちは前回同様、今回も答えを持ち合わせていなかった。散会して部屋から出てきた経済学者たちの重苦しい足音は、銀行で使われている機器の電子的なざわめきのなかに飲み込まれていった（注2）。

この年金受給者の老婦人こそ、イギリス女王のエリザベス2世（Elizabeth the Second）であった。彼女は、金融危機のせいで職や貯蓄を失った市民たちが、ずっと疑問に感じていたことを代

（注1）“The Queen Asks Why No One Saw the Credit Crunch Coming,” *The Telegraph*, November 5, 2008.

（注2）Sky News, December 14, 2012, www.youtube.com/watch?v=wADOzwSTJGQ.

弁し、疑問の声を発したのだった。女王は金融危機で打撃を受けた者たちのなかで、おそらくだれよりも裕福だったが、自身も２５００万ポンドの貯蓄を失った。何が起きたのか、それはなぜなのか。その後、雨後のタケノコのように、さまざまな解説が各方面から出てくるようになった。しかし、女王陛下の２００８年の質問に答えようとしたのは、ロンドン・スクール・オブ・エコノミクス（London School of Economics）の研究部長ルイ・ガリカーノ（Luis Garicano）だった。「あらゆる段階で、だれもがほかのだれかを頼っていました。そして、だれもが自分は正しいことをしていると思っていたのです」と。

女王陛下はおそらく聞き返しただろう。「どうしたらそうなるのですか」と。イギリスだけでも毎年およそ８０００人もの経済学専攻の大学卒業生を輩出する（注３）。ほとんどが優秀で、知識欲のある若者が多い。世界中の１万２０００もの大学の学部や研究機関が経済学に貢献している（注４）。経済学論文を収集し、研究者たちを評価する経済学専門データベースＩＤＥＡＳは、およそ１５０万件の経済学論文をカバーし、毎年何万件もの論文を新たに収録する。たしかに、世界中の経済学者すべてが金融システムや銀行セクターの安定性を研究しているわけではない。だが、多くの人々がそうした研究をしていることは確かだ。それなのに、手遅れになる前に

（注３）Higher Education Statistics Agency, www.hesa.ac.uk/content/view/1897/239を参照。
（注４）Economic Departments, Institutes and Research Centres in the World, Edirc.repec.orgを参照。

「金融システムが危機に瀕している」と警鐘を鳴らすような意見表明を、経済学者たちは一致団結してできなかった（注5）。ガリカーノが指摘したように、だれもが「自分は正しいことをしている」と思っていた。金融サービスの世界には伝統的な知恵があり、そのためにかえって銀行員、学者、規制当局者、ジャーナリストにとっては盲点が生まれてしまった。

こうした盲点の存在はよく知られている。ある一つの視点だけで物事をみたり考えたりすると、後になって振り返れば明白だったことも、見過ごしてしまいがちだ。金融危機において、銀行員、規制当局者、学者、ジャーナリストはいずれも、ある特定の視点だけから、もろもろのリスクを認識していた。そのため、ほかの視点からリスクを認識できず、迫りくる金融危機を察知できなかったのである。それなのに、当時と変わらぬ特定の視点からの考え方が、いまなお、ほとんどすべての大学における初級経済学の講義内容の根幹をなしている。

本章ではまず、世に広く知られている伝統的な経済理論を振り返り、それがどうやって生まれてきたかを概観する。その強みと、それがなぜ影響力をもつに至ったかを示す。同時にその弱点と、疑念を呈する人々が出てこないまま、それが通用してしまうことの危うさを指摘する。そのうえで、金融システムがどのように機能しているかを適切に説明できる代替的な経済理論をいく

（注5） 例外として、経済協力開発機構（ＯＥＣＤ）のウィリアム・ホワイト（William White）やフィナンシャルタイムズ紙のジョン・プレンダー（John Plender）など見事に予見していた人物もいる。

つか提示したい。

その前に指摘しておきたいことは、本書が提示する論点の多くは、すでに研究し尽くされているということだ。研究に貢献した経済学者たちは名声を得るに値するはずだが、問題は、研究成果がほとんど活用されていないことだ。金融の世界で強い影響力をもつ、いまの支配的なモデルは、部分的な見方しか示すことができない。だが、金融の世界の人々からは、まるで金融システムがどう動くかを完璧に説明できるかのごとく、軍隊式にといってもいいほど、熱烈に支持されているのが現状である。

伝統的な経済理論の歴史

国がリーダーに尊敬の意を表明する方法の一つは、自国の紙幣にその肖像画をのせることだ。中国の人民元紙幣なら毛沢東（Mao Tse Tung）の肖像、アメリカの紙幣ならワシントン（Washington）やリンカーン（Lincoln）など有名な大統領の肖像である。イギリスのイングランド銀行が発行する20ポンド紙幣はアダム・スミスの肖像で飾られている。アダム・スミスは、実はイングランドでなくスコットランド出身だが、多くの人によって現代経済学の創始者と認められている。ドーバー海峡を挟んだヨーロッパ大陸では10ユーロ紙幣にドイツの数学者カール・フリードリッヒ・ガウス（Carl Friedrich Gauss）の肖像画があった。スミスとガウスはそれぞれ独自のやり方で、われわれの世界観に深く影響を与えた。だが、その影響の与え方は、本人たちが生きていれば、異議を唱えたものであろうと思われる（注6）。

(1) アダム・スミスと経済学

われわれが「経済」の問題とみなしている事柄は、人類の歴史を振り返れば、大半の時期において道徳上の問題であった。古代ユダヤでは、天国で最初に神から尋ねられる質問が「お前は商売の取引で正直だったか」であった（注7）。中世では、懺悔を聴聞する司祭のマニュアルに、商人がつけた値段が「公正（just）」であったかどうかに関心を寄せる経済上の記述を垣間みることができる。アダム・スミスも道徳哲学の教授であった。彼自身が最も重要と考えた著作は「道徳感情論（*The Theory of Moral Sentiments*）」である（注8）。だが、アダム・スミスを有名にし

（注6） アダム・スミスは、グラスゴー大学（Glasgow University）の道徳哲学の教授だった。友人と歩きながら経済学の議論に夢中になり、道端の（革製品向けに動物の皮をなめすために浸しておく）タンニン溶液を張った水槽に落ちてしまったとされる。もちろん事実は定かでないが、アイザック・アシモフ（Isaac Asimov）は、ガウスは数学の問題を解いている最中に妻の危篤を知らされると、「私が解き終わるまでちょっと待てと妻に伝えてくれ」と答えたと記している。http://en.wikipedia.org/wiki/Adam_Smith および http://en.wikipedia.org/wiki/Carl_Friedrich_Gaussを参照。

（注7） Babylonian Talmud, Shabbos 31a.

たのは、自身の考えを商業の世界に応用した「国富論（*The Wealth of Nations*）」であった。同書は彼の生前から大きな反響を呼んでいた。１７９２年、イギリス首相ウィリアム・ピット（William Pitt）が議会下院での演説で「アダム・スミスの業績は、商業の歴史とわれわれの政治経済システムにかかわるすべての問題に対して最適な解決策を与えるものだ」とアダム・スミスの業績を称賛した（注９）。

国富論は、社会に対する二つの深い洞察を示した点で重要である。一つは、お金について道徳的観点から考えることを好む社会の傾向に反対するものだ。「われわれの食卓に夕食が並ぶのは、酒屋・パン屋・肉屋の慈悲心からではなく、彼らの自己利益への関心のため」なのであって、「われわれは彼らの人間性ではなく、彼らの自己愛に働きかけているのだ」とアダム・スミスは強調した（注10）。この観察は、後に「ホモ・エコノミクス（homo economicus）」（合理的経済人）として定式化されることとなる。自己利益のために行動していると解釈され、自己利益となるよう行動を軌道修正していくのが合理的経済人である。

（注８）En.Wikipedia.org/wiki/Adam_Smith.

（注９）ピット首相の予算発表演説（１７９２年2月17日）。John Kenneth Galbraith, *A History of Economics* (Hamish Hamilton, 1987), 61より引用。

（注10）Adam Smith, *The Wealth of Nations* (Oxford University Press, 2008), bk 1, chap 2.

スミスのもう一つの観察は、生産性に関係している。スミスは、ピン製造工場で異なる工程をそれぞれの労働者が分担して受け持つ場面を描写している。1人がワイヤーを引っ張り、もう1人がそれを適当な長さに切り、別の1人がピンの頭をつける等である。こうした分業による専門化によって、1人がピンづくりの全工程を最初から最後まで受け持つより、はるかに多くのピンを生産できるようになったとスミスは主張した（注11）。しかし、分業による専門化によって、人々の間ではお互いに取引することが必要になった。人々は専門化した自分の労働をお金と交換し、そのお金で衣食や他の必需品の購入をまかなうようになった。

当然の結果として、市場が大きくなればなるほど専門化は進み、それゆえ生産性が高まり、富が生み出される、とスミスは指摘した。したがって、自由貿易と開かれた市場は、より大きな富を生み出す道である。財が売買される際の価格は、道徳上での問題ではなく、供給と需要が釣り合う水準で決まる。開かれた市場でなら競争が働き、価格は、生産に要した地代や労賃など投入コストと同じ水準になるまで下がる。かくしてスミスは、自由貿易、開かれた市場、そして、競争の信奉者とみなされるようになった（注12）。

（注11） アダム・スミスは、職人が1人で全工程をこなすより、分業により労働者を専門化したほうが、生産できるピンの数は２４０倍多くなるとした。

（注12） Adam Smith, *The Wealth of Nations*, bk.1, chap. 7を参照。

アダム・スミスの著作は、経済思想の基礎となった。価格と市場がもはや道徳論のテーマとは限らないのであれば、賃金や価格の決定といった現象に論理的かつ科学的な説明を与えることもできるはずだ。この科学的アプローチの枠組みづくりは、フランス人の経済学者レオン・ワルラス（Leon Walras）の生涯の大望であった（注13）。１８５８年、小説家としてもエンジニアとしても失敗したワルラスは、父の助言に耳を傾けた。知的な世界は、二つの大きな課題に直面している。一つは、歴史の完璧な理論を構築すること（当時、カール・マルクス（Karl Marx）が取り組んでいたテーマである）、もうひとつは、需要と供給の法則を数学的に定式化することを含めて、経済の科学的な理論を構築することだ。14年後、スイスのローザンヌ（Lausanne）大学経済学部教授となったワルラスは、「純粋経済学要論（*Elements of a Pure Economics*）」を出版した。ニュートンの重力の法則が物理学で果たしたのと同じ役割を、経済学で果たそうと試みたのだ。ワルラスは、「数学的に定式化された物理学にあらゆる点で似ている」ような、純粋な経済理論を追求した（注14）。「重力の法則に基づいて、宇宙の現象を説明することを人々は当然と考え

（注13） 同時代の経済学者たちもまた、経済学を物理学のような科学にしようと努めた。たとえば、スタンレー・ジェボンズ（Stanley Jevons）は、「重力の法則のような、人間行動を予見する理論を構築したいと考えた」とされている。Eric Beinhocker, *The Origin of Wealth: Evolution, Complexity, and the Radical Remaking of Economics*（Random House, 2005）, 34.

（注14） Leon Walras, *Elements of Pure Economics*, trans. W. Jaffe（Richard Irwin, 1954）, 71.

る。同様に、自由競争の原理に基づいて経済現象を説明することも自然なことだ」とワルラスは記している（注15）。

ワルラスたちの理論は古典派経済学と名づけられ、経済学の基礎としていまでも教えられている。財の価格は、「限界価値（marginal value）」、すなわち、最後の1単位について消費者が支払ってもよいと考える価格と、「限界費用（marginal cost）」、すなわち、生産者が最後の1単位の生産に投入したコストとが釣り合う価格水準で決定される（注16）。価格が上がるにつれ、需要は下がる一方、供給は需要と釣り合うまで増加する。このようにして経済は「均衡（equilibrium）」に達する。これがよく知られる需要と供給の法則である。

需要と供給の法則には、ほかにも興味深い特性があった。とりわけ、それによって効率性が高まる。なぜなら、生産は、追加的な1単位の生産のための費用（限界費用）がその生産によって得られる利益（限界価値）に等しくなるまで続き、それ以上の生産はなされないからだ。生産者間の自由競争があれば、経済は生産コストが価格に等しくなった時点で均衡する。需要と供給のグラフは図2で示される。生み出された余剰（価値から生産コストを引いたもの）は影をつけた三角形で示され、この部分が生み出された経済厚生を表している。これはエレガントな経済理論で

（注15）注14と同、428ページ。

（注16）限界価値も限界費用も、消費や生産が既定の、ほかの財と比較した相対数量で表示される。

図2　需要と供給のグラフ

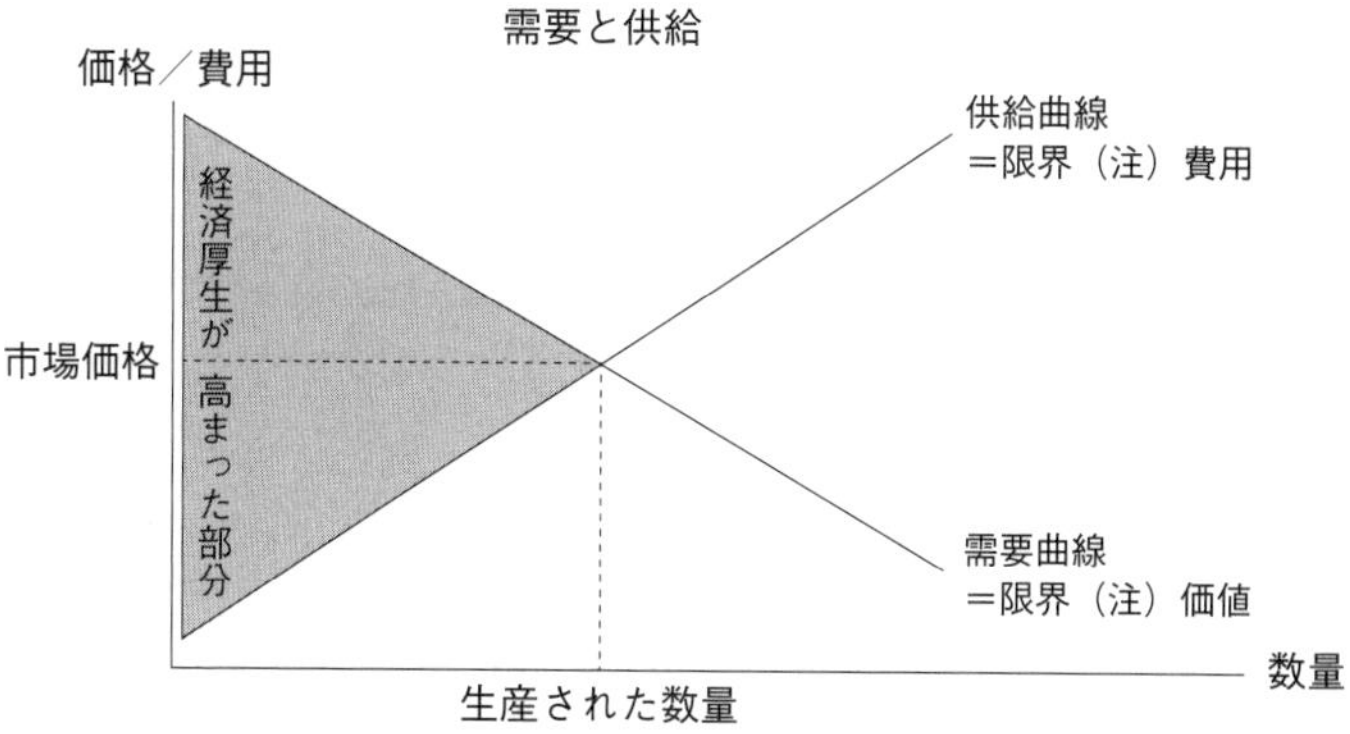

（注）「限界」とは最後の1単位についての生産に要した費用や価値。

あり、経済学を学んだ者ならだれでもよく知っている。今日教えられている、ほとんどの経済学の講義の基礎である。

(2) ガウスとモデル化のリスク

物理学では、世界は予測可能とされる。すべての事象は物理の法則に従うからである。もしある観測値が法則に従っていないなら、その法則が間違いであるか、測定が間違っているかのどちらかだ。ふつうはもちろん後者である。測定が100パーセント正確なことはほとんどないからだ。だが、科学者たちは測定がどれほど正確かを決めるための統計的な手法をもっており、したがって、予測がどれほど確からしいかを決めることもできる。

統計的な誤差の計測手法の発展に大きく貢献した人物の1人が、10ユーロ紙幣を飾っているカール・

フリードリッヒ・ガウスである。ガウスは、アダム・スミスが国富論を出版した翌年に生まれ、世界で最も偉大な数学者の1人と認識されている。彼は数学や物理学の発展に大きく貢献したが、経済学には関心を示さなかった。経済学は当時、数理科学とはみなされていなかったからである。彼はドイツのゲッティンゲン（Göttingen）大学付属の天文台所長として、天文学上の計測、とりわけ計測誤差の分布に関心を示した（注17）。要するに、誤差の大きさやその発生頻度を知りたかったのだ。

　ガウスは、今日の統計分析では当たり前になっている確率分布を考案した。よく知られている、釣鐘のかたちをした正規分布のことである。この確率分布は「ガウス分布」とも呼ばれる。正規分布の特徴の一つは、ある計測値が真の値から大きく離れていればいるほど、その計測値が観察される確率は低くなる点にある。さらに、真の値からある一定の距離だけ離れた計測値の個数が全体に占める割合がわかれば、真の値からそれより2倍とか3倍離れた距離の範囲内に計測値が何個観察されるかを求めることができる。かりに真の値が１００であり、計測値の50パーセントが99から１０１の間で観察されたとしよう。この時、確率分布が正規分布に従うとすれば、82パーセントの計測値は98から１０２の間で観察され、95・5パーセントは97から１０３の間で

（注17）ガウスの伝記は、ゲッティンゲン大学のウェブサイトで入手できる。www.uni-goettingen.de/en/62596.html.

観察されるはずだ。つまり重要なポイントは、さまざまな計測値が出現する頻度は予測可能であり、真の値からの誤差が大きな値になればなるほど、その計測値が観察される確率はより低くなる、ということである。上の例では、計測誤差が0～1の間となる確率は50パーセントと言い換えられる。また、計測誤差が1～2の間となる確率は32パーセント、計測誤差が2～3の間となる確率はたったの13・5パーセント。計測誤差が5以上となるのは、0・08パーセント以下というきわめて低い発生確率になる。

かくして経済現象を計測する、新たな経済学の一分野がスタートした。計測値は変化するので、経済学者が、計測値はガウス分布、すなわち、正規分布に従って変化すると仮定し、経済的な予測がどのくらい正確なのかを計算するようになったのは、まったく自然なことだった。

たとえば、何銘柄かの株式のポートフォリオを保有しているとしよう。何年かの期間でみて、ポートフォリオの価値の1日の変動幅が1パーセントだった日が50パーセントで、1パーセント以上2パーセント未満だった日が32パーセントだったとしよう。この時、正規分布を仮定すれば、1日で5パーセントを超えて価値が変動する確率は0・08パーセントということになる。

金融専門家はリスクを推計する際、正規分布を用いることが多い。このため、市場で資産価格は変動するが、暴落ないし暴騰といった極端な値動きが発生する確率は予測可能であり、その発生確率は非常に低いと考える。より極端な値動きであればあるほど、そうした値動きは起こりそうにないと考えるのだ。こうした基本的な仮定、すなわち、将来は予測可能であるという信条が、金融セクターのリスク管理モデルの基礎になっていることは、第2章で言及したとおりである。

要するに、これが、世界的な金融危機に至る過程において、自分たちは「正しいことをしている」と金融セクターのエリートたちに信じ込ませた経済学の思考様式である。市場参加者は、たとえ出来事の発生を正確に予測できないとしても、発生しそうな出来事のレンジ（範囲）なら予測可能と考えた。さらに、経済学の支配的な考え方にはある特徴があった。たとえば、競争的で開かれた市場であれば、需要と供給が釣り合う均衡に収束することが多いという考え方だ。このため、市場のことは市場に任せるべきであり、市場が失敗したとしても、その原因は単純なもので、規制当局が改善策を講じてくれると考える。顧客が自らの最善の利益にならない金融商品を買わされていたら、顧客により多くの情報を与えれば問題は解決する。最後に、将来の市場の価格変動性やその規模の大きさは、過去の価格変動データで推計可能であり、リスクは把握できるとの考え方である（注18）。

こうした知的伝統のなかで教育された学生がやがて社会人となり、学んだことを銀行、企業財務、規制の実務で生かすことになった。ガリカーノが指摘したように、みんなが自分たちは正しいことをしていると思い、みんなが自分以外のだれかに頼っていた。彼らが悪い人間だったわけではなく、彼らが経済を運営するために使っていたモデルや道具が、現実の世界を説明するには不完全だったのである。銀行員や規制当局者は、経済成長率の伸びをはるかに上回るペースで銀行貸出が急増し、与信が膨れあがっていることを知っていた。だが、数理経済学や統計学によれば、それは好ましい現象だった。それは、世界経済の安定性を脅かす予兆を察知し、警鐘を鳴らす役割を担う国際機関である国際通貨基金（ＩＭＦ）の見解でもあった。その公式見解は「世界経済の緩やかな成長が続いており、先行きも楽観的な見通しを維持する」とのことだった。なぜ大きな過ちを犯したのか。その理由を、後にＩＭＦは振り返っている。「当時、金融技術革新によって与信リスクを銀行各行のバランスシートから切り離すことができると信じられていたため、大手金融機関の財務基盤は強固であり、先進各国では金融市場のファンダメンタルズ（基礎的条件）は健全との思い込みがあった」と（注19）。言い換えると、銀行による資金調達や貸出が

（注18）　金融危機が発生した時点では、シンプルな正規分布にかえて、経済学者や金融アナリストの多くは、正規分布にさまざまな修正を加えた確率分布を使っていた。金融市場での価格変動を表現する確率分布の形状は、裾野にかけて正規分布よりも厚めのファット・テールであることが実証されていたからだ。つまり、価格暴落など市場で極端な事象が発生する確率は、伝統的なガウスの正規分布が示す確率よりも高い。確率分布のカーブを修正する方法はたくさんあった。だが、価格変動を予測することができるという基本的な仮定に異議を唱える者はほぼ皆無だった。

（注19）　International Monetary Fund, "IMF Performance in the Run-up to the Financial and Economic Crisis: IMF Surveillance in 2004-07" (International Monetary Fund, Independent Evaluation Office, January 10, 2011), http://www.ieo-imf.org/ieo/pages/NewsLinks107.aspx.

劇的に増えていたが、銀行はきちんとリスクを認識しているので、破綻するおそれは少ないと考えられていた。

こうしたリスク回避の金融技術は理論上、機能するはずだったが、現実世界で生じうる現象を考慮しているわけではなかった。万有引力の法則が磁力や原子力まで考慮しているわけではないのと同じように、金融機関の行動を支配する経済学の伝統は、われわれの経済活動に影響する社会、文化、法律、政治、制度、道徳、心理、技術的な諸要因を考慮してこなかった。銀行員や規制当局者が使っていた羅針盤は、それ自身の理屈に従ってうまく機能していたが、実際には間違った方角を指し示していたため、金融システムという名の大型船を座礁へと導いて沈没させてしまった。

イギリス女王陛下が経済学者たちの答えに納得したか否か、記録は残されていない。だが、女王陛下がもっと前から、経済学の数理統計モデルの欠点に気づいていたとしてもおかしくはない。１９９８年、大手ヘッジファンドのＬＴＣＭが破綻し、金融システムが崩壊寸前となった時である。皮肉なことに、ＬＴＣＭの取締役には、その前年にノーベル経済学賞を受賞していた経済学者２人が名を連ねていた（注20）。

女王陛下はまた、モデルを駆使した予測を過度に信頼する危険性について、前世紀を通じて警鐘を鳴らしてきた偉大な経済学者たちの系譜に気づいていたかもしれない。ジョン・メイナード・ケインズ（John Maynard Keynes）は数学に暗いわけではなかったが、80年前に次のように警鐘を鳴らした。「最近の「数理」経済学の論文の大部分はたんなるでっち上げであり、それらが依拠する最初の仮定と同じように正確性を欠く。論文作成者はこれみよがしに役に立たない記号をちりばめることによって、さまざまな要素が複雑に入り組み、相互に影響を及ぼし合っている現実の世界から目をそむけている」（注21）。ノーベル賞を１９７４年に受賞したフリードリッヒ・フォン・ハイエク（Friedrich von Hayek）は次のように語った。「経済学者たちが指南する政策があまり成功していない原因は、物理学の手法を模倣しようとする経済学者たちの性癖と密接な関連がある」。この誤った模倣をハイエクは「まったく非科学的だ」と一蹴している（注22）。

ジョン・ケネス・ガルブレイス（John Kenneth Galbraith）であれば、こうした経済学の潮流を、現実世界の諸問題に取り組むことを回避するには都合のよい方策だ、と腹立たし気に批判す

（注20）マイロン・ショールズ（Myron Scholes）教授とロバート・マートン（Robert Merton）教授はともに大手ヘッジファンドＬＴＣＭのディレクターであった。Wikipedia.org/wiki/Long_Term_Capital_Manegement.

（注21）John Maynard Keynes, *General Theory of Employment Interest and Money* (Snowball Publishing, 2012), bk.5, chap. 21.

（注22）ハイエク教授のノーベル賞受賞スピーチ。“The Pretense of Knowledge,” 1974, http://www.nobelprize.org/nobel_prizes/economic-sciences/laureates/1974/hayek-lecture.html.

るだろう。ガルブレイスは次のように述べている。「経済学を科学の一分野であるとみせかけようとする動きの根源には、かつて偉大な古典派の伝統が分析対象としてきた、経済システムの不適切さや不公正さに対する批判をかわそうとするねらいがある。経済学者たちの平穏な学究生活を守るため、みせかけは今日でもなお続いている」（注23）。

　これら偉大な経済学者たちは、技術的な厳格さが必要なときにそれを放棄するよう訴えかけるつもりはなかったし、われわれもそのつもりはない。本書の著者たちの同僚が指摘するように、経済学者たちが発表する毎年１３０万本もの論文のなかには、経済学史や社会学、心理学にまで触れた論文も多い。だが、われわれは、金融リスク管理や金融監督規制のために使われている経済モデルは「知的な自由度を欠く」という弊害があることを指摘したい（注24）。

　では、何が欠けているのか。どのように経済学を改革し、経済学にわれわれが打開策を必要としている重要な問題に取り組ませるようにするか。次なる金融危機の発生を早期に警告できるようにするため、また、金融システムが生産性を高め、経済厚生の向上に寄与できるようにするた

（注23）ガルブレイスはさらに「数学的な経済学が払った代償の一つは、経済学を現実世界から何歩か引き離してしまったことだ」と述べている（２５９ページ）。John Kenneth Galbraith, *A History of Economics* (Hamish Hamilton, 1987), 125.

（注24）ロンドン・ビジネススクールのアンドリュー・スコット教授に本章の草稿を読んでもらい批評や感想を求めた際のコメント（２０１４年10月）。

めに、われわれは金融システムをどのように考えればいいのだろうか。

目的をもった経済学

まず「目的」をもとう。金融セクターの目的とは何かを本書では問うてきた。同様に、われわれが金融セクターの働きを理解するための枠組みを提供する経済学の目的とは何かを問おう。この点、アダム・スミスは明快であった。彼によれば、経済学の目的は、「人々に豊かな収入と生活の糧を与えること、より正確には、人々が自らの収入を自分自身の力で確保できるようにするとともに、政府が公共サービスをまかなう税収を得られるようにすることである。つまり、人民と政府の双方を豊かにすることが経済学の目的である」(注25)。換言すれば、われわれはどうしたら社会をより繁栄させられるかを理解するために経済学を学ぶのである。

(注25) Smith, *Wealth of Nations*, bk.4, Introduction.

何が不足しているのか

金融セクターは社会を繁栄させるためにあるという本書で述べてきた議論を振り返ってみよう。金融の機能とは、安全な資金の保管場所の提供、支払決済システムの提供、お金をもっている人からお金を受け入れて、お金を必要とする人へ提供する機能、リスクを軽減する機能、そしてガバナンスを働かせる機能である。これら金融の諸機能は重要だが、金融セクターは実際にはうまく機能を果たしていない。金融危機を何度も発生させただけではない。金融セクターでは過去１００年以上、生産性が向上していないのだ。

これは、金融経済学の研究や教育にささげる努力が不十分だからではない。われわれが学ぶ金融経済学の内容と、それをわれわれがどのように使うかが問題である。経済学者たちは、物理学の真似をして、経済現象を数学的な法則に従って説明しようとしてきた。それ自体に問題はないが、数学的な説明だけでは不十分だ。経済学の目的が、どうしたら社会をより繁栄させられるかを理解することにあるならば、数学的な探求に直ちにはなじまない学問分野の助けを必要とする。

それは中国の社会科学アカデミーが到達した結論でもあった。同機関は、何が西洋の台頭を説明するか、中国が過去30年間、遅れをとったのはなぜかを問われた。最初、アカデミーの研究者は、軍事技術や政治経済システムに原因があるに違いないと考えた。だが、最終的にこれらの説明を棄却し、原因は「彼らの宗教であるキリスト教にある」という結論に達した。「それが、西洋がパワフルだった理由である。社会的、文化的な生活におけるキリスト教の道徳的な基盤のおかげで、資本主義の出現が可能となり、民主主義政治への移行も成功した」（注26）。こうしたアプローチは、社会学者マックス・ウェーバー（Max Weber）の業績を想起させる。ウェーバーは、ルネッサンス期以降のヨーロッパの経済的繁栄をもたらしたのはプロテスタンティズムの精神、つまり、勤勉と資本蓄積を正しいと信ずるプロテスタント特有の道徳的価値観だったと結論づけている。

もっと最近では、ソビエト連邦崩壊後、東ヨーロッパ諸国が資本主義国へうまく移行できた国とできなかった国に分かれたのはなぜかについて、経済学者たちは答えを見つけようとしてきた。多くの仮説を検証し、彼らが到達した結論は、ジャーナリストのデイビッド・ブルックス（David Brooks）の言葉によれば、次のようなものだった。「最終的に、そして、最も大切なのは価値観に差があることだ。一国の経済は道徳的な生態系に組み込まれている。経済的に繁栄する

（注26） Niall Ferguson, *Civilization: The West and the Rest* (Penguin 2011), 287より引用。

か否かは、歴史、文化、精神性に左右される」（注27）。

　これらの分析は、経済を純粋に数学的に説明しようとする経済学者には厄介だろう。問題は、中国人や東ヨーロッパの研究者たちの結論が正しいか否かではない。著者たちですら、これらの分析は単純化されすぎていると思う。重要なのは、宗教や文化という経済学にとっては非伝統的な要素が、現実の経済行動を大きく左右していることに着目した点である。経済学の目的が社会に繁栄をもたらすことにあり、社会の繁栄が宗教上の信条、歴史、文化といった要素に左右されるならば、経済学にとっても、道徳、政治、技術、その他の制度が及ぼす影響を研究することは不可欠である。何が繁栄を生み出すのか、そもそも繁栄とは何かという問いかけは複雑であり、数学が答えられる領域をはるかに超えている。

　数学的なモデルが妥当することもあり、それが厳密な分析に不可欠であることは否定できない。だが、もしも数学的なモデルを経済学の唯一のアプローチとするならば、つまり、分析課題をより広くとらえることをせず、数学的なモデルで表現することを優先するあまり、経済学者が分析課題を狭い範囲に絞り込んでしまうなら、大きな問題である。イギリスのある一流の経済学者は次のように記す。「経済学を職業とする者たちが、テクニックに固執することには、いつも

（注27）David Brooks, "The Legacy of Fear," *New York Times*, November 10, 2014.

いらだってしまう。彼らはどうでもよい問題を取り上げ、エレガントな解答を与えることを好む」（注28）。

ある経済学者が、「二つの離れ島があり、1島は牛の農場、もう1島は羊の農場からなる。これら2島の農民がある日、お互いの存在に気づいたら何が起こるか」と尋ねられたシーンを想像してほしい。経済学者は「それは両島にとってよい話だ」と答えるだろう。貿易が始まるからだ。牛と羊の交換比率は、それぞれ島の住民が牛と羊のどちらをどの程度好むかにより定まる。貿易によって、両島の住民の経済厚生は以前より高まるだろう。経済学者はまた、輸送コストがかかるので、羊の農場がある島では羊は牛よりも安いと付け加える。そして、もしどちらかの島の農場主たちがカルテルを結成し、価格をコントロールしようとすれば、何が起きるかを説明することもできるだろう。こうした分析はすべて役に立つ。

だが、経済学者が語るシナリオは、現実の世界では起こりそうにない。アメリカ大陸やオーストラリア大陸の先住民の歴史を振り返れば、これら新大陸にやってきたヨーロッパ人が疫病をもたらし、先住民を征服しただけで、先住民たちと対等な貿易をしなかったことに気づく。ヨーロッパ人はかつて中国や日本にも「不平等条約」を締結させた。歴史は、どんな初歩的な貿易で

（注28）ロンドン・ビジネススクールのアンドリュー・スコット教授に本章の草稿を読んでもらい批評や感想を求めた際のコメント（２０１４年10月）。

あれ、貿易には両国の軍事力や情報がおおむね互角であることとともに、貿易相手国との間で適切な関係に関するさまざまな認識の共有も必要だったことを示している。たとえば、「公正な貿易」を構成する要素は何か。何を所有することが認められるか。土地を所有できるか。水や大気はどうか。所有権や従業員の雇用に伴う義務は何か。これらの複雑な社会に関する疑問は、現実の経済活動ではきわめて重要だ。だが、経済学がこれらについて教えてくれることは少ない。

二つの島の初歩的な貿易のケースでさえ、経済学者は島で酪農がどのように始まり、どのように発展しうるかをほとんど語らない。二つの島の酪農は効率的なのか。技術革新をしているのか。持続可能なのか、あるいは環境を破壊するおそれはないか。経済学では語れない疑問はいくらでも出てくる。大切なのは次の点だ。経済学は物理学を模倣して知的な純粋性を追求してきたが、それゆえに、社会の繁栄にたしかに関係するいくつかの要素の研究を放棄してしまうという大きな犠牲を払っているのである。

アダム・スミスは、取引の主体となれる人間の能力に言及している。「人間には生まれつき、ある物と他の物を取引、交換しようとする傾向が備わっている」（注29）。しかし、取引が可能であるためには、少なくとも「取引費用（transaction costs）」が低く抑えられていなければならな

（注29）アダム・スミスはこうした人間の傾向は「ほかのどの動物にもみられない」と続けている。後にこの主張は間違っていたことが証明された。Smith, *Wealth of Nations*, bk.1, chap. 2.

い。取引費用とは、買い手が欲するサービスをきちんと得るための費用、売り手が適切な対価を受け取るための費用である。

取引費用が高いと、市場は機能しない。たとえば、灯台が提供するサービスの対価の支払を、付近を航行する船舶に求めるのは困難である。経済学は古くから、灯台などを「公共財」とし、他の財貨サービスから区別してきた。公共財では市場が機能しないため、その供給を促すためには国が購入する必要があるとされる。だが、シカゴ大学のロナルド・コース（Ronald Coase）教授によれば、灯台のサービスを提供するための取引費用と他の財貨サービスを提供するための取引費用の違いは程度の差であって質の差ではない。彼は、最初の灯台が、近くの港湾の運営者によって私的に提供されていた事実を指摘し、経済学者たちは、市場で価格が決まる「私的財」とそうでない「公共財」とに世界を二分することにより、間違った問いの立て方をしていると主張した（注30）。問題は、国が供給すべきか、私的に供給されるべきかではない。買い手と売り手の間で取引がよりスムーズに成立するために、取引費用をいかにコントロールするかが問題なのである。たとえば、終身年金保険に加入するときや銀行からローンを借りるとき、金融機関があなたの必要とするサービスをきちんと提供することをどうしたら確かめられるか。サービスを購

（注30）R. H. Coase, "The Lighthouse in Economics," in *The Firm, the Market, and the Law*, chap. 6（University of Chicago Press, 1988）.

入した買い手のあなたが、サービスの提供者にサービスをきちんと提供させるにはどうしたらよいのか。これらはきわめて深刻な問題である（注31）。もしも答えがわかれば、金融セクターの生産性を向上させるための重要な手がかりとなる。

コース教授は「新制度派（institutional）」の経済学者として知られる。彼は市場を効率的に機能させるために、市場の諸制度をどのように構築すべきかに関心を寄せた。ところが、「正しい経済の諸制度はすでに存在している」との前提から出発する分析が近代経済学の主流である。コース教授はこの前提のせいで、「経済学は現実の世界から遠く離れ」、「経済学が解決策を提示するはずだった諸問題の多くに解決策を示せなくなっている」と考えた。コース教授ら新制度派の経済学者たちにとって、主要課題は、物理学の万有引力の法則のように、価格を「均衡」に向かわせる市場をつくることではない。取引費用をできるだけ低く保てるような諸制度を構築することである。そうすれば、買い手はより低コストでほしいものを手に入れ、売り手は利益を極大化できるからである（注32）。

（注31）加えてコース教授であれば、「経済学者たちが公共財と私的財の二分法をとったのは、公共財については経済モデルがうまく機能しないので経済学の対象から切り離し、残った私的財にのみ経済モデルを適用するため」と批判するだろう。公共財と私的財を区別せず、すべての財につき取引費用を認めるコース教授の手法では、経済モデルは複雑になりすぎて使えなくなってしまうので二分法がとられたともいえる。

だが、新制度派経済学の研究は盛んな一方で、金融経済学者にとっては、効果的な金融の諸制度のデザインは主要な関心事ではない。制度のデザインの研究者も理論的な分析に専念する傾向があり、実用的な側面には関心が薄い。

現代の金融経済学は、現実の世界を直視し、どうしたらもっと社会を繁栄させることができるかと問うところから出発していない。彼らは「モデルの世界」から出発し、現実の世界が、どれだけモデルにうまく当てはまるかを検証する。よりよく当てはまるように、前提条件を少しずつゆるめていくのである。こうした手法に習熟した人々は洗練された分析の達人ではあるが、往々にして、現実の世界がどう振る舞うかに関する知見や、現実の世界をどうすればよりよい方向に導けるかを理解するスキルを欠いている。

批判されると経済学者たちは決まって、「経済学は市場の失敗などの諸問題を扱っている」と反論する。「金融経済学は単純な市場メカニズムを対象とする学問だ」という反論に至っては、もはや「わら人形と教科書の論法（straw man and a textbook model）」（訳注1）さながらだ。よく使われる論法だが、それは間違っている。経済学者のアンドリュー・スコット（Andrew Scott）教授は著者たちに次のように語った。「金融経済学をベンチマークの一つとして教えている。ア

（注32） Coase, *The Firm, the Market, and the Law*, 15.

ダム・スミスの神のみえざる手のおかげで達成される理念型を示すベンチマークである。次に、不完全な現実の世界において、あらゆることがベンチマークにどのように戻っていくか考察する。その結果、経済学の知識を断片的にしか身につけない多くの学生にとっては、競争原理は好ましく、市場はうまく機能するという、単純明快な結論部分だけが記憶に残ることになる」（注33）。

（訳注1） 相手の批判を正しく受け止めず、自己流に都合よくゆがめた架空の批判に対し、教科書に出てくるようなもっともな反論をして議論に勝とうとすること。

しかし、経済学を職業とする大学教員たちのせいか、学生たちのせいか、それとも大学と金融セクターとのかかわり方のせいなのかと、責任の所在を追及しても実利に乏しい。金融セクターの経営管理や規制についての考え方は、これまで一面的で片寄っていた。「競争原理は好ましく、市場はうまく機能する」のは、市場参加者が適切に動機づけされ、市場の目的を果たすように行動すれば、報酬を受けられる仕組みになっている場合に限られる。

（注33） スコット教授に本書の草稿を読んでもらった際のコメント（２０１４年10月）。

リスク管理におけるギャップ

経済理論だけが不適切なのではない。リスクについてのわれわれが推奨されている考え方も不適切である。金融リスク管理で使われるモデルは、将来の事象がガウスの正規分布など特定の確率分布に従って発生するとみなすことが多い。これは数学的な評価に適した世界であり、まれにしか起きない事象でも発生確率が予測可能とされる世界である。だが経済モデルが現実の世界について狭い片寄った見方しかしていないならば、リスク管理モデルが予測する現実の世界の動きもまた正確性を欠く。これには二つの原因がある。

一つ目の原因は、リスクと不確実性の違いに関係する。アメリカのドナルド・ラムズフェルド(Donald Rumsfeld)元国防長官が両者の違いを明確にした。彼は、「知られた、知られていないこと(known unknowns)」と、「知られていない、知られていないこと(unknown unknowns)」があるといっている(注34)。「知られた、知られていないこと」がリスクを指すと考えてもいいだろう。サイコロを二つ同時に振るとき、出た目の合計がいくつになるかは知られていないが、そ

(注34) En.wikipedia.org/wiki/There_are_known_knowns.

れが2から12の間の整数であることや、何回も繰り返しサイコロを振ったときに特定の目がどのような頻度で現れるかも知られている。しかし、確率的にさえ、予測できない事象が起きることがある。たとえば、特定の目が出やすいようサイコロが細工されているかもしれない。ラムズフェルドは、敵がどんな武器を使って攻撃してくるか予測できないというのは軍事行動の性質であり、したがって、作戦の結果を予測することはできないと強調した。あまりに多くの可能性と不確実性があるのである（注35）。

二つ目の原因は、正規分布やその変形の確率分布が本当に現実の世界で発生する事象を表現しているのかということに関係する。「知られていない、知られていないこと」の問題は脇に置くとしても、経済事象の発生はガウスの正規分布には従わないことがすでに実証されている。極端な事象が、正規分布に基づく予測よりもはるかに高い確率で発生しているからである。ナシーム・タレブ（Nassim Taleb）は、正規分布に基づく分析は「何も語らないに等しい」と主張する。なぜなら、「それは（平均から）大きく乖離する現象を無視しており、そうした現象を取り扱うことができないにもかかわらず、不確実性を軽減することができたと、われわれを安心させてしまう」からだ（注36）。イングランド銀行のアンディ・ハルダンは次のように語った。「経済

（注35）シカゴ大学のフランク・ナイト教授をはじめ、予測可能なリスクと、計測不可能な不確実性とをきちんと区別すべきだと唱えた経済学者もいる。だがいまでも、予測可能なリスクしか考慮しない経済学者が多い。

学や金融論において、正規性の仮定は過去1世紀以上にわたり受け入れられてきた知恵だった。だが、現実の世界では、ノーマル（正規性）の仮定ほどノーマル（正常）でないものは見当たらない」（注37）。問題の一つは、ガウス自身、正規分布が経済学で使われるとは思ってもいなかったということだろう。ガウスの目的は、地球から月までの距離といった物理的な事象の測定において誤差を予測することだった。アナリストが過去の一定期間における資産価格の変動を、正規分布を使ってチェックし、その延長として将来の変動を予測することになろうとは、ガウスには想像もできなかっただろう。

過去の事象の観察と確率分布を使って将来の事象を予測することは、休火山の斜面に住んで「噴火しないだろう」と無理に信じ込むことに少し似ている。かりに起こりそうにない事象を予測できるとして、その発生確率は、正規分布が示す発生確率よりもはるかに高いことが実証されている（注38）。その理由の一つ目は、現実の世界には不確実性が存在することである。不確実性とは、われわれが知らない事象であり、そうであれば、予測しようがない。理由の二つ目は、

（注36）Nassim Nicholas Taleb, *The Black Swan: The Impact of the Highly Improbable* (Random House, 2010), xxxix.

（注37）エディンバラ大学（University of Edinburgh）での講演（2012年6月8〜9日）。Andrew G. Haldane, "Tails of the Unexpected," http://www.bankofengland.co.uk/publications/Documents/speeches/2012/speech582.pdf.

リスクを理論上、計測できる場合であっても、リスクの発生確率は正規分布には従わないことが多く、実際にはリスクを計測できないということである。結局、現実は不確実性とリスクが相互に影響を及ぼし合っている複雑な世界である。サイコロを振るのと違って、金融市場では一つの事象はしばしば次の事象に影響を及ぼす。その結果、些細な事象が時として雪崩のような大惨事に発展する。この雪崩こそ、われわれがなんとしてでも理解し、回避しないといけないものなのである。

なぜ、われわれが知る必要のある将来の事象を予測できないリスク計測手法が使われているのか。理由の一つは、リスクや不確実性を測る有効な手法がほかにほとんどないからだ。われわれが極端な事象に遭遇することはほとんどないので、このモデルでもうまくいくようにみえる。第2章で論じたリスク管理モデルは、肝心な金融危機ではみじめなほど機能しなかったが、機能発揮の必要性が乏しい平常時にはとてもうまく機能する。それでもなお、われわれが正規分布を

（注38）ハルダンの講演「想定外の事象のテール（Tails of the Unexpected）」より。倍率計算はその表2を参照。ハルダンは、期待値から4標準偏差ぶん離れた事象について、それが自然的、社会的、経済的な世界において実際にどれだけの頻度で発生するかを調べた。期待値から4標準偏差ぶん離れた事象が発生する確率は、正規分布を使った予測ではわずか０・００３にすぎない。しかし、彼が観察した経済事象は、正規分布が示す確率より１００倍も高い頻度で発生した。このため、ハルダンは「多くの金融機関で現在、なお使われている中核的なリスク管理ツールを根底から見直す必要がある」と訴えている。

使って大災難を予測しようとするならば、それは街路灯の下で財布を探しているところを目撃された酔っ払いの姿と似ている。通行人が酔っ払いに「ここで落としたのは確かなのか」と尋ねる。すると、「いや、どこで落としたかわからないが、ここがほかより明るいから」と答える酔っ払いこそ、われわれなのだ。

エリザベス女王陛下は、「なぜ金融危機にだれも気づかなかったのか」と尋ねた。返答は「あらゆる段階で、だれもが他人に依存し、みんな自分は正しいことをしていると思っていた」というものだった。たぶん金融セクターの人々は、知的なモデルにとっては居心地のいい、街路灯の下をみていたのではないか。だが、明かりの下では酔っ払いは財布を見つけられそうにない。同様に、われわれが使っているリスク計測手法では、金融危機をもたらす、まれに発生するシステミックな事象を見つけられそうにない。

みえないゴリラ

実験心理学の研究者であるダニエル・シモンズ（Dan Simons）とクリストファー・チャブリス（Christopher Chabris）は２００４年、「まず人々を笑わせ、そして考えさせた功績」を讃えるイグ・ノーベル賞（Ig Nobel Prize）を受賞した（注39）。彼らが行ったのは、次のような実験である。被験者にバスケットボールの映像をみせ、一つのチームが試合中に何回パスをしたかを数えさせた（「ザ・モンキー・ビジネス・イリュージョン（The Monkey Business Illusion）」で検索すると、実験をユーチューブでみることができる）（注40）。ほとんどの被験者はパスをかなり正確に数えた。ところが、被験者の半数が、試合中にゴリラの着ぐるみをかぶった人物が画面に現れ、胸をたたき、やがて歩き去ったことにまったく気がつかなかった。被験者はパスの数を数えることに集中していたので、ゴリラがみえなかったのだ。

おそらく、われわれが使っているモデルがあまりにも浸透してしまっているために、金融市場を運営、規制する人々は異例な問題を見逃してしまったのだ。その問題とは、金融危機をいかに回避するか、そして、金融セクターを社会の繁栄にいかに貢献させるか、という大きな問題であった。彼らは自分たちが教わってきた経済理論やリスク管理モデルに基づいて世の中を説明しようとするあまり、前回の金融危機でわれわれを失望させた思考様式から、いまもなお抜け出せずにいる。こうした事例を、本書では数多く紹介している。

第5章では、新たな銀行規制であるバーゼルⅢを論じた。著者たちは、バーゼルⅢは銀行の破綻を予見するのによい道具ではなく、次の金融危機を予防するのに効果的と信じる理由にも乏し

（注39） 引用文はwww.theinvisiblegorilla.com/biographies.htmlより。
（注40） 映像はwww.youtube.com/watch?v=IGQmdoK_ZfYより。

いと指摘した。その理由の一つは、バーゼルⅢが本章で述べたリスク計測手法を活用した規制だからである。規制当局は2008年金融危機の発生原因を、銀行がリスクの高い融資を行いすぎたことにあると考えた。そのため、バーゼルⅢでは、銀行に対して、融資をさまざまなリスクカテゴリーに分類し、よりリスクの高い融資にはより多くの自己資本を積むことを求めている。しかし、それは融資が焦げつく確率が予測できることを前提としており、金融危機の際にそうした予測は外れる。個別の銀行に対して、当該銀行がうかつにも、いくつものまずい融資を行って、トラブルを招きつつあると警告することがバーゼル規制の目的なら、それは機能するかもしれない。だが、われわれがおもにおそれるのは、一つの銀行の破綻ではなく、金融システム全体の破綻である。それは不確実性の問題であり、リスクだけの問題ではない。

本書ではほかにも事例を紹介した。第3章では、金融仲介業者や大企業のCEOたちが大きなインセンティブ報酬を与えられており、株主に利益をもたらすと利益が得られるようになっていることを指摘した。そこでの契約のアプローチは、われわれの経済モデルと整合的である。すなわち、ホモ・エコノミクス（経済人）に正しい行動をさせるには動機づけを必要とするという経済理論である。だが、その動機づけのせいで、経営が改善した証拠もないのに、CEOたちの報酬は青天井になってしまっている。こうした動機づけのための契約では、きわめて有効であることが実証されている、ある「制度（institution）」が無視されている。この制度のもとでは、企業と従業員が信頼と誠実さと最善の努力を基盤として、お互いに義務を負うことが保証される（注41）。この制度は「雇用（employment）」と呼ばれている。ほとんどの従業員は、雇用主を犠牲にして、賄賂等をもらって自分の私的な利益を極大化しようとは考えていない。むしろ、同僚たちと一緒に働いてよい結果を出そうとしている。仕事を楽しむ従業員は、雇用されていることを自己実現と考える。それを天職と考える従業員もいる。仕事を楽しめない従業員でさえ、時間どおりに出社し、一生懸命に働き、正直に振る舞い、価値を付け加えようと取り組むことが、雇用主との間の暗黙の取引であると考えている。こうした従業員の行動は非常に大きな社会の利益につながる。なぜなら、従業員に求める仕事ぶりを、あらゆる要素にわたって契約で取り決めようとすれば、単純にお互いを信頼することに比べて、とても大きな取引費用がかかってしまうからだ。とりわけ、従業員が雇用主よりも自分に与えられた仕事がどのようなものなのか、どうすれば契約が自分にとって有利に働くかをよく知っているときにはそうである。だが、こうした細かく取り決めた業績ベースの契約こそが、経営トップたちとわれわれ（株主）が締結する契約なのである。経営陣は巨額の自社株式やストックオプション、ボーナスの支給を受けることで「動機

（注41）著者たちはコーポレートガバナンス運動の提唱者として、経営陣に株主の利益となる行動をとるインセンティブを与えることを求めてきた。したがって、著者たちも本文で述べた形式の契約を奨励してきたという批判の一端を受けなければならない。

づけ」されている。そうでもしない限り、彼らがきちんと仕事をするとは信じられないかのごとくである。当然の結果として、部外者にはとんでもない強欲とみえるような報酬が正当化されてしまう。

あらゆる成功した金融システムにとって、信頼は中心的な特徴である。十分な根拠に裏打ちされた信頼があれば、取引費用は低く保たれ、金融システムは機能する。信頼は、エンジンがオーバーヒートして自壊することを防ぐ潤滑油のようなものだ。だが、信頼を構成している要素は何か、どうしたら信頼を促し、保つことができるのかという問題は、典型的な金融論の講座ではほとんど扱われていない。

アダム・スミスの跡を継いだ経済学者たちが後世に残した悪い遺産の一つは、「信頼で成り立つシステムが存在する」ことを当然の前提としたことである。それは当然のことではまったくない。アダム・スミスが今日生きていたら、われわれの金融システムに存在する信頼の程度に驚いたことだろう。アダム・スミスは、自分のお金を管理・運用してもらうために他人にお金を渡すのはばかげていると考えた。なぜなら、そうすると、彼にとって甚だしい無駄遣いを意味する、「怠慢（negligence）」と「浪費（profusion）」を招くだけだからだ（注42）。他人のお金を管理・運

（注42） Smith, *Wealth of Nations*, bk.5, chap.1.

用する人は、そのお金を自分の利益となるように使うものだ。今日の金融システムの驚くべき点は、市場の効率性に関するアダム・スミスの予言が実現している点ではなく、ともかくも機能するために最低限必要な程度には信頼が維持されている点である。

偉大な古典派の経済学者アルフレッド・マーシャル（Alfred Marshall）が20世紀に入る頃の著作で、アダム・スミスの予言に反し、株主と顧客が支配力を直接及ぼせない金融機関であっても業績を拡大していることを指摘した。そして、「大きな上場企業の幹部たちが、いくらでも不正を働ける立場にあるのに、誘惑に負けることはほとんどない。これこそ、正直と実直の精神がビジネスの世界で近年、驚くほど勢いを増している確固たる証拠である」と結論づけた（注43）。こうした商業道徳上の精神こそが、経済的繁栄を下支えする。だが、その道徳はどのような特性をもっているかとか、道徳を高めるためにはどのような制度が必要なのかといったテーマは、今日学ばれているほとんどの経済学の対象外である。

こうした問題が対象テーマとなるよう、経済学研究を立て直すにはどうしたらよいか。市場経済の分野を切り捨てる必要はないし、ともすれば価値観の問題に取り組むことを避けようとするカリキュラムに道徳をテーマとするコースをいくつか追加する必要もない。むしろ経済学の目的

（注43） Alfred Marshall, *Principles of Economics* (Macmillan, 1946), 303.

に立ち戻るべきである。経済学の目的とは、どうしたら最大限の繁栄をもたらすことができるかを理解することである。

新たな金融論のカリキュラム

現実の経済事象を研究するには、高度に発達した金融システムでは一定水準の信頼が必要であり、加えて、売り手と買い手が同じ価値観を共有していることが不可欠であるという認識から出発しなくてはならない。そうした研究は、次のことを行う。

・理論を絶対的なモデルではなく、経済的な関係をどのように理解するかに関する複数の、しばしば競合する見方の一つとして考えるように、学生を訓練すること。
・人間の欲望を明示的に考察し、人間の欲望がどのようにわれわれの行動に影響するか、どのように経済的な意思決定を左右するかを考えること。
・制度の理解、すなわち、経済的な関係を規律するチェック・アンド・バランスに焦点を当てること。

買い手と売り手とが出会う市場で取引が活発になるには、一定水準の信頼が不可欠である。ノーベル賞を受賞した経済学者ケネス・アロー（Kenneth Arrow）は、「道徳的な要素があらゆる契約になんらかのかたちで盛り込まれており、それなしではどんな市場も機能しない」と指摘した。さらに「信頼、それと似た忠実さ、正直さなどの価値を、商品のように開かれた市場で取引することは技術的に不可能であり、それが意味をもつとも思えない」とも記している（注44）。

金融においても、こうした認識が役に立つ。人間には経済学が役に立たない本源的なニーズがあることをみな知っている。「お金では愛を買えない」という昔の歌の一節をみな知っている。実際、お金で愛が買えるなら、それは通常、愛ではなく、何か別のものとみなされる。同じことが倫理的な基準にも当てはまる。だが、アローはさらに一歩進んで、市場は倫理的な基準を基礎としなければ機能しないと指摘した。

したがって、われわれの経済は人間の価値観を基礎にしている。それゆえ、人間の価値観はどのようなものか、どのように変化するのか、そして、どのように結果に影響するのかが、金融経済学が扱うテーマに含まれなくてはならない。経済学は社会科学であり、社会的な制度に依存する。社会的な制度が変化すれば、経済学へのわれわれのアプローチも変化してしかるべきだ。別のノーベル賞受賞者ジョン・ヒックス（John Hicks）は、「いま正しいことを示す理論でも、時代が変われば間違ったことを示すかもしれない。いつの時代でも、われわれが求めることをしてく

（注44）Kenneth Arrow, *Information and Economic Behaviour*（Federation of Swedish Industries, 1973）, 24. 議論のためには、O. Williamson, *The Economic Institutions of Capitalism*（Free Press, 1985）, 405を参照。

れる経済理論など存在しない」といっている（注45）。

ヒックスの言葉が正しければ、経済学は物理学にあまり似ていないということになる。だが、金融経済学について人々が話すとき、彼らはよくも悪くも、経済がどのように機能するかを示す、唯一無二の見方があるかのように話す。理論が複雑な経済的な帰結を正確に予測できるかのように話す人もいる。どちらも間違っている。

少なくとも、経済学の二つの流派、すなわち、ミクロ経済学とマクロ経済学がすでに大学で教えられている。それらは異なる経済的な帰結を予測する。ミクロ経済学の教科書の世界では、市場が競争的ならば、あらゆる資源が効率的に活用され、均衡状態に達する傾向がある。マクロ経済学の世界では、資源がほとんど使われず失業者があふれかえる事態がありうるだけではなく、むしろそうなる可能性が高い。

ミクロ経済学は、金融機関の経営や規制のあり方に対して、より強い影響を与えてきた。市場がどのように振る舞うかを予測するのに、ミクロ経済学から得られる見方が役立ってきたことに異を唱える者はあまりいないだろう。そのスタート地点の一つは単純なことだ。すなわち、人々に仕事をさせたいなら、インセンティブを与えれば、人々が仕事をする可能性が高まるというこ

（注45） John R. Hicks, “‘Revolutions’ in Economics,” in Spiro J. Latsis, ed., *Method and Appraisal in Economics* (Cambridge University Press, 1976), 207-18. Williamson, 386より引用。

とだ。そして、消費者が自分の買いたいものを知っていて、手に入れることのできる商品のすべての特徴に関する情報を完全に知らされていれば、自由な市場と競争はよい結果をもたらす傾向があると考える。

こうした観察は重要だが、法律その他の制度についての単純化したいくつかの条件が成立することを前提としており、現実の世界で通用する保証はない。経済は、社会的ないし制度的な文脈のなかでのみ存在する。経済は、社会的な動物である人間がつくるものだ。したがって、社会や制度と個人のインセンティブとの間にどのような相互作用が働いているかを理解することを経済学の研究対象に加えなければ、繁栄をもたらすという経済学の目的を果たすことはできない。

社会的な力が強く働き、経済的な力を削いでしまい、悪い帰結をもたらした事例を一つあげよう。経済理論によれば、自由市場では、雇用主はその仕事に最も適した者を雇い入れるとされる。だが女性は、男性と等しい能力があるにもかかわらず、何世代にもわたって自分が適した仕事から締め出されてきた。女性の雇用を妨げる法律がなくてもそうだったのだ。これは当たり前ですませられることではない。百歩譲って不当な女性差別に気づかぬふりをするとしても、それが社会の繁栄に対して甚大な悪影響を与えたことは無視できない。雇用市場が労働力の半分に背を向けたのだから。社会的な力が経済的な力を打ち負かしてしまったのである。

社会的な制度は、みなが「ゲームのルール」を知っていることを求める。そこでは、あからさまな利己心のみに基づくものではない振る舞いが求められる。そうした振る舞いは、社会の繁栄にとって必要だ。アダム・スミスが、肉屋、酒屋、パン屋がわれわれに夕食を提供してくれるのは、そうすることが彼ら自身の利益になるからだと考えたのは正しかったかもしれない。だが、彼らが捕まって罰を受けることがなくても、利己心に関する独自の解釈あるいは真の善意から、彼らが顧客を害するような食料を提供することはないだろう。

要約すると、市場のインセンティブのみに基づくモデルは、われわれが効率的な経済システムをつくりあげるために理解しなければならない条件の一部を反映しているにすぎない。繁栄を促進しようとするならば、全体的な相互作用に焦点を当てることが必要である。われわれの今日の豊かな生活水準と、先祖たちのつましい生活水準との差の原因は、自由で競争的な市場の存在に求められるが、それがすべてではない。技術、科学的な知識、社会的な制度の違いを無視するとしたら、それは経済学者たちの怠慢である。これら諸要因もまた、社会の繁栄を下支えする力なのである。

新経済思想研究所（Institute for New Economic Thinking）のエグゼクティブ・ディレクターであるエリック・ベインホッカー（Eric Beinhocker）は、古典派の経済学に正面から挑戦して、経済の静的なモデルはミスリーディングであると主張する。より正確にみれば、市場も経済もともに進化し、順応していくシステムであり、絶え間なく変化し、環境が変わればそれに応じて変化していく（注46）。生物の進化と同様、環境に適応できれば生き残って繁栄する一方、適応できず弱体化すれば脇に追いやられる。経済を複雑な適応力あるシステムととらえる研究者たちは、こうした理論は現在の市場経済学より、経済システムの発展を正確に説明することができると指摘している。彼らはまた、現実の世界は予測がむずかしく、とりわけ長期の予測は困難だと主張する。こうした批判は重要である。なぜなら、第一に、それによって経済システムがどのように機能するかについて新たな別の説明が可能となり、第二に、繁栄をもたらすために最重要な要因に含まれる、進化をもたらす要因に目を向けているからである。

これら金融経済学への異なるアプローチのどちらが好ましいかを判断することが本書のねらいではない。むしろ、これら対立する枠組みは、経済的関係をかたちづくるさまざまな力の理解に役立つ。すべての経済学者は、市場が機能するための「社会資本（social capital）」とも称される信頼の関係性を理解する必要がある。また、技術、発明、人間関係は常に変化しており、経済的な関係も変化していること、そして、こうした関係の変化こそが社会の繁栄に寄与していることを理解すべきである。これまで本書で論じてきたように、金融セクターは他の多くの産業セクターと異なり、情報通信技術などテクノロジーの発達で効率性を高めやすくなっていたにもかか

（注46）ベインホッカー教授によれば、「組織体、市場、経済は進化するシステムにそっくりなのではなく、文字どおり進化するシステムそのものなのだ」。Beinhocker, *Origin of Wealth*, 187.

わらず、効率性を高めることができなかった。それはなぜか。明確な答えはなく、したがって、われわれは明確な解決策を持ち合わせていないのが現状である。

伝統的なミクロ経済学はたしかに一定の役割を果たしている。だが、繁栄し、持続可能な社会をいかにつくりだすかという問題に取り組むとすれば、その位置づけはいまよりもっと控えめなものになる。結果は、教科書的なアプローチが認めるより大きな程度で、人間のモチベーション、行動、モチベーションを規律する制度に左右されるのである。

人間のモチベーションと行動

文化が経済に与える影響力の大きさを示す例を、何百年も前に見出すことができる。１４８８年、バーソロミュー・ディアス（Bartholomew Diaz）はアフリカ大陸の南端、喜望峰へ到達する航海をした最初のヨーロッパ人となった。ほかの多くの探検家たちが名声と富を求め、後に続いた。こうして喜望峰を経由するインド洋貿易において、ヨーロッパ勢が優位を占めることになった（注47）。

（注47）ヨーロッパ人の船乗りたちを喜望峰へと導いた航海技術や商業的動機は、大西洋を横断しアメリカ大陸へ航海したコロンブスを導いたものと同じだった。

ヨーロッパ勢が優位を占めた理由は、技術が優れていたからではなかった。ヨーロッパ人の航海より50年以上も前に、中国の艦隊が東アフリカの沿岸部に到達し、付近を探索していたからだ。その一つは３００隻を超える船団と2万８０００人もの男たちからなる大艦隊だった（注48）。だが、急に政策が変更され、中国は海外進出を中止した。二つの文明が異なる行動を選択した理由には、経済的な動機づけ（インセンティブ）が関係していたかもしれない。だが、何に価値を見出し、何が役に立つと考えるかが、それぞれの文明で異なっていたことは大きな理由だった。モチベーションが、経済的な成果に大きな違いを生み出したのである（注49）。

われわれはモチベーションの影響力の大きさを、経済システムにおいてみることができる。シリコンバレーは、発明家やイノベーターになりたいと思う者たちであふれている。テクノロジーに魅惑され、リスクを好んでとっていく人々、ビル・ゲイツ（Bill Gates）やスティーブ・ジョブス（Steve Jobs）と肩を並べたいと願う人々だ。これこそ、シリコンバレーをエレクトロニクス

（注48）中国人の鄭和（Zhen He）提督の航海は１４０５～１４３３年頃。Philip Snow, *The Star Raft: China's Encounters with Africa* (Cornell University Press, 1989).

（注49）17世紀にオランダの劇作家ヨースト・ファン・デン・フォンデル（Joost van der Vondel）がつくった次の歌詞が、その時代の精神をとらえていると思われる。「われわれアムステルダムの人間は旅に出かける……。利益が招き寄せるところへ。あらゆる海や陸を目指して。利益を愛するがため、世界中の港を探検するのだ」。David Landes, *The Wealth and Poverty of Nations*（Little, Brown, 1998）より引用。

産業発展の中心地にした要因の一つである。世界の他の地域では、いや同じアメリカ国内の他の地域においてさえ、このような社会的な化学反応を見出すことはできない。これもまた、経済的な動機づけが関係しているかもしれないが、多くは価値観に負うところが大きい。

起業家精神、イノベーション、そしてリーダーシップ。これらはすべて繁栄に影響する要因である。経済史学者デイビッド・ランデス（David Landes）が、経済的に成功した社会の特徴を考察している。いろいろな要素があるが、なかでも「生産手段をいかに動かし、管理し、つくるかを知っていること、新しい技術をいかにつくりだし、受け入れ、それに習熟するかを知っていること、そして、これらスキルを世代から世代へ伝承していけることが重要である」と記している。労働者の雇入れは、能力を判断基準として決められなければならないだろう。また、経済的に成功する社会は、最初の取組みに対して報い、性別や人種による差別が存在しないという特徴があり（そうでなければ能力本位とはいえない）、科学的な説明に価値を見出すであろう。政治システムは、努力が報われることを保証するだろう。人々が、正直であることは正しい（そして、ペイする）と信じているため、政府も社会も正直であろう（注50）。

これらの特徴は、自由市場の特徴ではなく、信条、価値観、そして、制度の問題である。もし

（注50） Landes, *Wealth and Poverty of Nations*, 217.

ランデス教授の考察が正しく、かつ、経済学の目的が繁栄をもたらすことにあるならば、これらの要素を経済学の中核に据えるべきである。

経済的な制度

政治学者の話を聞いていると、政治的な制度の重要性が語られることになるだろう。彼女は行政府、立法府、司法府の役割、ロビイストや圧力団体の役割、そして、選挙、言論の自由、法の支配の重要性を語るだろう。彼女は、政治的な制度はダイナミックだというだろう。行政の権力、政党の役割とイデオロギー、選挙運動の手法の変遷などのすべてが政治の研究や政治学のホットなテーマになる。これら政治的な制度を通じて権力が行使され、政府は適切に機能する。政治的な制度が、学部レベルの政治学において中心的なカリキュラムの一部になっている理由はそこにある。行政府、立法府、司法府の機能を理解していなければ、政府の働きについて知ることはできない。

同じことは、経済的な制度についても当てはまる。「制度（institutions）」という言葉によって、われわれは組織だけではなく、経済的な関係を規律するすべての「ゲームのルール」をも表現する（注51）。たとえば、教科書的な経済学は、明確な財産権が存在していることを前提にしている。財産権が存在しないところで、市場が存在することはむずかしい。しかし、財産権は無制限ではない。もし1区画の土地を所有していれば、あなたはその土地の上に一定の権利をもつことになる。しかし、たいていの場所では、建築基準を参照したり、それに係る許可を得たりしなければ、その土地の上に建物を建てることができない。もし車をもっていれば、それに保険を付さなければならない。われわれが所有する物品の多くは、それに対する税金を払わなければ「所有物」とみなされない。

法の支配や契約の履行の強制にも同じことが当てはまる。もちろん、契約は通常、法的に履行を強制することができる。だが、契約をめぐる訴訟を裁判所に提起した経験のある人ならだれでも、契約のすべての部分が履行を強制できるとは限らないこと、契約が時として驚くべき意味内容に解釈されることを知っている（注52）。経済を現実に機能させるために、われわれは一連の経済的な制度を確立してきた。しかし、それら経済的な制度は絶対的なものではない。財産権や契約でさえ条件付きであり、解釈の余地を残している。

（注51）ジェフリー・ホジソン（Geoffrey Hodgson）が述べたように、制度（institutions）とは「確立され、広く認められた社会のルールの体系であり、人と人との社会的なやりとりの基本構造になっている」。Geoffrey M. Hodgson, "What are Institutions?," *Journal of Economic Issues* 40, no. 1 (March 2006) を参照。http://www.geoffrey-hodgson.info/user/image/whatareinstitutions.pdf.

時がたてば、新たな経済的な制度をつくることも可能である。しかし、それがきちんと機能するのは、法的な制度、文化的な制度、その他の制度を含む、既存の他のシステムが新たな制度を支えるときだけである。たとえば、有限責任会社を例にとってみよう。今日、世界中の上場会社のほぼすべて、そして非上場会社の多くが、有限責任会社の形態をとっている。アダム・スミスの時代には、有限責任会社は危険な制度とみなされ、有限責任会社の設立には議会の承認が必要であった。にもかかわらず、いまや有限責任会社は、経済的な政策の重要な手段になっている。たとえば、今日の取締役は、会社が負債返済に行き詰まる公算が高まったときに事業を継続すれば、取締役個人が責任を負う可能性があることを知っている（注53）。会社の配当原資となる剰余金が枯渇していれば、取締役は株主に配当金を支払うことができない。また、取締役は会社の

（注52）オリバー・ウィリアムソン（Oliver Williamson）がこの点をうまく指摘している。法学者カール・ルウェリン（Karl Llewellyn）の言葉を引用し、彼は次のように指摘する。契約について学ぶときには、法の文言ではなく、その文言で表現しようとした法の目的に着目したほうがいい。ルウェリンによれば、契約が「当事者間の現実の関係を正確に規定する枠組みを提供することはまれである。むしろ契約は、さまざまな当事者間の関係を大雑把に示し、疑義が生じたときに参照するガイドであり、最終的に当事者間の関係が壊れてしまったときには、訴訟における判断基準となる」という。Williamson, *Economic Institutions of Capitalism*, 4-5.

（注53）これはイギリスの法律である。より詳細な議論は、http://www.icaew.com/en/archive/library/subject-gateways/law/insolvency/legal-alert/when-directors-can-be-personally-liable-on-company-insolvencyを参照。

財務諸表について、保守的な方針の会計監査を受けなければならない。こうした取締役の義務は、しばらくすると慣習または慣行になった。ランデス教授の言葉を借りるなら、「取締役たちのほとんどが、正直であることは正しい（そして、ペイする）と信じている」ということになる。有限責任会社は今日、投資家を欺くための道具どころか、生産活動を行うための基本的な法的な組織体になっている。

　同じことは、雇用契約にも当てはまる。今日、出来高に応じて報酬が支払われることはあまりない。そのかわり、従業員として雇われる。この関係は、雇用主と従業員がお互いに相手に対して誠実に行動するという責務が双方にあることを意味する。

　金融システムにおいては、企業にオーナー（株主）や他の利害関係者への説明責任を果たさせるための複雑な形態のガバナンスの仕組みがある。会計基準は、企業の業績を測定するために発達した。膨大な諸規制は、許容される行為と許容されない行為を明確にする。そして、政治的な制度におけるチェック・アンド・バランスの仕組みと同様、経済的な制度にもチェック・アンド・バランスの仕組みがある。チェック・アンド・バランスの仕組みは、国によって違いはあるものの、どこでも同じ目的をもつ。その目的とは、経済と金融システムが繁栄をもたらし続けるようにすることである。会計、監査、雇用、規制・コンプライアンスの体系は、今日の経済的な制度のほんの一部にすぎない。

お金と金融の生態系は、ある程度まで経済理論で説明できる。だが、完璧に説明しようとすれば、人間の行動やモチベーションに加え、この生態系の機能を維持するための制度的なチェック・アンド・バランスの仕組みを視野に入れなければならない。われわれが必要とする科学としての経済学は、理論、心理学、経済的な制度を含む、多くの領域からなる幅広い研究分野を対象とする学問になる。多くの領域で、数学的な厳密さを追求することはできないだろう。しかし、「金融市場をどうしたらよりよく機能させられるか」という、われわれが直面している問題をより的確に考察できるようになる。

なぜ経済学を再考することが大切なのか

過去数世代を経て、世界各国の金融市場では、これまで以上にグローバル化と専門化が進んだ。これからも金融市場をわれわれの利益に奉仕させようと望むなら、市場の行動を導く経済的な制度もまた、進化しなくてはならない。

だが、誤解してはならない。グローバル化の進展は、専門化によって生まれる生産性の上昇を通じて大きな恩恵をもたらす。いま使っているパソコンは、アメリカの企業が販売していたとしても、組立拠点は中国、ユーザーのサポート拠点はインドにある。コンピュータの特質を決定するソフトウエアやデザインには、非常に複雑な専門性をもつ人材が投入される。こうしたグローバル化と専門化のプロセスの人類の福祉への貢献は計り知れない。一人ひとりが専門人材となることを許容し、グローバル競争とイノベーションを奨励することで、だれもが一定水準の食料、住居、教育、健康を手に入れることができる世界が目の前まで来ている。初期の経済学者たちが不可能と考えた世界だ。

　こうした偉業が成し遂げられたのは、技術革新や貿易のおかげだけではなく、貿易や共同作業を行うにあたって、お互いに相手を信頼することを可能とする社会的な制度が形成されてきたおかげである。グローバル展開する多国籍企業を考えてみよう。世界各地で何万人もの人々が雇用され、現場のブルーワーカーから、エンジニアリング・デザイン、経理の担当者に至るまで全員が、高度に専門化された職務に関する一連の規範に従って仕事をする。そうした結びつきを通じ、従業員たちはお互いにサポートし合うことが可能となり、協働して職務を遂行する。企業の姿は、歳月の経過とともに変貌する。企業規模、本拠地を置く国、株主構成は当然、変わっていく。生産ラインを内製化することもあれば、市場からの調達に切り替えることもある。しかし、グローバルに展開するのであれば、彼らはきわめて大きな信頼に依存する必要がある。彼らが組み立てる、さまざまな製品、部品、ソフトウエアが期日を守って納品され、かつ、品質基準を満たしているという信頼、それらがユーザーの健康を害するような材料を使っていないという信頼、経理部門は納入業者が請求する金額をきちんと支払い、従業員には賃金を支給するという信頼などである。

金融サービスにおいて、信頼はさらに重要となる。その理由の一つは、だれかに自分のお金の管理・運用を任せるとき、その職務をきちんと遂行してくれるかどうかは、後になってからでないとわからないからだ。最後になっても結局、わからないことが少なくない。退職を迎え、老後に備えて積み立ててきた貯蓄から受け取れる金額があまりに少ないと気づいたとき、その原因が経済情勢のせいなのか、年金商品を提供した金融業者のせいなのかを知るのは不可能かもしれない。また、どちらが原因にせよ、もはや手遅れであることが多いだろう。したがって、公平な取引が行われるようにするためには、われわれはサービスを提供する金融業者を信頼するしかない。それはちょうどわれわれが、医者は正しい薬を、本当に必要なときにだけ処方すると信頼するほかないのと同じだ。買い手が、金銭面での健康増進には不適切で、危険でさえありうる金融商品をつかまされないように警戒しなくてはならないとしたら、取引自体が不可能になってしまう。国際資本市場が次回の金融危機発生を回避するためには、金融サービス業者に対して公正性と適合性のテストに合格したサービスのみを提供するよう促していく経済的な制度を築くことが必要になる。

それゆえ、金融経済学者たちが正面から向き合うべきは、次のような実践的課題である。モチベーション、インセンティブ（動機づけ）、経済的な制度をどのように組み合わせれば、よりよいサービスをより効率的に提供できるようになるか。これは、過去1世紀にわたり金融セクターが実現できなかった課題である（注54）。この挑戦に失敗すれば、大きな代償を払うことになる。それは、２００８年の大暴落とその後の景気悪化が物語っている。一方、成功によってもたらされる利益もまたきわめて大きい。その一例を、オランダとイギリスの年金制度の効率性の違いにみることができる（訳注２）。

（訳注２） 本書の序章でみた年金手取額に30年間で大きな差がついたサラとキャシーの姉妹の例を指すと思われる。

本書では、将来に向け前進するための方策をいくつか提案してきた。金融システムの究極的な目的はなんなのかを理解することから始め、その目的をもたらすシンプルなシステムを推奨した。本書は、詳細すぎるルールよりも、優れたガバナンスに焦点を当てることを提案している。金融専門家に過度に依存するよりも、オープンで公正中立な情報に基づいた討論や批判のほうが役に立つと論じている。規制の役割は、市場がうまく機能するよう手助けすることだとも指摘した。諸規制は、投資家である市民の利益にかなう成果をもたらすことを目指すべきだ。

（注54） Thomas Philippon, "Has the US Finance Industry Become Less Efficient? On the Theory and Measurement of Financial Intermediation," Stern School of Business, New York University, September 2014.

商業活動を理解するためのモデルについても再考する必要がある。金融経済学は昔のように、実践的な科学にならなくてはならない。どうすれば最大限の繁栄をもたらすことができるかを理解することを目的にした、多くの学問領域で構成される研究分野である。「目的をもった経済学（purposeful economics）」という呼び名がふさわしいかもしれない。経済学の学生には、教科書の理論を理解するだけではなく、対立関係にある他の理論を理解することが求められる。人間のモチベーションや「取引が行われる社会的な文脈」（注55）も考慮に入れなくてはならない。「目的をもった経済学」は、繁栄をもたらす手助けとなる適切な経済的な制度を対象とし、その設計の役に立つものでなければならない。経済学はサイエンス（科学）であると同時に、アート（芸術）でもあるのだ。

実現させよう

では、経済学に対する考え方をそのように変えていくにはどうすればよいのだろうか。

新しい考え方に対する資金援助：まず、経済学という学問そのものの変革から始めるべきだろ

（注55）Williamson, *Economic Institutions of Capitalism*, 22.

う。それはジョージ・ソロスが新経済思想研究所（Institute for New Economic Thinking）を設立したねらいでもあった。同研究所の目的は「次世代の経済界のリーダーたちの世界規模でのコミュニティーを育てる。そして経済学を職業とする研究者たちが21世紀のさまざまな課題に取り組むよう啓発する」ことにある（注56）。ソロスのねらいは明確だ。ソロスは「経済理論は根底から再考されなくてはならない」という。経済学は、ニュートン物理学のような普遍的な法則を発見しようとする試みを放棄すべきだ。それは「不可能だからだ」。同じような使命感をもつ思想家たちもいるが、だれであれ一夜にして成果を出せるものではない。世界各地の大学の経済学部において、いまの経済学は「破綻している」（注57）と切り捨てるソロスに共感できる大学教員はまだかなり少数派であろう。

　では、この変革をどうしたら加速できるか。「資金に従わせる（follow the money）」のも一案だ。経済学部での研究の多くは、政府や財団の資金が支えている。知的探求に十分な裁量を認めつつも、「人民を豊かにする方法」をよりよく理解することを助けることが経済学の目的だと唱えたアダム・スミスの考え方に明確に沿った研究に対し、より多くの資金を振り向けたらどうだ

（注56）Inetecomics.org.
（注57）ジョージ・ソロスへのインタビュー。“Why We Need to Rethink Economics”（June 2013), ineteconomics.org.

ろうか。民間スポンサーを募ろうとする金融論の学部は、スポンサーのお気に召す成果を出すために研究にバイアスをかけないように気をつけるべきだ。本書の著者たちも、多くの会議に出席して重要な研究テーマを示唆されたが、データ提供者や資金提供者に不利益になる研究結果が見込まれたため、断念したことがある。

新しいキャリアパス：大学で教える者のキャリアは、執筆した研究論文が、ピア・レビュー（同じ専門分野の教員たちによる審査）のある定期刊行物（ジャーナル）に掲載されたかどうかで決まることが多い。定期刊行物の多くは、数学的な手法を好む。だが、研究論文の良否を判断する基準は、それだけではないはずだ。たとえば、外部の世界への影響力の大きさを評価するなど、ほかの追加的な評価方法にもメリットがあるはずだ。シンプルに、その研究論文がどれほど新たなリスク、新たな収益機会、新たな可能性についてわれわれが考えるのに役立ったかを評価する方法もあるだろう。

新たなカリキュラム：将来のリーダーたちを従来と異なるやり方で教育する必要がある。国際コーポレートガバナンス・ネットワーク（ＩＣＧＮ）の２０１３年の総会には、投資家、ビジネスリーダー、規制当局者、学者など総勢５００人前後が世界各地から参加した。その時、参加者を対象にして著者たちが実施した非公式のアンケート調査では、大学院レベルのビジネス教育において驚くべき空白地帯があることが判明した。東京からニューヨークに至るまでの参加者たちが知っているビジネススクール各校において、金融論がカリキュラムで中心的な科目だった。ところが、現代社会における企業の役割を必須科目とするビジネススクールは一つもなく、選択科目としての開講もほぼ皆無だった。大学の学部レベルでさえ、数学的なアプローチが支配的だ。たとえば、オックスフォード大学で、政策立案や政治の世界を志望する者が学ぶ代表的なコースはＰＰＥ、すなわち、哲学（Philosophy）・政治学（Politics）・経済学（Economics）コースである（本書執筆時点（注58）で、イギリスの首相も野党党首もこのＰＰＥコースの学位をもつ）。だが、ＰＰＥコースへの入学を出願できるのは、高校卒業までの最後の2年間で履修する三つか四つの科目のなかで数学を選択しており、かつ、きわめて優秀な成績を修めた者に限られる。そうでなければ、入学しても要求レベルの経済学を理解できないとされている。だが、そうした専門的知識の必要性を信じるのはばかげている。有能な志願者の多くが、出願要件のせいで入学できない現実がある。

　ワシントンＤＣを本拠とするアスペン研究所は、現実世界の微妙さと矛盾に立ち向かえるよう、ビジネススクールのカリキュラムの幅を広げる活動を支援している。同研究所が支援している多くのプログラムのなかには、たとえば、教員と生徒が対話するプログラム、賞を授与された

（注58）April 2015.

先駆者がより全体的な視点からビジネスを教えるプログラム、さまざまな教材などがある。同研究所が「企業の目的」と題したページをウェブサイト上の目立つところに掲載しているのは偶然ではない（注59）。

アスペン研究所のような取組みにもかかわらず、もしビジネススクールや各大学の経済学部が、スキルはあっても自らの行動が経済全般に及ぼす影響を自覚できない秀才たちを輩出するのなら、世の中に弊害をもたらす。高い給料のために畝を耕す、労役馬さながらの人材レベルへ卒業生たちをおとしめるのがせいぜいである。だが、それは卒業生たちのせいではない。短期的な数値をもっぱら重視するように教育されたら、先行きを長期的に見通す能力はたしかに損なわれる。しかし、問題はそれだけではない。ある研究者は、「人々は利己的な動機に基づいて行動すると考えれば、たいていの現象は説明がつく」という前提で成り立つ経済学を学んだがゆえに、学生たちの道徳観が変化したか否かを調査した。はたして結果は、学生たちはやはり道徳観を変化させたという。学生たちの協調性を低下させ、自分と同じように他の人々も協調性がないだろうと学生たちに思い込ませていた（注60）。ロンドン・ビジネススクール（London Business School）の教授だったスマントラ・ゴシャール（Sumantra Ghoshal）は、そうした経済学のとら

（注59） www.aspeninstitute.org/policy-work/business-society/purpose-of -corporation （２０１４年10月10日時点での閲覧）。

え方が、自己実現的な予言のようになってしまう危険性を警告する。彼は「道徳観念を欠く経済理論をイデオロギーとして吹き込み、普及させたことで、ビジネススクールは道徳的な責任感を学生から積極的に奪い取った」と述べている（注61）。

倫理関連科目をカリキュラムに取り入れるビジネススクールが増えてきているが、それには理由がある。現行のカリキュラムが、複雑な学習モデルや、より幅広いビジネスの社会的な目的を示唆する枠組みからかけ離れているためである（注62）。だが、孤立したビジネス倫理コースを履修科目に追加するだけならば、自分のせいでケガをした傷口に絆創膏を貼るに等しい。むしろカリキュラム全体を再構築して、社会的文脈のなかでビジネスを学生が理解できるようにしたほうがよい。そうすれば、倫理の問題は、経済学を構成する有機的な1要素であることが、おのずと明らかになるだろう。

（注60） Robert H. Frank, Thomas Gilovich, and Dennis T. Regan, "Does Studying Economics Inhibit Cooperation?," *Journal of Economic Perspectives* 7, no. 2（Spring 1993）:159-71.

（注61） Sumantra Ghoshal, "Bad Management Theories Are Destroying Good Management Practices," *Academy of Management Learning and Education* 4, no. 1（2005）:75-91.

（注62） Menachem Wecher, "Business Schools Increasingly Require Students to Study Ethics," *US News and World Report*, September 20, 2011.

まとめ

・本書では、金融システムのいくつかの明らかな機能障害と、金融システムをよりよく機能させるために明らかに必要な改善策を述べてきた。したがって、そうした改善策がなぜまだ講じられていないのかという疑問が生じる。

・答えは、根深いところにある。経済学の授業で習ったことを金融に生かすやり方に問題がある。

・経済学の目的は、アダム・スミスが唱えたように、「人々に豊かな収入と生活の糧を与えること」でなければならない。つまり、人類の福祉と繁栄に貢献することである。

・ところが、金融においては、偏狭な経済モデルがよしとされている。

・われわれは、アダム・スミスが唱えた経済学の使命に立ち返らなくてはならない。なぜなら、われわれが経済の効率性や金融リスクを考えるときに使用するモデルは、それが最も必要とされる局面で機能しないからである。

・もし今後もこうしたモデルを、それが必要な時に機能するという前提で使い続けるなら、同じ結果が待っている。つまり、金融セクターの生産性は向上せず、金融危機が繰り返される。より深刻なことに、もっと生産的なシステムにすれば享受できたはずの、きわめて大きな利益をみすみす逃してしまうことになる。

第7章

国民のための年金、常識にのっとった銀行

金融システムにスポットライトを当てると、数多くの欠陥が明らかになる。それは１００年前と比べて効率的になったとはいえない。金融危機に繰り返し見舞われている。企業やその他の資産に対する、長期にわたる、よいガバナンス機能を一様に発揮しているとはいえない。金融システムの運営は資本の究極的な提供者、すなわち、われわれのニーズから切り離されている。その運営の前提となる共通認識としての経済理論は、金融セクターが機能する現実世界の一面しか反映していない。こうした欠陥の結果、２００８年の金融危機で市民の貯蓄は大打撃を受けたうえに、ゆっくりとした富の破壊がいまでも続いている。本章では、その本来の目的に適合するように金融機関をデザインしたら、どのようなものになるかという問いに答えていこう。

退職に向けた貯蓄

まず、退職に向けた貯蓄の制度についてみていこう。国民を中心に置いた年金についてのわれわれの青写真は完成にはほど遠いが、今日存在するものとは異なる貯蓄のための制度の創設をめぐる議論を活発化させることを意図している。年金産業が向かうべき到達点に、より的確にねらいを定めた方向を示したい。次に同じ論法で、銀行の改革についても方向性を示す。今日の金融インフラに不可欠な証券取引所、保険会社などについても同じように、各々の存在目的に適合したサービス提供のあり方に焦点を当てる。

(1) 常識にのっとった年金ファンド

年金ファンドの目的はなんだろうか。それは、貯蓄者がフルタイムで働くことをやめた後、どんなに長く生きたとしても、彼らや、彼らに頼って生きる家族が一定の所得を確保できるという安心を与えることである。食料品を買い、家賃を支払い、健康を維持し、衣服を着て、娯楽を楽しむことができるなどという安心である。

そのための一つの方法は、100歳まで生きたとしても所得がなくなることがないように、単純にたくさんお金を貯めることである。それは当然、非常に長い退職後の期間のために、とてもたくさんのお金をとっておかなければならないことを意味する。多くの人にとって、そうした計画は達成不可能であり、かつ無駄が多い。1人でそんなにたくさんのお金を貯めることはできないし、できたとしても、ほとんどの人はそんなに長くは生きないから、貯めたお金はおそらく使われないだろう。

年金を確保するために、もっと効率的な方法がある。それは、みんなで一緒にお金を貯めて、「長生きリスク」をシェアすることである。われわれは個人としては、どれだけ長く生きるかを知ることができない。あなたが25歳で、65歳で退職することを計画しているとして、何年分の所得を確保しておく必要があるだろうか。バスの下敷きになるかもしれないし、１００歳を超えて生きるかもしれない。あなたはどれだけお金をとっておくべきかを知らないのだから、長く生きて貯蓄が足りなくなるリスクを負担しなければならない。しかし、みんなで一緒にお金を貯めれば、早く死んだ人が所得を受け取った後で残った貯蓄を、その後も長い間生きる人のために使うことができる。こうして個人の口座ではなく年金のかたちでお金を貯めることによって、退職後に備えてとっておく必要のある金額を大きく減らすことができる（注１）。

したがって、常識にのっとった年金の第一の条件は、それが人々に集団的にお金を積み立てる手段を与えること、あるいは長生きリスクをシェアする手段を与えることである。

こうしたファンドは何に投資するのだろうか。それはリアルなリターン、つまりインフレに

（注１）研究によれば、実際に集団的な年金は個人の貯蓄より、退職後に受け取る所得をより確実に、かつ、より多くすることができる。たとえば、David Pitt-Watson and Harinder Mann, *Collective Pensions in the UK*（RSA, 2012）は集団的な年金スキームと個人的な年金スキームを比較する六つの別々に行われた研究を引用している。２人は終身年金保険の市場のないケースで、年金のコストを比較した。貯蓄者は97・５パーセントの確率で適切な貯蓄金額を確保できることを知る必要がある。これらの研究は、個人的な貯蓄のコストは集団的な貯蓄のコストより83パーセントから１４５パーセントも高くなることを示している。退職時に終身年金保険を購入できる場合、集団的な年金スキームには25パーセントから45パーセントのアップサイドがあることを示す研究もある。同じ研究者による*Collective Pensions in the UK II*（RSA, 2014）は、両方のシステムをモデル化したAON Hewittによる研究を引用している。それによれば、集団的な年金スキームには30パーセントを超えるアップサイドがあり、受給見込額の予見可能性も高い。

よって無にならないようなリターンを生む資産を選択する傾向が強いだろう。企業の株式、そしてインフレによって価値を失うことがない不動産なども適切な投資対象になる（注2）。年金のための貯蓄はしばらく使う必要がないから、長期にわたって投資することができるし、投資マネージャーが日々の価格変動にわずらわされることもない（注3）。社会インフラへの投資、第3章で紹介した、年金プラン自身が直接企業に投資をする常緑（エバー・グリーン）スタイルの非上場株への投資といった、配当や利息を生み出し続ける本当の長期投資が可能になるだろう。こうしたタイムフレーム（時間軸）を理解すれば、今日いくつかの投資プランが取り組んでいる、熱に浮かれたようなトレーディング活動も少しは落ち着くだろう。

常識に従えば、年金プランはすべての卵を一つの籠に入れることを避けたほうがいい。投資先は分散すべきだ。おそらく異なる産業に属するいくつかの企業の株式を保有し、債券と不動産も保有することになるだろう。ほかの長期投資と同様に、こうしたことは年金プランにとって理に

（注2） David Pitt-Watson, *Pensions for the People: Addressing the Savings and Investment Crisis in Britain* (RSA, 2009). 近年ヨーロッパでは、単純な年金資産構成のみを調整する従来の投資（それは確定給付の約束を守るという目的には不完全な運用かもしれないが、インフレーションに対してはより頑健である）にかわり、負債重視の運用（liability-driven investment）への傾斜がみられる。

（注3） こうした集団的な年金プランの負債のデュレーションは、そのプランに加入する労働者の性質によって異なる。しかし、継続しているプランであれば、負債の存続期間は長く、平均的なデュレーションは長期になるだろう。

かなっている。

　コストは低く抑える必要がある。手数料が少し増えただけでも、最終的な年金受取額に大きな違いが生まれるからだ。25歳の人が85歳まで生きると仮定して、毎年掛け金を払って65歳で退職した場合、毎年1パーセントの手数料はそれほど高く思えないかもしれないが、実際には毎年差し引かれる金額が年金の満期が来るまで累積するために、退職後に受け取る金額が25パーセントも減ってしまうのである。手数料が年1・5パーセントなら退職後に受け取る金額は38パーセントの減額となり、年2パーセントなら半分近くになってしまう（注4）。

　同じことはリターンについてもいえる。毎年1パーセントだけリターンが高ければ、65歳で退職することを予定している25歳の人が退職後にもらえる金額は25パーセント増える。リターンがなくならないためには、年金の投資が保守的でありすぎないようにすることが大事である（注5）。

　常識にのっとった年金プランのマネージャーは、投資対象の選択と年金スキーム管理のスキルをもち、将来のリターンがどうなるかを予測する数理的な専門性をもっていなければならない。

（注4）　これらの数字は、年金の満期が60年、積立期間40年、給付期間20年という仮定に基づいている。詳細は次の書籍で説明している。David Pitt-Watson, *Tomorrow's Investor: Building the Consensus for a People's Pension in Britain* (RSA, 2010).

しかし、何よりも、彼または彼女は年金のお金を受益者の利益のため「だけ」に使わなければならない。よい医者と同じように、年金ファンドの運営に責任をもつ者は常に加入者の利益を考えていなければならない。そうでなければ、利益が相反する行為に手を染める誘惑に抗しきれないだろう。それは、医者が営利企業から診断機器を購入することを避けようとはしないことと同様に、民間の業者がその仕事を請け負ってはならないということではない。年金の運営に重要な影響を与える選択は常に、貯蓄者の利益のために行われなければならないということである。

今日の雇用形態を考えれば、年金はポータブルでなければならない。勤め先を変わっても、職を失っても、あるいは休業したとしても、同じプランを継続することができ、働いている間に拠出した掛け金はすべて、退職後の所得にカウントされるべきである。

年金の目的が退職後の所得を与えることにあるのだとすれば、こうした特徴はすべて常識にすぎない。しかし、悲しむべきことに、今日の年金の世界で、以上のことが典型的になっていると

（注5） 第2章でみたように、自分はほかのファンドマネージャーより優秀であり、株式を売ったり買ったりすることで儲けることができると主張するファンドマネージャーに気をつける必要がある。そんなことができる人がたくさんいるという証拠はほとんどない。実際には、ファンドマネージャーがお互いに競争しているとすれば、だれかが勝っているのであれば、だれかが負けているのである。次の文献を参照のこと。William Sharpe, "The Arithmetic of Active Fund Management," *Financial Analysts Journal* 47 (January–February 1991) : 7-9.

はいえない。

(2) なぜ間違った方向に進んでしまうのか

序章において、われわれは、ベス、サラ、キャシーという三つ子を登場させ、3人が年金の口座にそれぞれ同じ金額を拠出したにもかかわらず、オランダで働いていたサラはアメリカやイギリスで働いていた彼女の姉妹よりも50パーセントも高い年金額を受け取ることを示した。その理由は、オランダの年金システムが、完全にはほど遠いとはいえ、われわれが描いた仕組みにより適合していることによる。

皮肉にも、20世紀中頃には、イギリスやアメリカの会社も多くの同じような特徴をもつ年金ファンドを従業員のために運営していた(注6)。雇用主と被雇用者の双方が毎年、年金ファンドにいくばくかを拠出し、政府はその拠出を税務上の所得から控除することを可能にして、その仕組みを支援していた。個々の従業員は、彼または彼女が拠出した期間における最後の年の賃金の何パーセントかを受け取ることを、保証はされないにしても、期待することができた。リターンは不確かなので、年金額を保証することはできない。そのような約束をすることは無謀であろ

(注6) こうした年金プランは、イギリスやアメリカでは企業の運営するプランであり、オランダでは産業界が運営するプランであった。

う。しかし、長年にわたって期待は実現し、時には期待を超えることもあった。

しかし、アメリカもイギリスも、こうした常識にのっとったシステムに背を向けることになった。1990年代、イギリスの年金ファンドは好調な成績をあげ、支払義務を果たすために必要な金額よりも多くを蓄積することができた。リターンがよかったし、1960年代、1970年代に退職した人たちは退職後、それほど長く生き続けることはなかった。そこで、1980年代から1990年代にかけて、多くのイギリスのスポンサー企業は年金ファンドへの拠出の停止を申し出た。代議員たち（trustees）は、期待年金額をきちんとした約束にすることを条件に、その申出を受け入れた。その約束は、「確定給付（defined benefit）」と呼ばれるようになった。

ところが、人口動態の変化と経済の発展が状況を変化させた。新しい技術とグローバルな競争に直面した企業は、効率性を高めるため、業務を海外にアウトソースし、自社の雇用を削減した。同時に、健康状態がよくなって人生は長くなった。市場での運用リターンが悪化したことが、さらに問題を複雑化した。イギリスで年金のスポンサーとなっていた企業は、支払の約束の履行ができなくなるのではないかと心配になってきた。

アメリカでは、企業が業績のよい時に年金ファンドに必要額より多く拠出することを罰するような税制があったために、さらに問題が複雑になった。そのために、アメリカの企業は拠出できる時に拠出することができず、年金プランは市場が下落したとき、あるいは、数理的な見積りの変更が必要となったときに備えるための余力をあまり確保することができなかった。さらに、企業のプランは受給者にいくら支払うかをきちんと約束していたため、会計士は積立額の不足を財務書類で明らかにするように求めた。こうした積立不足額が巨大な金額になることもあった。そこで、多くの企業は新しい従業員に対する確定給付プランの適用を中止し、確定拠出プランで置き換えるようになった。

４０１(ｋ)プランのような確定拠出プランにおいて、企業と従業員は従業員個人の貯蓄口座にお金を拠出し、退職時に積み立てた金額の総額、あるいはその一部分を定期的に払い出すことになる。問題は、個人ごとの貯蓄ではより多くのコストがかかり、集団的な年金プランでリスクをシェアするのではなく、すべてのリスクを個人に負担させることにある。１００歳まで生きる人は、貯蓄を枯渇させてしまうことになりかねない。

抜け道はある。貯蓄をしたい人は、死ぬまで年金を支払ってくれる「終身年金保険（annuity）」を買えばいい。最近までイギリスでは、年金目的の貯蓄において終身年金保険が義務づけられていた。しかし、終身年金保険の対価は高くなりがちであり、もらえる年金額は低くなってしまう。その理由は、年金保険の市場が機能するためには、年金受給者が、売り手の金融業者は約束を履行するまで存続すると信頼できなければならないことにある。つまり、貯蓄者は約束の正確な内容と、売り手がその約束を果たすために十分に安全な運用を行っていることを確認しなければならない。結果として、終身年金保険は超安全な債券への投資でカバーされることになり、リターンが低くなることに加えて、しばしばインフレに対する防御がほとんどなくなってしまう（注7）（訳注1）。

（訳注1） 加えて、年金数理計算において、長寿化リスクの推計が技術的にむずかしく、年金商品を提供する金融業者が損しないよう保守的に推計される可能性があることも、終身年金保険が割高な一因と考えられる。

オランダでは、こうしたことが起こらず、集団的な年金プランがまだ健在である。われわれの仮想事例である3人姉妹のうち、サラが姉妹よりも50パーセントも多い年金額を手にできる理由の一つはそこにある。オランダの国民も最近は年金額の減少に見舞われたが、その程度は、イギリスの確定拠出型年金やアメリカの401（k）プランで貯蓄者が被った減少とは比べものにならないくらい小さい。

よりよい年金システムを構築することの効用は巨大である。常識に基づいて年金システムを構築すれば、年金産業の目的を真に達成し、よりよい成果を生むことができるだろう。言い換えると、常識を働かせることに失敗すれば、何百万人もの労働者がとても高いコストを支払うことに

（注7） 終身年金保険には、年金給付額を約束しないものもある。本文で述べたのは、典型的な仕組みである。

なる。

注目すべき事実を紹介しよう。過去にさかのぼって貯蓄者のための機関が設立された経緯を調べると、ほとんどの貯蓄機関は賢い金融の専門家によって複雑な金融工学を使って創設されたものではなく、熱意のある素人が常識を働かせて創設したものであることがわかる。

常識にのっとった年金の小史

最初の重要な年金プランは銀行家ではなく、ほとんど無名だったスコットランドの2人の牧師、ロバート・ウォーレス（Robert Wallace）とアレクサンダー・ウェブスター（Alexander Webster）によって18世紀中頃に設立された。ウォーレスとウェブスターほどうまく常識を適用した現代の金融機関はほとんど見当たらない。

彼らが解決したいと思った問題は次のようなものだった。スコットランドの聖職者のなかには、自分たちだけでは生きていけない未亡人と子どもを残して死んでしまう者がいた。聖職者が住んでいた家は仕事のために与えられていたものだったから、その家族は家もなくしてしまうのだった。もちろん、多くの聖職者は扶養家族のためにお金を貯めていたが、自分が若くして死んだときに備えて扶養家族を食べさせていけるだけのお金を貯めることができる聖職者はほとんどいなかった。そして、当時、若くして死ぬことは珍しいことではなかった。どうすれば扶養家族を守ることができるだろうか。

ウォーレスとウェブスターはこの問題に対する直接的な答えを見つけた。もしすべての聖職者が一つの貯蓄用の器に少しずつお金を預ければ、ファンドができるだろう。ある聖職者が死んだときには、その扶養家族の面倒をみるためにファンドのお金を使うことができる。もちろん、計算は慎重に行う必要がある。扶養家族に与えるお金が多すぎれば、ファンドは枯渇してしまうだろう。与えるお金が少なすぎれば、扶養家族は飢えてしまうだろう。しかし、支払がちょうどよければ、未亡人と子どもは家と食事を確保でき、次に支援を必要とする家族のためにファンドを存続させることもできるだろう。

そこで、ウォーレスとウェブスターは証拠を集め、数理的な計算を行った。彼らはすべての教区に手紙を送り、そこで何人の聖職者が死んだか、死んだ者に扶養家族がいたか、家族はどれくらい長く生きたかなどを調べ上げた。１７４３年、彼らは最初の近代的な年金ファンドを立ち上げた（注8）。

そこで使われた数理計算は洗練されたものであり、ウォーレスとウェブスターはエジンバラ大

（注8）　en.m.wikisource.org. *Dictionary of National Biography 1885-1900*, vol.59, "Robert Wallace 1697-1771."

学（Edinburgh University）の数学の教授の助けを借りた。だが、彼らがやったことは理解がむずかしいものではない。彼らの努力のなかで特筆すべきなのは、サービスを受ける人々が何を求めているかという常識的な問いからスタートしたことだ。すなわち、自分が許容できる金額を支払い、自分が死んだ後で扶養家族が生活の面倒をみてもらえるようにするにはどうすればいいかという問いから出発し、それに基づいてファンドを設計したことにある。

　こうした支援の必要性に対応し、2人の牧師は、年金は決定的に重要な二つの要素をもっていなければならないと認識するに至った。一つは、貯蓄という要素である。年をとること、あるいはその他の緊急事態に備えて、お金をとっておかなければならない。もうひとつは、保険という要素である。年金は特定の予期しえない出来事が起こった場合にのみ支払われる。その出来事とは、このケースでいえば、家族のうち働き手の死亡である。近代的な年金では、一定の年齢に達したこと、あるいは退職ということになる。支払は未亡人と子どもが支援を必要とする期間、あるいは、今日では、退職後の期間にわたって続くことになる。

　ウォーレスとウェブスターは、予期しえない出来事に対処するためには、人々が連帯して大きな集団となることが最良の策であることを理解していた。ある期間において、その出来事が起きるかどうかはわからない。しかし、その出来事が起こる「確率（probability）」がわかれば、人々の共同体はその影響をやわらげるために一緒に行動することができる。今日の金融用語でいえば、リスクをシェアすることで、「リスクを分散（diversify the risk）」することができる（注9）。

こうした構成員同士がお互いに義務を負うシステムが機能するためには、それを推進する人たちがきちんと約束を果たす必要がある。１７００年代には、商業的なベンチャー企業にお金を投資するような向こう見ずな人はほとんどいなかっただろう。ウォーレスとウェブスターが生きた時代には、南海泡沫バブルと呼ばれるいんちきによって財産が失われるという事件があった。スコットランドの牧師の未亡人たちは、将来の危機に備えて金融市場が彼女たちのニーズを満たしてくれるとはほとんど信じていなかった違いない。しかし、ウォーレスとウェブスターは牧師であり、スコットランド教会の他の聖職者たちに対して真面目にサービスを提供した。彼らほど信頼できるようにみえる人たちはいなかっただろう（注10）。

ここに成功のための公式がある。ウォーレスとウェブスターの年金は、技術的なスキルと、貯蓄者の利益のためだけに働く絶対的な高潔さの双方を兼ね備えているとみられる人たちによって

（注9） 本書全体を通じて、われわれは予測モデルの誤った使用について批判的であった。それはモデルと確率分布が役に立たないということではない。それらは定期的に見直され、新しい情報にあわせて再計算されなければならない。そして、それらの限界も理解されなければならない。「つくったら放っておく」という態度は、あまりよい考えではない。本文の場合であれば、年金ファンドの数理計算は定期的に見直され、それに応じて拠出率、投資プログラム、給付水準が調整されるべきである。

（注10） 残念ながら、こうした特定の職場、文化や宗教を同じくするグループ内での信頼は悪用されることがある。刑事司法では、こうしたタイプの詐欺は「所属詐欺（affiliation scams）」と呼ばれる。

運営されていた。あらゆる繁栄した社会では、個々人は困っている他の人を助け、自分が困ったときには他の人から助けてもらえると期待している。ウォーレスとウェブスターの大成功した年金は、こうした互恵的な義務を正式に埋め込んだシステムであった。

国民の年金

その後、新しい知識と技術を250年にわたって蓄積してきたおかげで、今日、われわれはもっとよい民間の年金システムを設計する手段をもっている。それを「国民の年金（the People's Pension）」と呼ぼう。

それがどのようなものかをみるために、ウォーレスとウェブスターが提起した最初の問題に戻ろう。人々が年金システムに求めるものは何かということだ。ほとんどの人にとって、その答えは単純なものである。人々は自分のお金を専門知識があって正直な受託者に預け、責任をもって運用してもらい、退職後の全期間にわたって適度な年金を支払ってもらいたいと思っている。人々は、年金プランが理解できるものであり、説明責任を果たすことを求めている。ほとんどの貯蓄者は、数多くの候補者のなかからサービスの供給者を複雑なプロセスを踏んで選ぶことなど求めていない（候補が五つもあれば十分）。しかし、貯蓄者は自分が選んだ供給者がそうした特徴をもつことを確認したいと思っている（注11）。

問題は、現代の金融機関に対してスコットランドの牧師の高潔さを見習うよう要求することができるかどうかだ。過去半世紀の間のビジネスの歴史を紐解くと役に立つだろう。起業家や大君が会社や機関に道を譲るなかにあって、どうすればオーナーにふさわしい注意深い行動様式を、本質的に市場ベースの官僚主義が台頭する組織に浸透させることができるかが議論されるようになった。それこそがガバナンス（企業統治論）という学問分野の研究対象である。企業社会における研究の成果を長期的な貯蓄にも応用することができるはずだ。

第4章でみたように、ファンドのガバナンスがよければ、資産はよりよく守られる。「国民の年金」ファンドのトップにはボード（訳注2）があり、それは高い専門的な能力をもち、高潔で、判断力に富むという世上の評価を受けている複数の人たちによって構成される。アメリカの多くの民間の退職給付プランにはボードがなく、あっても専門的な能力を欠いているために、投

（注11） 貯蓄者の期待に関する調査データは次の書籍にある。David Pitt-Watson, *Tomorrow's Investor-Pensions for the People: Addressing the Savings and Investment Crisis in Britain*（RSA,2009）, www.thersa.org/__data/assets/pdf_file/0010/220141/Tomorrows_Investor_Pensions-for-the-people.pdf; Aziz Boghani and Elizabeth Evans, *Survey Findings: Urgent Need for Accountable, Trustworthy and Transparent Investments*（RSA, 2009）, www.thersa.org/__data/assets/pdf_file/0018/215145/TI-Final-Pension-Survey-Results-2009.pdf.

資アドバイザーの言いなりになりがちである。加えて、運用の意思決定をするボードが選挙を経た代議員で構成されていたり、あるいは加入者をなんらかのかたちで代表することは一部のケースでしかない。21世紀の退職給付プランを設計するための第一のステップは、能力があり、説明責任を果たすことができる、代表機能をもったボードを置くことである。

（訳注2）ここでは、オーナーないし最終受益者から負託され、業務執行者の選任・監督、運営の基本方針の策定、重要事項の決定を行う会議体を「ボード（board）」と呼んでいる。株式会社では取締役会、年金プランでは代議員会（trustee）等がボードに該当する。

第二のステップは、ウォーレスとウェブスターの年金プランのように、年金が受益者、つまり運用のためにお金を拠出した顧客の利益を増進することだけを目的とするような仕組みをつくることである。資産運用会社の儲けを増やすといった、その他の目的は最も重要な目的を達成して生まれる副産物にすぎない。こうしたフィデューシャリーの義務自体は新しいものではない。それは、たとえば、アメリカのエリサ法（Employee Retirement Income Security Act：ＥＲＩＳＡ）などの法律や規制に埋め込まれている。しかし、金融機関はその義務から外れ、自己利益の追求が自らの行動を支配するのを許している。フィデューシャリー・デューティーに大胆な改革を実施する時が来ている。

「国民の年金」の第三の欠かせない特徴は、透明性である。年金ファンドを運営するために支払われた一定額以上のお金は、支払のつど、ありのままに報告されなければならない。お金がどのように投資されたかは、ほかの決定や判断と同様、完全に明らかにされなければならない。どんな加入者でも、自分が希望すれば、お金がどこに投資されたか、それはなぜかを知ることができなければならない。

ウォーレスとウェブスターにとって、アカウンタビリティ（説明責任）と透明性を確保することはむずかしかった。１７４３年には信頼できる郵便局もなかったのである。今日ではインターネットやソーシャルメディアの発達により、年金ファンドと受益者との間で大量の情報のやりとりを行うことが可能になっている。貯蓄者にとって、年金ファンドがいくらの手数料を課され、それがどんな資産に投資されているかを知り、年金ファンドのボードが受益者の利益を最大化するために何を行ってきたかを調べることは簡単な作業でなければならない。しかし、今日、複雑な投資をできるだけ不透明なものにしようとする資産運用会社が多すぎるように思われる。たとえば、アイオワ州では公的な年金基金がプライベートエクイティ運用会社大手のＫＫＲが運営するファンドに投資する際のコストに関する情報の公表を拒んだ。ＫＫＲが、そんな情報を明らかにする年金ファンドからの投資は受け入れないと脅かしたのだ（注12）。

「国民の年金」ファンドの報告は、投資家が長年、企業に対して求めてきた報告と同じようなものになるだろう。少なくとも年に1回はステークホルダー（利害関係者）に対して報告書が発行され、そこでは自動車メーカーが製造する車について記述するのと同じように、あるいは袋詰めの食品に貼付けが義務づけられている栄養価を記したラベルと同じように、重要な運用商品とガバナンスの特徴について記述されることになるだろう。

こうした報告書には、まず、貯蓄者に課金されたコストなどの基本事項が盛り込まれている必要がある。こうしたコストには、運用会社に支払った手数料だけではなく、証券の売買にかかった費用のような、ほかの業者に支払った手数料も含まれる。今日利用可能な情報の乏しさを示す例として、アメリカのＳＥＣが投資信託に開示を義務づけている「総経費率（Total Expense Ratio：ＴＥＲ）」という指標がある。この指標は、貯蓄者の口座から差し引かれているすべてのコストを含んでいない。たとえば、売買のコストは除外されている。一般に年金ファンドはＴＥＲを公表しておらず、その計算さえ行っていないものがある。「国民の年金」ファンドの運営者はすべてのコストを調べ、報告する必要がある。また、貯蓄者に自分のお金がどのように投資されたかを知らしめる必要がある。こうした情報は基本的なものであるにもかかわらず、ほとんどの長期にわたる貯蓄プランにおいて利用可能になっていない。

（注12） Mark Maremont and Mike Spector, "Buyout Firms Push to Keep Information under Wraps," *Wall Street Journal*, November 4, 2014, http://online.wsj.com/articles/buyout-firms-push-pension-funds-to-keep-information-under-wraps-1415142588.

「国民の年金」は受益者に対して、どのようなガバナンスによって、受益者の利益を図るような意思決定が確保されているのかを説明しなければならない。どのように説明すべきか正確に示した様式をつくっている国（地域）もある。たとえば、オーストラリアでは、退職給付プランに対して、スポンサー企業の役員と加入者代表によって構成され、独立の第三者が議長を務める代議員会（trustee board）を設置することを求めている。規制当局によっては特定のガバナンス構造を示さずに、説明責任の原則の指針を与えるケースもあるだろう。あるいは、市場参加者が自主的に共同で、権威ある全国で通用するガバナンス規則を制定し、その指針を「国民の年金」に埋め込んでもいい（注13）。最低限の基準の一つは次のようなものであろう。受益者はだれが自分たちのフィデューシャリーとしてサービスを提供しているかを知らされるだけではなく、フィデューシャリーの職歴、スキル、利益相反の可能性、独立性に加えて、フィデューシャリーに自分の信頼感、見方、懸念を伝えるための方法を知らされなければならない（注14）。「国民の年金」の代議員会のメンバーを選挙で決めることは、メンバーと加入者の利害を一致させるために

（注13）２０１１年、当時イェール大学のマネジメントスクールにあった「コーポレートガバナンスと業績に関するミルスタイン・センター（Millstein Center for Corporate Governance and Performance）」は、アメリカで権威ある、全国的なガバナンス・コードをつくるというアイデアに関して、さまざまなステークホルダーに対するアンケート調査を行った。ほかのほぼすべての主要国では、なんらかのコーポレートガバナンス・コードが策定されている。

適当な方法だろう。加盟する年金基金等の運用資産総額が18兆ドル以上の国際コーポレートガバナンス・ネットワーク（ＩＣＧＮ）は、退職給付プランの代議員会のメンバーと加入者の利害を一致させるために、代議員会の説明責任に関する指針を採択した（注15）。

「国民の年金」のガバナンスの仕組みは、定期的に独立の監査を受け、それが説明責任の原則のベストプラクティクス（最善の実務慣行）にのっとっていることを確認されるべきである。これも現代コーポレートガバナンスの世界から借用されたやり方といえる。第4章において、われわれは取締役が自らの業績を定期的に評価することが通例になっていることをみた（義務になっている地域もある）。退職給付プランに対してしばしばサービスを提供しているアメリカの投資信託の取締役会（訳注3）も、すでに年次でこうした評価を実施しなければならないことになっている。もっとも、公平を期するためにいえば、その質や開示の程度はさまざまである。こうしたフィデューシャリー評価はアメリカの公的セクターの年金ファンドに広がっており、アカウンタ

（注14）　たとえば、アメリカのＳＥＣは、投資信託の取締役会メンバーの75パーセントが独立取締役で構成され、ファンド運営会社から独立した人物が議長を務めることを求める規則を提案した。この規則は手続上、成立しなかったが、多くの投資信託が取締役会のメンバーと受益者の利害を一致させる方法として実質的にこの規則に従った。

（注15）　*ICGN Statement of Principles for Institutional Investor Responsibilities*（International Corporate Governance Network, 2013）and *ICGN Global Governance Principles*（International Corporate Governance Network, 2014）, www.icgn.org.

ビリティ（説明責任）の改革を促している。アメリカの6州の公務員退職年金基金がすでにこうしたやり方を採用している（注16）。こうしたプロセスは有用であり、サウスカロライナ州退職年金基金（Retirement Commission of South Carolina）では、評価の結果、１００以上の項目が改善された（注17）。イギリスにおいては、２０１４年の自己評価のなかで、鉄道退職年金基金（Railpen）の自己評価がおそらく傑作といえる。同基金は8カ月をかけて60のワーキングペーパーを作成し、改善に向けた４４２の方法を示した。そのプロジェクトを指導したタワーズワトソンのコンサルタント、ロジャー・アーウィン（Roger Urwin）は何よりも大事な点が一つあったと述べている。「われわれは、価値観や信条を振り返り、組織の使命・役割を確認するために……途方もない時間をかけた」。彼は「なぜ自分たちが存在しているのかについて共通の理解を得ること、目的について共通の感覚をもつこと」が決定的に重要だったと述べている（注18）。

（訳注3）前述したように、アメリカの投資信託（mutual fund）は会社型であるため、投資家は株主となり、取締役会がファンドの運営状況を監督する機関となる。

（注16）カルパース（CalPERS）のガバナンスに対する自己点検とそれに続く変化についての同基金自身の議論を参照。www.calpers.ca.gov/index.jsp?bc=/about/organization/board/governance-policies.xml.

（注17）*Issue Brief: RSIC Makes Progress on Key Fiduciary Audit Recommendations*（Retirement System Investment Commission, October 2014), http://www.rsic.sc.gov/PDFs/IssueBrief1Oct2014.pdf.

「国民の年金」は受益者の運用に関する意向を反映するだろう。驚くべきことに、年金ファンドは一般的に加入者に対して、どのようなタイプの運用をしたいのか、オーナーとしてどのように行動したいと思っているのか、プランの運営を信用しているか否かといったことを聞いていない。少数の年金ファンドは聞いている。おそらくその最もよい例は、１０００億ユーロを運用し、加入者２００万人に及ぶオランダのヘルスケア・セクターの年金ファンド、ＰＦＺＷだろう。２０１１年中頃、ＰＦＺＷとその運用機関であるＰＧＧＭは、受益者に対して、四半期に一度の「ブランド追跡調査（Brand Tracker）」を開始した。そこでは、受益者が年金ファンドをどのようにみているのか、自分たちのニーズを満たしてくれていると感じているかが調査された（注19）。ＰＧＧＭは長期にわたるスチュワードシップの実践をサポートするために、調査の結果を引用している（注20）。イギリスの全国的な働く者のための年金スキームである全国雇用貯蓄

（注18）"All aboard the Change Express as Railpen Leaves the Station" (Top1000Funds. com, October 29, 2014), http://www.top1000funds.com/profile/2014/10/29/all-aboard-the-change-express-as-railpen-leaves-the-station/.

（注19）ＰＦＺＷとＰＧＧＭの好意により、２０１２年4月に著者が受け取ったレポートによる。

（注20）２００８年のある学術研究によれば、オランダの受益者も、責任ある投資を行うために必要であれば、より高い掛け金、あるいはより低い給付を甘受する。Derk Erbé, "Stille Kapitalisten: Een sociologisch onderzoek over de invloed en controle van deelnemers op het beleggingsbeleid van hun pensioenfonds" (University of Amsterdam, 2008).

トラスト（ＮＥＳＴ）も毎年、加入者に対する調査を実施している（注21）。究極的なフィデューシャリーの責任は代議員会にあるものの、代議員会が戦略的な決定を下し、運用会社各社に指示を与えるうえで、受益者の見方はカギとなる情報である。

「国民の年金」は、ソーシャルメディアの時代にふさわしいフィードバック・チャネルを有していなければならない。企業や投資信託の株主が戦略的な方向性について決議するのと同じように、加入者が年金プランの運営に関してアイデアや意見を述べることは容易であるべきである。現代のアカウンタビリティにとって双方向のコミュニケーションは必須であり、それは加入者がお互いに意見を交換する方法を提供することによって実現する。代議員会のメンバー専用のｅメール受信箱、年金ファンドのツイッター・アカウント、チャット・ルーム、加入者の満足度についての電子調査は、いまや可能であるどころか、簡単に実現できることである。

「国民の年金」は、運用会社に適切な報酬を支払う。共通に発生する利益相反の一つは、時間軸をめぐる利害の不一致である。年金ファンドは通常、長期の投資を望んでいるが、年金ファンドが選んだアドバイザーあるいは運用会社は短期で評価され、報酬を支払われる。こうした慣行については説明を必要とする。そうした情報開示を義務づけるだけで、フィデューシャリーであ

（注21）たとえば、２０１４年の次の調査を参照。www.nestpensions.org.uk/schemeweb/NestWeb/includes/public/docs/NEST-insight-2014.PDF.pdf.

る運用会社等に対して問題への注意を喚起し、受益者や規制当局がプランの質について評価するのに役立つだろう。

最後に「国民の年金」プランは毎年、プラン自身あるいはその受託者である運用会社等が資産を守るために、どのようにスチュワードシップのツールを使用したかを開示するべきである。それは、運用ポートフォリオに組み入れた企業の議決権をどのように行使したかという狭い意味にとどまらない。投票の記録は当然に必要である。株主の権利の擁護者であるネル・ミナウ（Nell Minow）がいうように、それによって受益者は「だれが出来の悪い取締役会の存続を許すように投票しているのかを知る」ことができる（注22）。しかし、スチュワードシップの道具箱には、資産価値に影響を与え、企業の行動を投資家の利益になるように変えることに役立つ、もっとたくさんのものが入っている。年金ファンドが国連の責任投資原則（UN PRI）に参加してもいい。あるいは、企業の取締役会を改革するためにカリフォルニアの2大年金ファンド、カルパース（CalPERS）とカルスターズ（CalSTRS）によって創設された（注23）、「取締役の多様化データ

（注22）アメリカ下院・監視と政府改革に関する委員会（US House Committee on Oversight and Government Reform）における、２００８年10月６日におけるネル・ミナウの証言。

（注23）CalPERSはカリフォルニア州公務員退職年金基金（California Public Employees Retirement System）、CalSTRSはカリフォルニア州教職員退職年金基金（California State Teachers Retirement System）。

ベース（Diverse Director Database）」のような市場全体を巻き込んだ運動を通じて他の投資家と協力することもできる（注24）。株式の購入を決める前だけではなく、株式を保有している間は定期的に、そして、株式を保有し続けるか売るかを決める際に、投資先企業のデュー・デリジェンスを行うことにより、ポートフォリオの管理・運用の一環としてガバナンスと非金融リスクを統合することもできる。売り買いの判断を外部の運用会社に委託している年金ファンドは、その運用会社に以上のような行動を依頼し、その結果を開示すればいい。

また、受益者は、ポートフォリオマネージャーや投資のプロたちが自分が運用しているファンドにいくらを投資しているか、投資リスクの管理方法はどのようになっているのか、経営陣はだれの監督下にあるのかを知りたいかもしれない。アメリカの投資信託調査会社モーニングスターは、スチュワードシップ格付のメソドロジーの一部として、ポートフォリオマネージャーが自分の運用しているファンドに「自分の何かを賭けているか（have skin in the game）」を考慮している（注25）。取締役が自分の監督しているファンドに投資することを要求する投資信託さえある。

こうした特記事項の開示はすべて、日常的な言語で行われるべきである。粉飾の心配があるという理由からだけではない。イギリスのＮＥＳＴは調査を通じて、専門用語が加入者になる見込

（注24） www.gmi3d.com/home.
（注25） "The Morningstar Stewardship Grade for Funds" (Morningstar,2010).

みのある者とのコミュニケーションの障害になることを発見した。そして、みんなが理解できる年金用語集を開発した（注26）。ガバナンスに関する開示も同様に、簡単に理解できるように記述されるべきである。さらにいえば、個人が年金ファンド同士を簡単に比較できるように、開示が必要とされるデータは共通の様式に従って作成されるべきである（注27）。

「国民の年金」は簡単な手続で加入でき、だれに対しても開かれているべきである。最も効果的な年金システムは、「自動加入（auto-enrollment）」の手続を基本とする。すなわち、雇用主は被雇用者が明示的に拒否（オプト・アウト）しない限り、給料から自動的に控除して年金掛け金の支払に充てる。自営業者は銀行や証券会社を通じて同じような仕組みをつくることができる。これによって年金プランの「営業活動（marketing）」は単純になり、「国民の年金」のコストは低くなり、貯蓄者のもとに残るお金は多くなる。

以上は「国民の年金」プランの特徴を掲げた長いリストであり、同プランが利用可能にすべきたくさんの情報でもある。そうしたすべての情報は重要であり、一つとして高度な数学が必要な

（注26） www.nestpensions.org.uk/schemeweb/NestWeb/includes/public/docs/NEST-phrasebook.PDF.pdf.

（注27） SECの例は、何をしてはいけないかを教えてくれる。同委員会は正当にも、投資信託に対し、ポートフォリオのなかの企業についてどのように議決権を行使したかを開示するよう求めたが、ファンドの報告方法について指針を示さなかった。今日、投資家がそうした情報を探すのには多大な努力を要し、アナリストがファンド間の比較をするには大きなコストがかかる。

ものはないが、すべての自動車の購入者がその技術的な特性を理解しているわけではないのと同様に、ほとんどの貯蓄者がそうした情報を読み、理解するということはありそうにない。しかし、自動車の場合、何人かの購入者が専門家として推奨したり、消費者団体が質と基準の向上を求めて運動を展開したりするために、市場がうまく機能している。その結果、自動車の質は向上し、価格は下がるのである。運用業界においても、同様な効果を目指すべきだ。

　アカウンタビリティと信頼を醸成するこうした仕組みが年金加入者による日々の監視を必要とするものではないことに注意しよう。投資家は通常、すべての事柄の最終的な決定にこまごまと関与することを必要としていないし、それを欲してもいない。しかし、投資家に対して、自分が望めば、質問を発することができ、意見を聞いてもらえるという選択肢を与えることは重要である。

　われわれが提案した仕組みは実現不可能であるという人もいる。われわれは、提案の多くが世界の別の場所では実現していると答えたい。たとえば、オランダでは集団的な共同で積み立てる年金が民間の年金の主要なモデルになっている。集団的な年金が個別企業の年金や産業全体の年金として設立されている。どちらにおいても、代議員会には受益者の代表がいる。デンマークやカナダにおいても同様の仕組みがみられる。実際、前述したように、「国民の年金」はウォーレスとウェブスターが使ったモデルと同様である。18世紀にそうした年金の運営に成功したのであれば、21世紀においてもそれは可能なはずだ。市場において「国民の年金」を設立しようとする機運が高くないことは認める。商売人は一気に稼ぐよりも、着実に収益を得るほうを好むものだ。そこで、政治家に出番が回ってくる。われわれが提唱する年金プログラムには大きな便益が認められる以上、政治家はフィデューシャリーな大規模年金制度の展開を支援、ないし強力に求めるべきである。それによって、有権者でもある投資家である市民が得る利益は大きいだろう(注28)。

おさらいすると、「国民の年金」は次のようなことを行う。

(注28) われわれが「国民の年金」のために使ったモデルは、世界中のベストプラクティスを借用したものである。とりわけ給付額を高水準で予測可能性の高いものにしつつ、給付に対する外部の者による保証を限定的にしか必要としない、集団的な確定拠出型年金(Collective Defined Contribution：ＣＤＣ)の仕組みを下敷きにしている。こうした仕組みは、オランダとデンマークでみられる。こうした仕組みは、よいガバナンスと規制がなければ成功しない。個別の雇用主、あるいは雇用主で構成される団体は、アメリカ、イギリス、オーストラリアでみられる４０１(ｋ)などの個人的な年金貯蓄の仕組みにかわり、ＣＤＣをすぐに採用することができる。ＣＤＣは、個別の企業ごとでも産業全体でも設立できる。ＣＤＣには雇用主を限定する条項はないので、雇用主ごとに別々にＣＤＣを設立する必要はない。効率的に長生きリスクをシェアすることができるので、ＣＤＣは年金が取崩し期(年金が支払われる時期)にある場合には特に有用である。集団的な年金の詳細については、次の文献を参照されたい。Pitt-Watson and Mann, *Collective Pensions in the UK*, Pitt-Watson and Mann, *Collective Pensions in the UK II.* 両書とも、集団的な年金と個人的な年金貯蓄を比較するたくさんの研究を参考文献として掲げている。

・説明責任を負い、専門知識のある監督機関（ボード）をもち、このボードのメンバーには加入者を直接的に代表する者が含まれる。ボードはフィデューシャリー・デューティーを引き受けることを表明し、すべての外部業者に対してもフィデューシャリーとしての義務を引き受けることを求める。また、ボードは定期的に自らを評価する。

・コスト、利益、スチュワードシップの努力、意思決定の方法について、理解しやすい言葉で、年金ファンド同士の比較が簡単に可能となるようなやり方で報告する。

・受益者との、そして受益者同士のコミュニケーションを可能とする。

・簡単に加入することができる。

・加入者間でリスクを分散することができるだけの規模を有し、人々が職業人生を通じて拠出を続けることができるようにポータブル（勤め先を変わっても加入者としての地位を失わない）である。

こうした年金システムを構築できれば、長期的な貯蓄の成果はより大きく、より安全となるだろう。政治家や金融セクターのプレーヤーに対し、年金の目的についてとことん考え、その目的に合致するシステムを設計するように求めるのは、投資家である市民の役割である。

常識にのっとった銀行

目的に基づく、常識にのっとったアプローチが退職に向けた貯蓄において正しいならば、同じアプローチで銀行の設計もできるはずである。銀行システムが２００８年にメルトダウンしかけた時、われわれは常識を無視するとどんなコストを払わなければならないかを知った。その後、かつては成功を賞賛され、事業をきちんと運営していると考えられていた大きな金融機関の多くが実は債務超過であることが判明した。いくつかの金融機関は実際に破綻した。そのほかの金融機関は政府による救済のおかげで生き延びた。

そこで、銀行の目的とは何かを考え、過去の歴史から教訓を引き出せるかを検討してみよう。近代における銀行の先駆けは、１６０９年に創設されたアムステルダム銀行（Bank of Amsterdam）である。同行は、人々が銀行に求める主要なサービスを提供していた。それは、人々のお金を安全に保管することである。保管という目的は限定的なように思えるかもしれないが、当時の貨幣は安い金属の混ぜ物が入っていることが多かった。アムステルダム銀行は貨幣の重量を測ってその価値を確かめ、「オーナーに預金が真正であることを示す証書を発行した」（注29）。

今日、われわれは少しの費用でお金を安全に保管できる場所があることを当然だと思っている。そうした安全の感覚が銀行システムを支えている。なぜなら、銀行の支払能力について疑念が生ずれば、われわれはお金を銀行から引き出して、マットレスの下に置くからである。すべての銀行の信頼が失われれば、金融システムは崩壊するだろう。

いったん預金がなされると、銀行は2番目の目的を達成できるようになる。預金口座を通じた支払決済サービスである。そして、銀行はとてつもなく重要だが、とても単純な3番目の役割を担うことができるようになる。預金として預かったお金を資金需要がある人に貸すこと、つまり、金融仲介として知られるプロセスである。

第1章でみたように、安全な保管、支払決済手段の提供、金融仲介という三つの主要なサービスは、どの国の経済発展にとっても必要不可欠なものである。

フードの下をのぞいてみる

これらが銀行に求められるサービスだとしたら、銀行はどのような特徴をもっていなければな

（注29） John Kenneth Galbraith, *A History of Economics*（Hamish Hamilton, 1987）, 141.

らないだろうか。第一に、銀行は預金者のお金が常に安全であるように運営されなければならない。したがって、銀行は適切な自己資本を用意し、預金の振替を正確に行うコストの低いシステムを維持しなければならない。そして、銀行はお金を貸すことのリスクを引き受けつつ、お金を預けてくれた人に対する約束を果たすことができる能力をもっていなければならない。もし銀行がお金を貸した相手に対して注意を払わなければ、債務不履行が多発して自己資本を使わなければならなくなり、最終的には預金者のお金が危険にさらされることになるだろう。

　銀行は融資にあたっていくつかのリスクにさらされる。最も明白なのは、借り手が返済しないかもしれないというリスクだ。第二に、金利のミスマッチがある。銀行は変動金利でお金を預かり、固定金利でお金を貸していることに留意する必要がある。なぜなら、変動金利が上昇すれば、銀行は預金者に支払う金利を貸出金から得られる金利でカバーできなくなるかもしれないからである。最後の、そして、おそらく最も大きなリスクは、預金と貸出金の返済タイミングのミスマッチであろう。銀行は預金者に要求払いで支払うことを約束することが多いのに対して、貸出金は長い期間を経なければ返済されない。銀行のこの機能は「満期変換（maturity transformation）」と呼ばれる。すべての借り手が同じ時に借りたお金を引き出して手元に置こうとしない限り、このプロセスは円滑に働く。しかし、取付け騒ぎに見舞われると、銀行は預金を払い戻すことができなくなる。したがって、特別な手当が必要になる。銀行が預金と貸出金の満期があうように慎重に調整するか、お金が足りなくなったときにほかの資金調達先からお金を借りられるようにするかである。これが中央銀行に与えられた使命の一つになる。すなわち、民間の銀行の資金繰りがつかなくなったときに、最後の貸し手としての役割を果たすということである。もちろん、中央銀行は、銀行が債務超過ではなく、時間をかければ返済できるという見込みがなければ、その銀行にお金を貸すことはできない。そうでなければ、銀行はいつでも救済してもらえることを知って、放漫経営に陥ってしまうだろう。

したがって、銀行がかぶっているフード（頭巾）の下をのぞいたとき、銀行が損失を被っても穴埋めができるように、必要以上の自己資本があるほうが望ましいということになる。技術者が橋を設計するように、銀行は非常に注意深く計算をして、たいがいの失敗は埋合せできるようにマージン（ゆとり）を追加するのである。

最も効率的な銀行システムは低いコストで運営され、預金者には最大の利息を、借り手にはその返済可能性に応じて最低の貸出金利を提示するだろう。問題は、貸出金が回収できなくなる率は時期によって違うために、コストを計算するのは簡単ではないという点にある。イギリスの銀行の上級幹部だったブライアン・ピットマン（Brian Pitman）が回想するように、「競争相手より大きなリスクをとることは、短期的には完全に可能である。そうすれば、すべての借り手が窓口に殺到し、銀行は短期的には大儲けするだろう」（注30）。景気がよい時には、だれもがお金を返済できるので、銀行は利益をあげているようにみえ、もっと貸出を増やそうという誘惑にかられる。しかし、不況が到来すると、多くの借り手が返済できなくなり、リスクの高い貸出金を増やしすぎた銀行は、預金者がお金を返してほしいといってきても、何も返すことができなくなる。したがって、銀行は慎重でなければならず、適切な自己資本を維持し、世の中の情勢に流されないようにしなければならない。

なぜ間違った方向に進んでしまうのか

前節で述べたモデルに従えば、銀行業はきわめて保守的なビジネスであるべきだということになる。何世代か前の多くの国では、銀行は実際にとても保守的な組織だった。しかし、投資家、特に株式投資家は、銀行が可能な限り利益をあげることを望み、その業績を彼らが保有している株式にどれだけのリターンを付け加えたかで評価するとともに、銀行の従業員についても同じ基準で評価し、報酬を支払うように働きかけた。銀行はＲＯＥ（資本利益率）を最大にするため、損失に備える自己資本は最小限しかもつべきではないといわれた。

（注30） 未来の銀行委員会（Future of Banking Commission）におけるブライアン・ピットマンの証言（Which Publications, 2010), 19.

問題は、自己資本が、顧客の預金が危険にさらされることを防ぐための最大の防衛線であるということだ。

銀行の自己資本と流動性準備の水準が低いのであれば、銀行が少なくとも貸出債権の価値評価だけは保守的に行い、あらゆる損失の可能性に対して引当金を積むことを期待するしかない。では、銀行は貸出金の評価を保守的に行っているのだろうか。慎重に行っている銀行もある。しかし、多くの国・地域で、利益、したがって役員の報酬を計算する際の基礎となる会計基準において保守主義の原則が廃棄されてしまった。保守性が要求されるビジネスにとって、これは間違ったインセンティブ・システムであるように感じられる。

常識に従えば、銀行は同じく間違えるのであれば、間違って必要以上の自己資本を有していたほうがよい。小さな自己資本を元手にたくさん借り入れるよりも、もっと自己資本を調達して、借入れは少なくしたほうがよい。株主の投資リターンは少なくなるかもしれないが、投資の安全性は増し、預金者の保護は厚くなるだろう。

2008年の危機の究極的な原因は、銀行が十分な引当金をもっていなかったことにある。つまり、十分な自己資本をもっていなかったということだ。そして、クレジットリスクそのものである借り手に融資をしすぎた。銀行は自己資本を最小化し、高金利で多くの融資をするように促されたので、そうしてしまったのだ（注31）。

前述したように、銀行は、特に利益計算において将来の損失の可能性を考慮に入れていない場合には、追加的なリスクをとることで、少なくともしばらくの間はとてもうまくいっているようにみえる。しかし、２００８年の時のようにバブルが弾けると、銀行の業績は悪化し、年金ファンドは価値を失い、年金ファンドの受益者は貯蓄を失い、経済活動全般を担っている多くの人々が職を失う[31]。

スタンフォード大学（Stanford University）のアナット・アドマティ（Anat Admati）とマックス・プランク公共財研究所（Max Planck Institute for Research on Collective Goods）のマーチン・

（注31） ここにはある種のアイロニーがある。銀行にとっては、税金の影響を取り除くと、貸出金に使うための資金調達方法は、株式、預金、債券をどのようにも組み合わせられる。同様に、それぞれの資産クラスに投資した投資家も、銀行の貸出金は変わらないのだから、銀行がどのような資金調達の組合せを選択しても、同じリターンを得ることになる。もちろん、われわれは投資家である市民として、預金、年金、その他の資産を通じて、銀行のすべての資金調達形態について利害関係をもっている。だが、われわれのお金はわれわれのニーズを全体的に考慮して投資されるわけではない。そのかわり、さまざまな業者が異なる部分の投資を担うことになる。株式ファンドのマネージャーは、銀行の資金調達において借入れが多くなると預金者や銀行が発行した債券の保有者を危険にさらすことになるという事実には関心をもたず、株式のリターンが高くなることを求めて、銀行に対してもっと借入れを増やすように働きかける。さらなる議論については、次の文献を参照されたい。A. Admati, P. DeMarzo, M. Hellwig, and Pl. Pfleiderer, "Fallacies, Irrelevant Facts and Myths in the Discussion of Capital Regulation: Why Bank Equity Is Not Expensive," Stanford University Rock Center for Corporate Governance Paper no. 86（Stanford University, 2010).

ヘルウィグ（Martin Hellwig）が示唆したような、シンプルな常識にのっとった銀行システムで十分ではないだろうか（注32）。銀行は、すべての預金を安全に保ち、経済全体に融資をするために十分な自己資本を保有すべきである。銀行は、放漫な貸付への誘惑を断ち切るために、利益を保守的に計上するべきである。銀行の株式や社債への投資家は短期的には低いリターンに甘んじなければならないが、銀行が破綻するリスクは減少するわけだから、長期的にはその埋合せ以上のものを得られるだろう。そして、経済には永続的かつ安全に適切な量の資本が提供される。そのかわり、われわれの銀行は（しばしば銀行同士の間で）巨額の借入れを行うだろうが、その借入れは規制当局のチームによってチェックされた複雑なリスク管理モデルによって正当化されなければならない。イングランド銀行（中央銀行）の銀行規制部門のヘッドであるジョン・サザーランド（John Sutherland）が指摘したように、いくつかの銀行は貸出金1ドルに対して3～4セントの自己資本しか保有していない（この比率は「レバレッジレシオ」として知られる）。そして、イギリスの銀行システムは、それを監督するために約1000人の人員を必要としている。もし銀行が貸出金1ドルに対して20セントの自己資本を保有していたらと、彼は考える。「銀行規制には10人くらいしか必要ないだろう。銀行への資金提供者にとってはそのほうがずっといいだろ

（注32） Anat Admati, and Martin Hellwig, *The Bankers' New Clothes: What Is Wrong with Banking and What to Do about It* (Princeton University Press, 2013).

うし、預金者の保護はもっと厚くなるだろう。30年前なら、銀行が3～4パーセントのレバレッジレシオで運営されていることなど考えられなかっただろう」（注33）。

非常に低い費用で、われわれのお金を安全に保管してくれる銀行をつくりだすことは可能であろう。その他の常識にのっとった改革により、顧客への奉仕にフォーカスした安全な銀行を育てることができる。そうした銀行は保守的に資産の価値を評価する。取締役や従業員に不相応な報酬を支払うことをやめる。銀行の他の部門がうまくいかなくなったときに、一般の預金者が損失を被ることがないように、預金者のお金をその他の部門から隔離（ring-fence）する。

常識にのっとった銀行は、ほかにもいろいろな特徴がある。それは顧客からお金を搾り取るために、取引上のさりげないトリックを用いたりしない。たとえば、隠された手数料を課したり、預金の金利を黙って引き下げたりはしない。銀行の書類は、通常の言葉で書かれており、その分量が膨大になるときは、借り手、預金者、その他の顧客に対して事前に交付される。したがって、借り手が融資を承認してもらうために仕切りのあるカウンターで座って待たされている間、法律用語でいっぱいの長い書類にサインするようプレッシャーを受けるようなことはない。利益相反が生じないよう、組織内にはファイヤーウォールが設けられる。銀行の取引慣行は明らかに

（注33） John Sutherland, discussion at ICGN Annual Conference, Amsterdam, 2014.

される。医者や看護士が不適切な処置を施した同僚を通報するように、不適切な取引を行った銀行員を明らかにする規制の仕組みをサポートする。

銀行がその目的に忠実であることを確保するためのガバナンスの仕組みや、それを機能させるための規制のあり方を考えることもできる。しかし、本書の目的は、銀行の詳細な青写真を提示することではない。根本的な目的を念頭に置いて銀行を設計すれば、いまの銀行とはおおいに異なった制度になることを示すことにある。2008年にそうした銀行が存在すれば、メルトダウンを防ぐことができたかもしれない。過去を変えることはできないが、金融システムに常識を導入して次の金融危機を避けることはできる。

われわれは資本主義の擁護者として、年金と銀行の両方において常識が力をもつことを望む大きな理由がある。結局のところ、投資家である市民は年金ファンドの受益者であり、銀行の顧客であり、システムが機能しなくなったときに救済を頼まれる納税者なのだ。金融機関はその目的に適合するだけではなく、その目的の実現に向かうインセンティブ、構造、ガバナンスを備えるように意図的に設計されなければならない。解決策の一つは、ウォーレスとウェブスターが理解していたような単純な論理に立ち返ることである。すなわち、金融の目的を明確にし、その目的を達成できるようなシステムを構築することである。

「国民の年金」、より保守的な銀行システムという、われわれが描いた二つの改革は両方とも、たいしたコストもなしに巨大な便益をもたらす。同じアプローチを他の金融制度に適用することもできるだろう。すべては、われわれがつくりだしたい制度の目的を考えることから始まる。たとえば、証券取引所は、買い手と売り手が公平に取り扱われ、同じ情報をもち、ほかの買い手や売り手が出した注文に対して同じアクセスの機会を保障されるという条件のもとで、証券が売られたり、買われたりする場所である。取引所はこうした取引の実行を保証する者として行動し、売りと買いの出会いをつけるための情報技術を提供する。言い換えると、取引所は株式を安全に取引する場所であり、第3章で紹介した濫用的な行為がはびこることが許される場所ではない。

　重要な点は、次のとおりだ。今日の金融システムは、その各部分がそれぞれの目的をまっとうすることに集中しているようなものではなくなっている。われわれは、実在する制度よりわれわれによく奉仕してくれる、「目的に適合した（fit for purpose）」年金ファンドと銀行を設計するために、どのような方向に向かって改革すべきかを説明した。結局のところ、彼らが運用しているのはわれわれのお金である。われわれはオーナーなのだ。機械を動かすためには、その設計を理解して修理する必要がある。われわれは金融システムの「オーナーズ・マニュアル（Owner's Manual）」を必要としている。

まとめ

・最初の低コストかつ効率的で、集団的な年金ファンドは、18世紀に設立された。今日、より貧しいリターンしかもたらさない個人貯蓄口座が好まれたため、そうした仕組みは廃棄されてしまった。

・常識にのっとった年金に立ち返り、21世紀のイノベーションと組み合わせれば、富の蓄積のあり方はいまと大きく違ったものとなる。

・銀行についても、同じような見方が適用できる。かつて銀行は過剰な借入れをすべきではないと考えられていた。今日、銀行の経営者には借入れを増やすインセンティブがあり、それが金融システムの安定を脅かしている。

・常識にのっとった年金と銀行へ立ち返ることにより、われわれのリターンは高くなり、金融システムはより安定的になるだろう。

第8章

資本主義
——われわれ資本の提供者のためのマニュアル

金融システムは本来、われわれの貯蓄を守り、雇用を増やし、経済的繁栄をもたらすものである。しかし、実際にはその本来の目的から逸脱し、ブラックホールのような存在になっている。われわれの利益より、金融システム自身の利益が優先されることがあまりに多い。金融システムが点火に一役買った世界的な金融危機では、われわれの貯蓄が火に包まれ、その火はいまでもなお市民の資産を燃やし続け、経済をむしばんでいる。

金融システムには自浄作用が働かず、自己変革はむずかしい。投資家である市民、「資本の提供者であるわれわれ」こそが、金融システムを再びユーザーにとって安全なものにするために、再起動ボタンを押さなければならない。そこで、本章の終わりでは、現代の資本主義社会で暮らす市民のための21世紀版マグナ・カルタ（大憲章）を提案したい。

その前に、著者たちが現在の諸症状に対する改善の方向性をどのように考えているかを振り返っておこう。それは、今日のテクノロジーを活用しつつ、ファンダメンタルズとアカウンタビリティ（説明責任）に立ち返るということを含んでいた。まとめると、前章までで描いた処方箋は、金融システムの修正と維持のための六つのステップからなる「オーナーズ・マニュアル」に要約できる。

トラブル・シューティング

ステップ1　まず金融システムの目的を明確にする――「よい」システムとはどのようなものなのか

金融システムの諸問題を解決するためには、まず、金融システムの理想的な姿とは何かを明確にしておく必要がある。そうした原則を確立しなければ、どんな処方箋も効かなくて当然である。銀行、長期にわたる貯蓄スキーム、その他の金融制度の目的を明確にしておかないと、金融仲介業者はわれわれ資本の提供者の利益のために働くべきであって、自分たちの利益のために働くべきではないという命令があいまいになってしまう。その場合、金融仲介業者が不誠実とは言い切れない。むしろ、誤った動機づけに従って、リスク資本の提供者であるわれわれ最終受益者の利益より、金融仲介業者の自己利益を優先しているだけなのである。金融仲介業者が利益を得ることを問題にしているのではない。金融仲介業者は、相応な報酬を得てしかるべきだ。問題なのは、報酬の決まり方である。われわれのニーズにどれだけ応えられたかで支払われるべきであって、金融仲介業者のニーズに応えることで支払われるべきではない。残念なことに、現状の金融システムは、金融専門家による専制の様相を呈しており、金融専門家の利益のために運営されている。その結果、金融システムは、経済全体からみて本質的に重要なサービスを効率的に提供することがまったくできていない。第2章で紹介したフィリポン教授が指摘しているとおりである。

本来の姿に回帰するためには、金融セクターの主要な目的をあらためて問い直す必要がある。金融セクターの主要な目的とは、安全な資金保管場所を提供するカストディ機能、効率よい支払手段を提供する決済機能、資金の貸し手と借り手を結びつけ最適な資源配分を実現する金融仲介機能を提供し、加えて利用者のリスク管理を手助けすることである（注1）。こうした主要な目的に沿った金融サービス提供に専念できていれば、金融セクター全体の効率性が高まる一方で、金融機関は健全な利益水準を確保でき、そこで働く従業員も納得のいく報酬を得られる。実務的には、すべての金融機関が、受益者たる顧客から投資先企業へと向かう投資資金の流れ（インベストメント・チェーン）のなかですぐ次に位置する金融仲介業者ではなく、最終的な資本の提供者、つまり最終受益者である顧客に奉仕する旨を、憲章やミッション・ステートメントで宣言す

（注1） 送金サービスは、生産性が顕著に改善したと銀行セクターが主張できる分野の一つである。アメリカ連邦準備制度理事会のポール・ボルカー（Paul Volcker）元議長は、過去の世代において、「私が思いつく限り、社会の進歩に貢献した金融革新はＡＴＭ（預金自動受払機）だけだ」と述べた。Alan Murray, "Paul Volcker: Think More Boldly," *Wall Street Journal*, December 14, 2009.

べきである。

ステップ2　資産運用業界にアカウンタビリティ（説明責任）を取り戻す

第2章で明らかにしたように、資産運用は複雑になりうる。複雑さこそが、さまざまな金融取引のからくりを覆い隠している。しかし、資産運用を理解しやすいものにすることは可能である。ウォーレン・バフェットやジョン・ボーグルのような偉大な投資家は、複雑さは卓越した資産運用の大敵だと一蹴する。アメリカの巨大年金基金であるカルパース（CalPERS）は、ヘッジファンド運用をやめてしまった。ヘッジファンド運用は複雑でコストがかさむが、その割にリターンはさして高くはなく、割にあわないからだという。

では、あなたはどうすればよいか。第一に、あなたのアドバイザーが、あなたの利益を第一に考えるフィデューシャリー・デューティー（受託者責任）を課されているか否かを確認しよう。課されていなければ、用心すべきだ。第二に、あなたが自分で理解できないものには投資しないことだ。あなたのアドバイザーに、説明させてみよう。説明が理解できなければ、投資してはならない。第三に、手数料がどれだけ高いかに注目しよう。将来の期待リターンはあくまでも予想だが、手数料は将来の期待リターンから確実に、かつ、真っ先に差し引かれる。当然、手数料は支払わねばならない。だが、あなたが必要とする以上に余計に支払う必要はないのだ。第四に、資産運用はマラソンのようなもので、短距離走ではないことを思い出そう。肝心なのは、生涯にわたって資産を積み上げていくことだ。目先の四半期で、他人より高い運用益を獲得することではない。それを心にとどめつつ、（長期運用にふさわしいか否か）あなたの運用会社の運用哲学を確認すべきである。第五に、運用に携わるアナリストやファンドマネージャーの報酬体系も確認しておくべきだ。あなたのニーズが長期運用なのに、彼らが短期の運用成績で追加的な報酬を得るとすれば、彼らの利益はあなたの利益と一致していない。余計な手数料を支払うことになるかもしれない。同様に、アナリストやファンドマネージャーが、あなたが投資するポートフォリオの運用成績ではなく、自分たちの運用会社に顧客を集めたことでボーナスを得るとしたら、彼らはあなたの利益を最適化することを最大の目的として働いているとは決していえない。第六に、もしもあなたが投資対象を選ぶのにコンサルタントの助言を受けているなら、そのコンサルタントにどうやって報酬を得ているのかと尋ねてみよう。数十億ドル規模の年金ファンドの資産運用を指南する、洗練されたコンサルタントは驚くべきことに、彼らの審査の対象である運用会社から報酬を得ていることが多いのだ。最後に、運用会社が、国連の責任投資原則（ＵＮ ＰＲＩ）に反映されているような、われわれすべてに長期にわたって影響を及ぼす諸課題に注意を払っているかを確認すべきである。つまり、うまくトレードすることで、地球温暖化など長期的にみれば市場全体に悪影響を及ぼすシステミックなリスクから逃れられると考えて、投資先企業のガバナンスを無視することができると考えていないか確認すべきであろう。

　要約すると、あなたのお金を預けた運用会社が、あなたの最善の利益のため行動しているのか、それともその運用会社自身の利益のため行動しているのか、きちんと見極めるべきである。さらに、その運用会社があなたのために実際にどんなことをしているのかをモニターすることができるように、平易な言葉で書かれたレポートを定期的にみせるよう要求すべきである。

ステップ3　資産運用においてオーナーシップの文化を広める

　機関投資家が、株式ポートフォリオで保有する企業に対してオーナーとして適切な行動をとる技能を高めるような実務慣行を確立する必要がある。短期的な（１０００分の１秒単位のこともある）トレーディング、そして数十年にわたって形成されてきた業界慣行が長期運用とオーナーシップを追い払ってしまった。最終受益者である投資家と投資先の企業との間に本来、存在すべき結びつきが希薄になったのである。その結果、貯蓄者は余計な手数料を支払い、より小さな価値しか手に入れることができない。投資先企業は、長期的な投資を犠牲にし、高いリスクを背負うことになり、役員に対して企業業績をきちんと考慮しない報酬を支払うようになってしまった。結局のところ、投資先企業は舵の壊れた船のように波間に漂流している状態なのである。

　上場企業の究極のオーナーはわれわれである。われわれは上場企業の経営を担う取締役会に対して、ＣＥＯたちの報酬を恣意的な操作が可能で複雑なオプションで支払うのではなく、ほかの従業員たちと同じように現金で支払うシンプルな報酬体系に変更するよう要求することで、経営改善の第一歩を踏み出せるだろう。ボーナスは株価ではなく、長期にわたる企業の成長にリンクして決められるべきである。同業他社との報酬水準比較を重視するかわりに、自社事業の成長に向けた取組みを評価する報酬体系を採用すべきである。これらを投資先企業に実施させるにはどうすればよいか。あなたが株式を保有している上場企業がアメリカ、イギリス、オーストラリア、カナダ、その他35カ国のどれかにあれば、あなたと、あなたの証券会社や運用会社には、投資先企業のＣＥＯら役員の報酬基準を、株主総会決議を通じて変えさせるという方策がある。これは「報酬に声をあげよう（Say on pay）」として知られる行動である。あなたはそうした変革の実現を支援することができる。

　もちろん、長期的な視点で経済的価値の増大を指向していく新秩序への移行は大転換であり、利害関係者すべての参画が必要になる。証券取引所や監督当局は、高頻度取引業者（ほかのだれでも同じだが）を市場全体より有利に扱う慣行を撤廃し、取引所がすべての取引参加者を公平に扱うことを奨励する必要がある。機関投資家はほかの機関投資家と協力して、貯蓄者である市民の利益を守るための努力を積み重ねていく必要がある。たとえば、集団的な行動は、投資先企業に対して情報開示やアカウンタビリティ（説明責任）を拡充するよう圧力をかけるための、パワフルなツールであることが証明されている。個人投資家に対して議決権の代理行使への参加を促すために、テクノロジーが用いられつつある。株主総会の時期、情報端末上で議案への賛否をクリックすることで議決権を行使できる仕組みが整備されれば、個人投資家は沈黙を守らなくてすむ。さらに、自分が議決権を行使するときに、信頼する機関投資家と足並みをそろえて賛成票や反対票を入れるよう指図できる仕組みを整えれば、個人投資家の議決権行使の幅は一段と広がる。最後に長期投資を促進するよう注意深く設計された税制を整備すると同時に、金融派生商品（デリバティブ）など中身がみえづらい金融商品の適切な開示ルールを整備する必要がある。予期せぬ事態を警戒しつつ、説明責任を果たさせ、システミックなリスクを抑制する必要がある。

ステップ4　機関投資家にもガバナンス改革を求める

これまで30年近くにわたり、市場改革を通じて、企業の取締役会のプロフェッショナルな経営監視機能の強化が図られてきた。ところが、資産運用業界は同じようなガバナンス改革の圧力を免れてきた。もうずっと前から、年金ファンドや投資ファンドに対しても、企業社会に浸透している透明性やアカウンタビリティの基準と同種の基準の遵守を求めるべきだったのだ。

改革の第一歩は、運用会社やアセットオーナー（年金基金等）に情報開示の基準を突きつけることである。食品包装パック裏面記載の栄養成分表示のような情報があれば、こうした受託者がどれだけ受益者の最善の利益のため行動する仕組みになっているかを同業他社と比較して判断できる。情報開示によって透明性が高まれば、ファンドのガバナンスが向上する。調査結果を信じられるなら、ファンドのガバナンスが向上すれば、運用成績が向上しうる。ファンドが本当に投資家である市民の利益に奉仕しているかをテストするため、定期的なフィデューシャリー監査を義務づけることも考えられる。ファンドの内部的な報酬体系の全面的な見直しはきわめて重要である。頻繁な銘柄の入替えや、運用資産残高の増加を評価する報酬体系は廃止し、長期にわたる資産価値の増大を評価する報酬体系に移行しなければならない。退職給付プランの加入者は、重要な事項の決定に参画する手段をもつべきである。これには、代議員会のメンバーに加入者の代表を送り込むこと、年次総会への出席、調査または作業部会への参画、ソーシャルメディアでのコミュニケーションが考えられる。市民団体はファンドにも企業と同程度に厳しい圧力をかけ、持続可能な、長期にわたる価値創出に努める旨を確約させるべきだ。草の根の貯蓄者はソーシャルメディアの普及を背景にして、ますます増えていく多くのスマートフォンのアプリやコミュニケーションのチャネルを活用して、自らの受託者を監視できるようになるだろう。

　あなたは、いますぐ始められる。主要市場がある先進各国では、資産運用業界に関するインターネットやソーシャルメディアのサイトが増えている。運用会社をランクづけする機関が存在する国もある。シェアアクション（ShareAction）のような市民団体がそうしたことを行っているし、商業ベースではモーニングスターが投資信託のスチュワードシップをランクづけしている。もしもあなたが年金ファンドや投資信託といった集団的な投資スキームで運用しているなら、そのガバナンス体制や、取締役・代議員たち（trustees）をだれが選任したのかを尋ねてみるとい い。そのうえで、そうした取締役会・代議員会等のチャネルを活用しよう。それが存在しなければ、設立を働きかけよう。

ステップ5 目的に基づいて規制を見直す

金融システムが全体として目的を達成できるよう、立法・規制・業界の自主的な規則が互いに調和して機能しなければならない。今日、これらのルール・ブックはそれぞれ金融のメカニズム全体の一部分をカバーしているにすぎず、異なる内容をもち、お互いに相反することもあり、しばしば時代遅れで、ほとんどが非効率的だ。21世紀型のルールは高いシナジー効果をもち、金融セクターの利益ではなく、市民の利益にフォーカスしたものでなければならない。さらに、資本市場の監視は可能な限り立法ではなく、投資家である市民や、投資家である市民に対して説明責任を負う受託者によって行われるべきである。

改革は、フィデューシャリー・デューティー（受託者責任）の強化から始めるべきである。インベストメント・チェーンの上流下流にわたって、だれがだれに対して忠誠を尽くさなければならないのかを明確にすれば、金融仲介業者の行動を最終的な資本の提供者の利益から逸脱しないようにすることができるだろう。そのうえで、害悪を生むと見込まれる特定の行為を予見し、処罰の対象として列挙しようとする現行の規制体系を廃止し、自己矯正力が働くようにうまく工夫した適用範囲の広い原則を示す規制体系に移行すべきである。そのためには、自主規制団体が金融市場で適切な判断を下せるような体制を構築したうえで、自主規制のための権限と執行手段を与えられる必要がある。金融システムの個々のパーツではなく、システム全体が一体となって機能することを目指す規制体系は、トップから末端に至るまで良質なガバナンスを行き渡らせることに努力を集中する。投資家である市民は、各種支援団体を通じて集団的に、あるいは、地元選出の代議士とのコミュニケーションを通じて個人的に、こうした規制体系の変更に自らの声を反映させることができる。

ステップ6　金融機関を再起動させる

われわれが利用する金融システムをパソコンにたとえれば、より上位機種へのアップグレードが必要だ。効果的な第一歩は、「国民のための年金」の設立であろう。老後に備える貯蓄を集団的に共同で積み立て、運用する、シンプルかつ低コストの仕組みである。近年、退職に向けた貯蓄は確定給付型年金から確定拠出型年金へ移行してきた。確定拠出型年金では、加入者に運用の選択肢のメニューが与えられるのだが、そのメニューには、過大な手数料をとる投資ファンドや、老後に備える貯蓄者の利益より自らの商業的な利益を優先する投資ファンドが含まれているかもしれない（注２）。こうしたファンドは、苦労して貯めたお金の信頼できる守護者となるという年金プランの目的を損なっている。

常識を働かせて考えれば、貯蓄者の利益を守ることだけにフォーカスした集団的な共同貯蓄スキームに、加入者が別の選択をしなければ自動的に加入することになる仕組みが代替案として考えられる。「国民のための年金」プランは、有能で、説明責任を果たし、代表機能をもつボード（代議員会）をもつだろう。また、「国民のための年金」プランは、従来は明らかでなかった情報を開示して高い透明性を保つため、貯蓄者が確定拠出型年金において提供されるファンドの運用手数料だけではなく、プライベートエクイティファンドやヘッジファンドの費用を含む手数料すべてを知ることができるだろう。さらに、「国民のための年金」プランは、長期にわたる運用資産の価値の増大を重視して行動する。たとえば、投資先企業に対して気候変動その他のリスクに

（注２）　たとえば、アメリカの連邦裁判所は、あるシステム開発会社と４０１（ｋ）プランのレコードキーパーにフィデューシャリー・デューティーの違反があったと認定した。この違反により、貯蓄金額は、本来、年金加入者が受け取れるはずだった金額よりも３７００万ドルも少なくなってしまった。John F. Wasik, "Finding, and Battling, Hidden Costs of 401(k) Plans," *New York Times*, November 7, 2014.

対処するよう働きかける。そして、貯蓄者に対しては、意見を表明したり、自らの代表に投票したりするために、簡単にアクセスすることができるチャネルを提供するだろう。

ほかの金融機関も、その根本的な目的に沿って再構築する必要がある。世界中のすべての銀行は資金調達構造を改善できるし、金融システム不安につながらないようその改善に努めるべきである。コミュニティバンク、とりわけ地域振興金融機関（Community Development Financial Institutions：ＣＤＦＩ）を設立する機運も歓迎すべきだ。地域振興を第一義とする地域金融機関であり、その使命は地域で暮らす貯蓄者の利益と整合的である。むろん、すべての銀行がＣＤＦＩである必要はない。海外に事業展開する企業には、グローバル展開する銀行が必要だ。だが、こうした地域銀行が満たすべきニーズはあり、地域銀行はよいビジネスになりうる。

投資家である市民のための「マグナ・カルタ」

以上のオーナーズ・マニュアルは、金融セクターをよりよく機能させることをねらっており、いままでみてきたようにその効用は大きい。だが、ここで疑問が生じる。われわれが提案してきた改善策の数々は決して大胆な発想ではない。それなのに、なぜ根づいていないのか。しばしば見落とされがちだが、著者たちが思うに、その理由の一つは、あまりにも安易に専門家たちに諸問題の解決を委ねてしまうことにある。金融の専門家の多くは金融仲介業者であり、現在の慣行を擁護することにメリットを感じている。金融システムの機能不全に対する既存の処方箋に何か共通点があるとすれば、それは企業および機関投資家の利益につながるものが大半だということであろう。市場における3番目の立場、投資家である市民の利益が無視されることがあまりにも多い。

たとえば、企業のガバナンス改革を唱えてきた人々が過去25年間、取り組んできたことは、取締役会の望ましい構成や運営のあり方を定義することであった。１９９１年、イギリスで企業のガバナンス基準を自主ルールとして制定した故エイドリアン・キャドベリー（Adrian Cadbury）卿の委員会は、多方面の利害関係者の声を反映した画期的なものであった。今日では世界の主要市場のほとんどにおいて、上場企業に全国的に適用されるコーポレートガバナンス・コードが制度化されている。例外は、アメリカくらいである（注3）。いくつかの研究によれば、これらコードは経営を執行する役員たちに取締役会への十分な説明の必要性を認識させることに成功しており、取締役から監視されていると意識すれば、経営を執行する役員らの行動は改善する（注4）。

（注3）アメリカは例外である。アメリカには、全国的に適用される強制力あるコーポレートガバナンス・コードが存在しない。

機関投資家についても、同様の取組みがなされてきた。機関投資家はいま、自らのアカウンタビリティを高め、われわれの受託者の立場で保有する企業のよいオーナーになることを目指して、改革に取り組んでいる最中である。普及しつつあるスチュワードシップ・コードは、金融仲介業者が上場企業のオーナーとしてどう振る舞うべきか、とりわけ、投資先企業の取締役会をどのように監視すべきかを規定する。こうしたガイドラインが根づくにつれ、金融仲介業者は、自分の運用ポートフォリオに含まれる企業の取締役会への監視を強めつつある。コーポレートガバナンス・コードとスチュワードシップ・コードは、二つの歯車がしっかり噛み合って機能するよう設計されている。つまり、企業経営を執行する役員たちが取締役に監視されていると意識すれば行動を変えるのと同じように、取締役たちはより透明性を高めた機関投資家から監視されることによって行動を変えると期待される。

しかし、企業役員が取締役によって監視され、その取締役が機関投資家によって監視されるという説明責任の連鎖が存在するとすれば、だれが最終的な資本の提供者にかわって機関投資家を

(注4) Nolan Haskovec, *Working Paper: Codes of Corporate Governance: A Review* (Yale School of Management-Millstein Center for Corporate Governance and Performance, June 2012), http://web.law.columbia.edu/sites/default/files/microsites/millstein-center/Codes%20of%20Corporate%20Governance_Yale_053112.pdf.

監視するのか。われわれは投資家である市民として、どうすれば金融仲介業者が本当にわれわれの利益を増進するために最善を尽くしていると確信できるだろうか。本章の前半で述べた再起動のための六つのステップは、金融システムをリセットすることが目的であった。だが、金融システムを十分に機能させるためには、草の根レベルでの圧力や働きかけが必要である。オーナーズ・マニュアルやトラブル・シューティングに項目を追加するのは、われわれの仕事なのだ。

　われわれ投資家である市民が、自らの権利をうたい、われわれの受託者である金融仲介業者に彼らの仕事についての説明責任を果たさせるためのコードないし憲章をもつべき時が到来している。運用現場における短期志向（ショートターミズム）の横行、最終受益者と投資先企業の間に介在する金融仲介業者の連鎖の拡大、そして、金融派生商品（デリバティブ）の使用が、われわれとわれわれが所有する投資先企業との間の結びつきを断ち切ってしまった。企業および機関投資家の改革が、受託者と最終受益者の利害の真の一致をもたらすために、われわれ市民が監視役として行動を起こすことが求められている。

　投資家である市民のための「マグナ・カルタ」（大憲章）は、金融機関に対して何を要求すべきだろうか。

⑴ 金融機関は、自らの目的にかなうよう誠実に行動すべきである

どの金融機関も、自分の目的を明確にすべきである。そして、目的に対して忠実に行動し、金融システム全体を危険にさらすような行動をとってはならない。金融機関の取締役会もしくは年金プランの代議員会（trustees）は毎年、自分たちの提供する商品やサービスがその目的の効果的な実現と整合的か否かを確認すべきである。加えて、金融機関だけではなく、金融機関で働く人々も誠実なサービス提供をする旨を約束すべきだ。監督当局はこれら約束が履行されているか否かを監視し、検査すべきである。そして、最低限の基準を遵守させると同時に、金融機関に対して改善に向けた圧力をかけ続けるべきである。

⑵ 金融機関は、外部に開かれた組織として高い透明性を保つべきである

平易な表現と必要最小限の数式を用いて、投資家としての市民が金融商品・サービスの特色を理解できるようすべきである。たとえば、資産運用会社であれば、投資家である市民が、自分たちの資金が何に投資され、運用パフォーマンスがどの程度で、そのパフォーマンスを達成するためにかかったすべての費用がいくらになるかを知ることができるようにすべきだ。また、投資家である市民は、運用会社のあらゆる利益相反の潜在的な可能性と、倫理規程や運用哲学、想定す

る投資期間について知らされるべきである。

投資家である市民は、受託者である運用会社と建設的な対話（エンゲージメント）を行う権利をもつべきである。実務慣行が期待に満たない場合はなおさらだ。運用会社はエンゲージメントを可能にする生産的な方法を確立し、維持していく責務がある。

金融機関は、自らの行動に影響を及ぼしかねないすべての資産の保有と契約を開示すべきである。それらは金融市場で広く認識されるべきだ。たとえば、企業の株式やデリバティブの保有、企業の役員個人への融資などである。企業の資産や諸権利は、その企業の最善の利益にかなうように活用されるべきであり、それ以外の目的で使われるべきではない。

(3) 金融機関は、われわれの受託者の立場で、よいオーナーとして行動すべきである

金融仲介業者が資産を管理・運用することによって、ポートフォリオの企業に対してオーナーとしての権利または契約上の権利をもつ場合、投資家である市民は、金融仲介業者がどのように権利を行使し、長期にわたる投資先企業の価値の増大に取り組んでいるかについて知る権利をもつべきだ。ここでは、ポートフォリオの企業が、環境、社会、ガバナンスのＥＳＧ課題に関係する事業機会とリスクにどのように取り組んでいるかが含まれる。投資家としての市民は、そうした意思決定の際に、意見を表明する権利を与えられるべきである。

(4) 受託者はわれわれに対して説明責任を果たすべきである

「代表なくして課税なし」にならえば、「代表なくして運用なし」であろう。われわれ投資家である市民は、われわれのお金を運用する責任をもつフィデューシャリーがだれかを特定し、評価し、その選任と承認に参画する権利をもつべきだ。それを実現するためのモデルはたくさんあるが、どの方策をとるにせよ、最終目的は、最終受益者の長期的な利益に沿って働く、有能で慎重なフィデューシャリーを確保することである。

以上の改善策は、第一歩にすぎない。われわれの市民投資家憲章に異議を唱え、項目を追加したり、不要な項目を削除したりしたいと考える人々が現れ、議論が深まるとすれば、それは健全なことだ。説明責任を果たさせるための具体策は、国によって異なるだろう。民主主義国の間で、代表者の選出方法が異なるのと同じことだ。望ましい基準のあり方についての議論は、市民社会・規制当局・市場参加者のうち、だれが始めてもかまわない。著者たちの経験上、金融セクターの多くの人々が本書で提起した改善の方向性を支持するだろう。ほとんどの人が正しいことをしたいと思っているからだ。だが、誤った動機づけが横行している現在、金融セクターは外部からの圧力を必要としており、業界内部の改革者は外部からの助けを必要としている。

本書では、金融セクターがわれわれの資産を減らし続ける事態を食い止めるための現実的な改善策の概要を述べた。だが、投資家としての市民は、既得権益に囚われた者たちが善意で改善策を実行すると期待してはならない。結局のところ、「彼ら」がわれわれのお金をどうしようとしているのかと問うだけではだめで、「われわれ」がわれわれのお金をどうするかが問題なのである。

訳者あとがき

本書は、金融システムが本来社会において果たすべき役割（富の安全な保管、支払決済システムの提供、貸し手と借り手を結ぶ金融仲介機能、将来の不確実性によるリスクをシェアする保険機能）を確認したうえで、現在の金融システムがそうした役割を効率的に果たすことに失敗していると指摘し、その改善策を具体的に提案する問題提起の書である。

金融システムが本来の使命を果たすことに失敗している原因は、資本の最終的な供給者（投資家である市民）から最終的な需要者（投資先企業）に至るまでに介在する金融仲介業者の連鎖のなかで、誤ったインセンティブ（動機づけ）が働いているせいで、金融仲介業者たちが投資家である市民ではなく、仲間内である金融業者のみを利していることにあるという。

原書のタイトル“What They Do With Your Money”は「あなたのお金を使って金融業界の人々は何をしているか」である。著者たちは、金融業界は金融システムを、「最終受益者から受託したお金をいつでも自由に引き出せるＡＴＭ（現金自動預払機）のように使っている」と主張したいのだろう。

こうした病理に対して、著者たちは金融規制のあり方の改善や偏った経済思想の再考を含む多方面にわたる処方箋を示しているが、その基本的な考え方は、「資本主義の原点に回帰せよ」というものである。

「資本主義の原点」とは、資産のオーナー（資産が企業であれば株主）がその資産の利用の仕方について細心の注意を払い、最終的な決定を下すという仕組みである。現代では企業の巨大化に伴って所有権が分散し、「所有と経営の分離」が行き過ぎていることがつとに指摘されてきたが、著者たちによれば、それに加えて金融仲介業者の誤った動機づけがオーナーシップの発揮を妨げている。オーナーシップを復権し、金融仲介業者や企業経営者（広義の受託者）に正しいインセンティブを与えるためにはどのような方策がありうるかという問題意識が、本書において展開される考察の出発点となっている。

訳者の手元に送られてきた略歴によれば、著者たちは、国連ＰＲＩ（責任投資原則）策定に携わりＥＳＧ（環境・社会・ガバナンス）課題に配慮する運用など、長期的視点での年金運用を普及させる先駆的な取組みを長年続けてきた金融実務の経験者たちであり、学術的な研究にも力を注いでいるようだ。その活動領域は個別の職業の枠に収まらず、コーポレートガバナンスを基軸とした金融経済システムの改革に向けた「活動家（アクティビスト）」たちと呼んでよいかもしれない。

10年前に出版した前作（注）で著者たちは、老後に備え資金を拠出する投資家である市民が、年金基金等の運用ポートフォリオ組入銘柄となっている大企業群を所有するオーナー（株主）の立場で影響力をもてる「新たな資本主義の時代が到来した」と高らかに謳いあげた。だが現実は違った。金融仲介業者に任せている「長期運用すべき資産が目減りする危険にさらされている」と気づき、あらためて上梓したのが本書である。

（注）『新たなる資本主義の正体：ニューキャピタリストが社会を変える』（原題“The New Capitalists”ハーバード大学ビジネススクール出版会、２００６年。鈴木泰雄訳、ランダムハウス講談社、２００８年）。

本書に独特の著者たちのアプローチは、金融セクターの実態描写にとどまらず、金融規制のあり方、金融行動の遠因となった経済理論や数理的なモデルを教えた大学カリキュラムまで描写することで、産官学の関係者に幅広く、社会の繁栄のため金融システムの改善を呼びかけた点である。しかも心理学や行動経済学など人間行動に根差した動機づけを重視するアプローチであり「職業人としての高い倫理観をもっていること」の大切さも説く。金融庁が「心理的安全性（psychological safety）の確保による闊達な議論の促進」（２０１９年度金融行政方針）に言及し始めるなど、人間行動を重視するアプローチは時代の潮流となりつつある。

また本書は、金融業界における「不都合な真実」の数々を明らかにした。とりわけ、過去の値動きから将来の価格変動を予測するモデルは、金融リスク管理や金融規制の現場でデファクトスタンダード（事実上の標準）となっているが、その不合理な側面を本書は勇気を出して指摘した。加えて、バブル相場とその後の暴落を招いた元凶ともいえる、長期運用すべき年金の運用担当者に高値づかみを強要する単年度や四半期といった短期で運用成績を競うショートターミズム（短期志向）が蔓延する業界慣行を批判する。これらは、日本で長期運用哲学の普及に奔走する訳者たちだけでなく、少なからぬ金融実務家たちがうすうす気づき始めていた「不都合な真実」である。

一方で金融規制に関しては、著者たちの粗削りな論旨展開に勇み足があるのではないかと思われる部分もある。第5章は「金融規制が役立っていない」根拠として、「バーゼルⅢが、その洗練度にもかかわらず、銀行破綻を予見する能力においてバーゼルⅠより劣る（worse predictor）」と記す。これはイングランド銀行（中央銀行）高官の講演の一部だけ切り取って加工したフレーズだが、講演の趣旨は「バーゼルⅠからⅢへ複雑すぎるリスク管理モデルへの依存を強め自己資本比率算出の洗練度を高めるよりも、流動性を銀行各行に確保させ資金繰り破綻を回避するシンプルな策がより重要」とのメッセージであった。実際、講演の翌年、バーゼルⅢで新たに導入された流動性規制の具体策に各国が合意した。「規制の歴史において初めて銀行の流動性に関する真に国際的な最低基準をもつに至った」（イングランド銀行総裁、２０１３年）。もっとも、バーゼルⅢが実際にどこまで有効かは歴史の審判に委ねるほかないだろう。

翻訳を思い立ったきっかけは、原書の発刊当時、訳者の１人が金融庁内で話題になっていると聞いたことだ。読んでみると、フィデューシャリー・デューティー（受託者責任）、スチュワードシップ（機関投資家による投資先企業との建設的な対話）、ＥＳＧ課題など、世界金融危機後に日本でも注目されるようになったキーワードが、英米ではどのような社会的な文脈・問題意識のもとに叫ばれているかがよく理解できたため、日本でも出版の意義ありと考え、長期運用哲学を普及させたいと日々奮闘していた金融実務家２人に翻訳の話をもちかけた。原書の巻頭で執筆協力者への謝辞を記す箇所には１８０人近い金融業界の同僚たちの名前が列挙されていた。「顧客本位の業務運営」を目指し行動した彼らの強い使命感が翻訳作業を支えた。

翻訳出版に協力してくださった多くの方々に感謝したい。公益社団法人日本証券アナリスト協会の前原康宏専務理事、新免慶憲理事事務局長には、有益な助言をいただいた。運用業界のリーダー的な存在である年金積立金管理運用独立行政法人（ＧＰＩＦ）の髙橋則広理事長は、「長期的リターン向上に日々悩んでいる立場の私としては、まさにわが意を得たり」との巻頭の推薦文をご執筆くださった。原書を通読して、著者たちが誤解している箇所を指摘してくれた方もいた。翻訳作業に理解を示してくれた職場の上司や同僚、献身的に作業を手伝ってくれた同僚や家族にも深く感謝したい。

本書が提起した問題意識を、年金基金や運用会社、保険会社、銀行など金融仲介の現場の方々、金融セクターへの就職を目指す次世代を担う学生諸氏、老後に備え資金の拠出を続けている方々、そして中学・高校・大学における金融教育の現場で教鞭をとる先生方におかれてもご共有いただき、具体的なアクションにつなげていきたい。

訳者一同

【訳者略歴】

奥野　一成（おくの　かずしげ）

農林中金バリューインベストメンツ株式会社　常務取締役ＣＩＯ。京都大学法学部卒業、ロンドンビジネススクールファイナンス学修士（Master in Finance）修了。１９９２年日本長期信用銀行入行、事業法人融資に従事。長銀証券、ＵＢＳ証券にて債券トレーディング業務（東京、ロンドン）に従事。２００３年に農林中央金庫へ転籍しオルタナティブ投資に従事した後、２００７年より「長期厳選投資自己運用ファンド」を開始。２００９年、農中信託銀行にプロジェクトを移し、年金基金等外部投資家向けファンドの運用助言業務に従事。２０１４年、投資助言業務に特化した農林中金バリューインベストメンツに移籍し、現在に至る。

杉山　修司（すぎやま　しゅうじ）

日本銀行入行、景気調査、外為市場介入、国債市場活性化等に従事した後、社債格付アナリスト（Ｓ＆Ｐ）、ポートフォリオ・マネージャー（ドイチェ・アセット・マネジメント）を経て、明治安田アセットマネジメント。東京大学（経済学士）、ロンドン・スクール・オブ・エコノミクス（財務会計修士）卒。英国政府給付奨学生。

花岡　博（はなおか　ひろし）

１９８７年埼玉県立浦和高校卒業。１９９２年東京大学法学部卒業。１９９６年社団法人金融財政事情研究会入社、「週刊金融財政事情」編集部配属、２００８年副編集長、２０１３年編集長、２０１６年出版部長、現在に至る。

ビル・クリントン……………123
ビル・ゲイツ…………………318
フィオナ・スチュワート……184
フィリップ・フィッシャー…117
ブライアン・ピットマン……371
フランク・ナイト………24,302
フリードリッヒ・ハイエク
……………………………112,289
ブリーリー……………………224
ブレーノ・シュミット………183
ポール・ボルカー……………384
ボブ・ガラット………………186
ボブ・ヘルツ……………………76

◆マ行

マーク・バン・クリーフ……122
マーシー・マーニンガン……218
マーチン・ヘルウィグ………374
マーチン・リプトン………14,21
マーティン・クレマーズ……184
マイケル・ウィリアムソン…105
マイケル・ジョンソン………189
マイケル・ダニエル…………233
マイロン・ショールズ………289
マックス・ウェーバー………293
ミルトン・フリードマン……24
毛沢東…………………………277

◆ヤ行

ヤニブ・グリンシュタイン…131
ユアン・エルモ………………184

◆ラ行

リチャード・ハリス……………90
リチャード・リプシー…………24
リック・ファイアー……………91
リンカーン……………………277
ルイ・ガリカーノ……………275
ルイス・ブランダイス………166
ルシアン・ベブチャック……130
レイモンド・ギルマーチン
……………………………127,152
レオ・ド・ビーバー…………105
レオン・ワルラス……………281
ローレン・コーエン…………182
ロジャー・アーウィン………359
ロナルド・ギルソン…………139
ロナルド・コース………112,297
ロバート・ウォーレス…25,348
ロバート・マートン…………289
ロバート・モンクス…………112
ロブ・アーノット………………82
ロブ・フェクナー……………197

◆ワ行

ワシントン……………………277

ゴードン・クラーク……181,189

◆サ行
サイモン・ウォン……186
ジェイムス・マクリッチー…208
ジェイ・ローシュ……14,21
ジェームズ・ドーティ……261
ジェームズ・ブキャナン……24
ジェニファー・タウブ……182
ジェフリー・ゴードン……139
ジェフリー・ホジソン……321
ジェレミー・クーパー……58,193
ジェレミー・ベンサム……253
ジュリアン・フランクス……268
ジョージ・スティグラー……24
ジョージ・ソロス……329
ジョン・C・ボーグル…247,266
ジョン・ケイ……14,57,160,240,245
ジョン・ケネス・ガルブレイス……289
ジョン・サザーランド……375
ジョン・ヒックス……312
ジョン・プレンダー……276
ジョン・ボーグル……11,385
ジョン・マーシー……176
ジョン・メイナード・ケインズ……288
スタンレー・ジェボンズ……281
スティーブ・ジョブス……318
スティーブ・デニング……122
スティルポン・ネスター……77
スマントラ・ゴシャール……332
セイカー・ヌセイベ……248
セオドア・ミルビス……14,21

◆タ行
ダニエル・シモンズ……305
ダン・アリエリー……253,259
チャールズ・エルソン……154
デイビッド・ウェブ……206
デイビッド・ブルックス……293
デイビッド・ランデス……319
ティム・マクドナルド…105,156
鄭和……318
トーマス・ジェファーソン…265
トーマス・フィリポン……29,45,384
ドナルド・ラムズフェルド…301
トム・ジョーンズ……136

◆ナ行
ナシーム・タレブ……302
ニック・クレッグ……17
ニュートン……281
ネル・ミナウ……362

◆ハ行
バーソロミュー・ディアス…317
バーナード・マドフ……187
バリー・シュワルツ……93
ヒラリー・クリントン……212

人名索引

◆ア行

アーガス・カニンガム……162
アーサー・レビット……49
アーロン・コーエン……117
アイザック・アシモフ……278
アダム・スミス…24,53,59,112,277,291,296,309,315,329
アナット・アドマティ……374
アプトン・シンクレア……133
アルフレッド・マーシャル…310
アレクサンダー・ウェブスター……25,348
アレクセイ・ナワリヌイ……206
アンディ・ハルダン……119,223,238,302
アンドリュー・スコット……290,295,299
アンドリュー・バイスマン……67
アンネ・スタウスボウル……197,200
イラ・ミルシュタイン……15
ウィリアム・ピット……279
ウィリアム・ホワイト……276
ウォーレン・バフェット……80,94,113,115,144,385
ウォルター・ヒューレット…146
エイドリアン・キャドベリー……395
エドワード・ケネディ……192
エリザベス・ウォーレン……230
エリザベス2世……274
エリス・ウォルター……158
エリック・ジャクソン……205
エリック・ベインホッカー…315
オバマ大統領……233,247
オリバー・ウィリアムソン…322

◆カ行

カーリー・フィオリーナ……147
カール・アイカーン……205
カール・フリードリッヒ・ガウス……277,283,303
カール・マルクス……281
カール・ルウェリン……322
カプラニス……224
キース・アムバクシア……179
キース・ジョンソン……243
クーパー……224
クリス・シーア……96
クリストファー・コックス…124
クリストファー・チャブリス……305
クレア・モリナーリ……200
クレイグ・フェレーレ……154
ゲーリー・ベッカー……253
ケネス・アロー……311

レベニュー・シェアリング……55
レミング・スタンダード……243
ローン・プロセッサー……56

◆ワ行

わら人形と教科書の論法……299
割引現在価値……119

チェック・アンド・バランス
…………24,233,250,311,323
注意義務……………………243
独立社外取締役………………152
トランスファー・エージェント…………………………55
取引執行場所…………………51
取引費用………227,296,308,309

◆ナ行

内部プール……………………53
長生きリスク…………………339

◆ハ行

バーゼルⅠ……………………223
バーゼルⅢ…………77,223,306
売買回転率…………114,118,265
売買注文回付に対する支払
……………………………52,97
パフォーマンス・ユニット…150
バリュー・アット・リスク……71
比較多数の多数決システム…142
ヒポクラテスの誓い…………259
ファット・テール……………287
フィデューシャリー監査……196
フィデューシャリー・デューティー……11,22,140,176,186,199,240,241,244,258,354,385,391
不確実性……………224,301
負債重視の運用……………97,341
不平等条約……………………295
フラッシュ・クラッシュ………92
フリーライダー…………103,161
分割信託………………………75
ベータ…………………88,101
ボード…………………353,393
保守主義の原則…………261,373
ホット・ポテト効果……………92
ホモ・エコノミクス……279,307
本人—受託者関係………190,238

◆マ行

マーケットメイカー…………160
マグナ・カルタ……28,382,397
マクロ経済学…………………313
満期変換………………………370
ミクロ経済学…………………313
ミューチュアルファンド………12
無情報戦略……………………68
モラル・ハザード……………132

◆ヤ行

有限責任会社…………36,322

◆ラ行

利権の追求……………………183
リスク…………………224,301
リストリクティッド・シェア
……………………………150
レコードキーパー………55,393
レバレッジレシオ………224,375

現代ポートフォリオ理論……81
コア&サテライト構造……102
公共財……297
合成の誤謬……231
行動経済学……252
高頻度取引……7,51,92,94,114,
116,129,157,266,388
公平さを保持する義務……246
コーポレートガバナンス
……32,37,149,267,353,358
コーポレートガバナンス・
コード……395
国連環境計画・金融イニシア
ティブ……240,244
国連責任投資原則……103,161,
201,209,244,249,362,386
古典派経済学……282
雇用……308,323

◆サ行

システマティック・リスク……80
事前投票指示……164
自動加入……364
資本コスト……121,155
社会資本……316
自由企業体制……172
終身年金保険……4,297,340,346
集団的な確定拠出型年金……366
受託者資本主義
……58,113,134,147
常識……108,219,238
常緑直接投資……106,156
ショートターミズム（短期志
向）……113,119,123,397
新制度派……298
信頼……26,100,108,240,309,
311,316,325,365
水平化効果……207
スーパーファンド……195
スチュワードシップ
…20,112,129,202,360,362,391
スチュワードシップ・コード
……396
ストックオプション
……125,150,308
スマート・ベータ……82
政策アントレプレナー……218
政治経済学……251,268
制度…24,108,251,307,311,320,
325,328
世代間の衡平……246
全体的な規制……237
ソーシャルメディア
…91,172,191,204,355,361,390
ソブリン・リスク……77

◆タ行

代議員……244
代議員会……178,188,189,193,
357,390,398
代表……141,185,190,194,216,
354,390,393,400

事項索引

◆英数字

401(k)……49,182,192,346,393

ESG課題……201,248,399

◆ア行

アカウンタビリティ……13,22,172,177,190,196,204,209,215,250,263,355,358,361,365,382,385,389,396

アムバクシアの格差……179,180

アルファ……88,101

イグ・ノーベル賞……305

イディオシンクラティック・リスク……79

インデックス・ファンド……80,101

インベストメント・チェーン……245,384,391

エンゲージメント……83,138,162,249,399

オーナー……6,14,16,17,22,32,89,94,103,112,129,134,157,160,162,166,176,186,265,378,387,396,399

オーナーシップ……7,13,23,90,108,112,133,138,156,163,172,387

オーナーシップの鎖……140,186

◆カ行

外部経済性……226,236

ガウス分布……284,302

確定給付型企業年金……134,177

確定給付型年金……98,186,191,345,392

確定拠出型企業年金……134

確定拠出型年金……49,64,107,178,186,191,194,346,392

カストディアン……30,55,97,187

活動量ベース……60

株主アクティビズム……20,112,136

カリフォルニア州公務員退職年金基金（カルパース）……83,164,197,359,362,385

規制の負荷……227

局所的な規制……229

均衡……282,298

金融仲介機能……30,48

金融の大量破壊兵器……25

金融派生商品……143,166,397

クーパー・レビュー……180,194

クレジット・デフォルト・スワップ……149,263

経営判断の原則……141

限界価値……282

限界費用……282

金融システム批判・序説

——脅かされる市民投資家の年金とオーナーシップの復活

2020年4月1日　第1刷発行

著　者　ステファン・デイビス
　　　　ジョン・ルコムニク
　　　　デイビッド・ピットワトソン

訳　者　奥　野　一　成
　　　　杉　山　修　司
　　　　花　岡　　　博

発行者　加　藤　一　浩

〒160-8520　東京都新宿区南元町19

発　行　所　**一般社団法人 金融財政事情研究会**

企画・制作・販売　**株式会社 き　ん　ざ　い**

出 版 部　TEL 03(3355)2251　FAX 03(3357)7416

販売受付　TEL 03(3358)2891　FAX 03(3358)0037

URL https://www.kinzai.jp/

校正：株式会社友人社／印刷：株式会社日本制作センター

ISBN978-4-322-13454-4